Wanderungen am Gardasee

Helmut Dumler

Wanderungen am Gardasee

40 Touren zwischen Monte Baldo und
Adamello, Trient und Verona.
Mit Tips für Surfer und Mountainbiker

Mit 97 Farbfotos,
40 Tourenkarten
und einer
Übersichtskarte

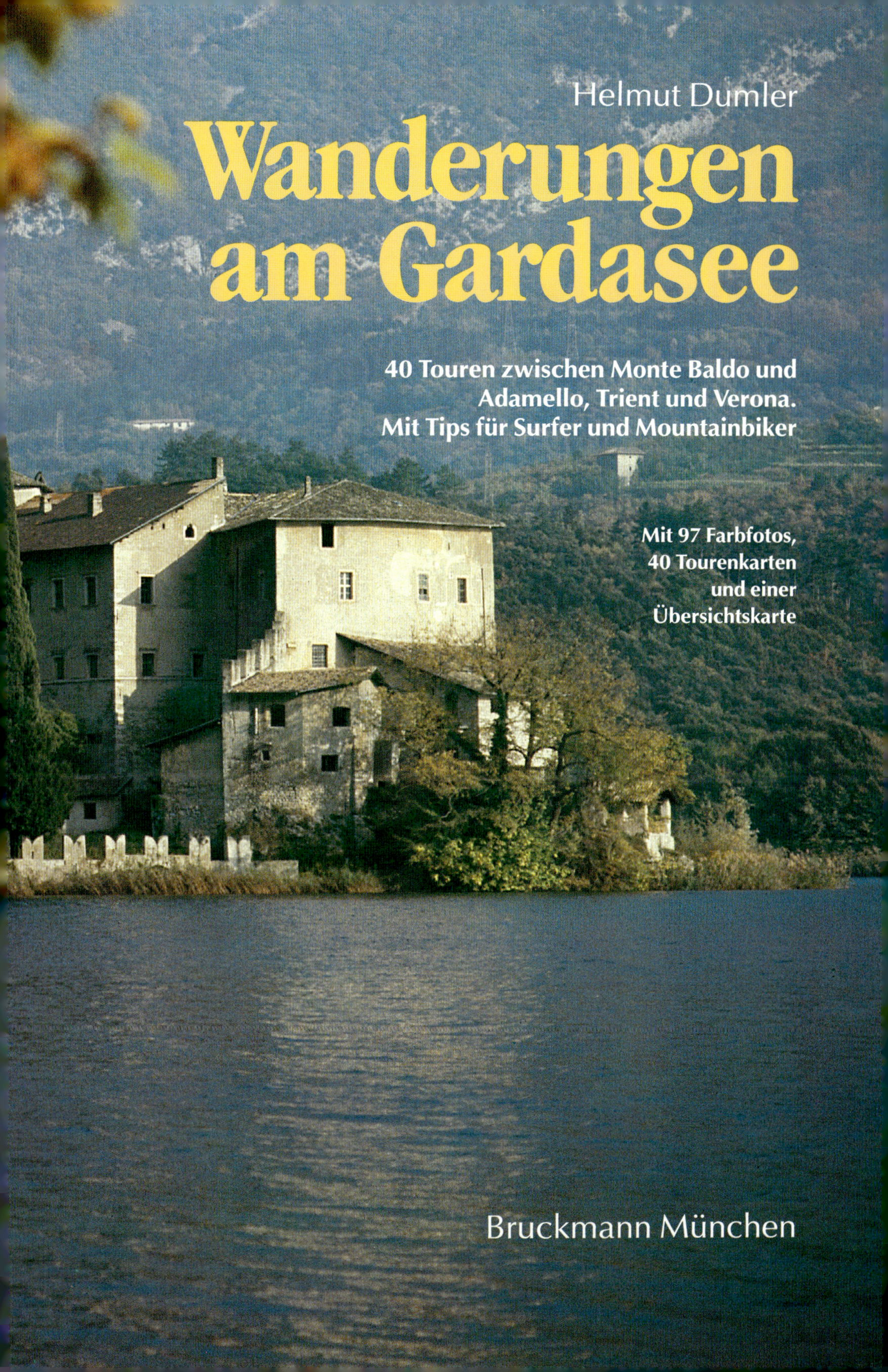

Bruckmann München

Einband/Vorderseite:
*Blick vom Gardasee-Westufer über Riva hinweg
zum beliebten Wanderziel Monte Misone*

Innenklappe:
*Luftige Kletterei auf der Via dell'Amicizia zur
Cima SAT, hoch über Riva und dem nördlichen
Gardasee*

Einband/Rückseite oben:
*Den Eingang von Sirmione am südlichen Gardasee
bewacht die zinnengezierte mittelalterliche Scaligerburg*

Einband/Rückseite unten:
*Von der Cresta di Navene am Monte Altissimo
reicht die Schau nordwestlich bis zur Adamello-
und Brentagruppe*

CIP-Titelaufnahme der Deutschen Bibliothek

Wanderungen am Gardasee: 40 Touren zwischen
Monte Baldo und Adamello, Trient und Verona ;
mit Tips für Surfer und Mountainbiker /
Helmut Dumler. –
München : Bruckmann, 1991
   ISBN 3-7654-2328-9
NE: Dumler, Helmut

© 1991 F. Bruckmann KG, München
Alle Rechte vorbehalten
Herstellung: Bruckmann München
Printed in Germany
ISBN 3-7654-2328-9

Inhaltsverzeichnis

*Die Reliefs der Bronzetüren von San Zeno
Maggiore in Verona entstanden zwischen
1100 und 1200 und zählen zu den beach-
tenswertesten Kunstwerken in Oberitalien
(nähere Erläuterungen siehe Seite 32).*

Der See und seine Berge

Hier scheint die dauernde Unruhe
Eures Lebens
Nur noch ein fernes Bienengesumme,
Und in der kühlen Stille lösen sich
Die ängstlich unvernünft'gen Sorgen
Zu tiefem, langsamem Vergessen.

Gabriele D'Annunzio läßt die Nymphe des Sees sprechen! Wollte man in den Chor der Hymnen und Oden einstimmen, müßte ein eigenes Buch geschrieben werden. Dieses Buch indes will die Landschaft herauslösen aus der Statistenrolle für den üblichen Badebetrieb. Die Berge wohl als Kulisse, aber als eine, hinter die es sich lohnt, eindringlich zu gucken.

Hier wachsen mehr als zweitausend Arten von Blütenpflanzen wild. Noch im Winter grünen Olive, Zypresse, Lorbeer, Magnolie, und das Alpenveilchen verabschiedet sich erst, wenn die Christrosen leuchten. Sobald unten der Sommer einzieht, entfaltet das Gebirge verschwenderische Pracht. Allein schon die Gedanken fangen an zu wandern, süchtig nach Glücksmomenten, auf das Einsaugen der Bilder. Lassen Sie Ihrer Neugierde freien Lauf!

Der Gardasee mißt von Riva bis Peschiera 51,6 Kilometer, maximale Breite 17,2 Kilometer, Umfang 115 Kilometer, Oberfläche 389,98 Quadratkilometer, tiefste Stelle 346 Meter, durchschnittlich 135 Meter. Größter See Italiens. Das sind bloße, nüchterne Fakten einer Verbrüderung des alpinen Nordens mit dem mediterranen Süden. Zunächst kelchartig eng, von majestätischer Ausdruckskraft, Ortschaften kaum Platz bietend, anschließend übergehend in hingegossene Weite aus Licht und Luft und Wind, farblich ohnegleichen: ultramarin und kobaltblau, purpur und opal, violett, grau, smaragd. Wellenkämme schimmern silbern wie Malachit. Ora und Vento wühlen die kaum mehr als zwei Meter dünne Warmwasserschicht auf, lassen dort die Temperaturen häufig um fünf Grad sinken. Zur Sauberhaltung sind von den Anliegerprovinzen Trento, Verona, Brescia leistungsfähige Ringkanalisationen geschaffen worden, gekoppelt an moderne Kläranla-

gen für Höchstbelastungen, die einer Bevölkerungszahl von 600 000 entsprechen. Es handelt sich um einen Klärprozeß mittels Aktivschlamm und anaerobischer, bakterienfreier Bewältigung des Restschlammes unter gleichzeitiger Ausfällung der Phosphate. Der Gardasee besitzt fast Trinkwasserqualität!

Adriaähnliche, kanarische oder spanische Verhältnisse blieben dem See erspart. Dennoch ging die touristische Entwicklung nicht ganz spurlos an ihm vorbei. Sogenannte Freizeitanlagen erfüllen offenbar unterschwellige Wünsche nach Vergnügungen made in USA bzw. ausländisch angehauchtem *»spettacolo«* ebenso wie Self Service, Fast food und American Bar, Bistro, »Wurstel con krauti«. Man spricht deutsch!

Die einst geschätzten Gardasee-Forellen kommen in der Regel aus Zuchtbetrieben, erkennbar an der etwas rötlichen Fleischfärbung, Ergebnis der Inkubationsanlagen. Es hängt damit zusammen, daß die bevorzugten Eiablageplätze an der einmündenden Sarca und dem ausfließenden Mincio durch Wasserbauten für die Fische nicht mehr annehmbar sind.

Dessen ungeachtet bezaubern an den Ufern Impressionen von mediterraner Vielfalt. Dahinter Myriaden von Ölbäumen im mattgrünen Silber heiliger Haine auf tausend Terrassen; Rebstöcke und Obstgärten. Sehenswürdigkeiten über Sehenswürdigkeiten bis hin zu prähistorischen Zeugnissen. An steilen Hängen locken Dörfer wie Schwalbennester. Verlassene Höfe, in friedlicher Stille träumend. In den Höhen schroffer Fels, gigantische Wildnis, luftige Steige über jähen Abgründen, vitale Gefühle in epischer Einsamkeit.

Das Rotkehlchen auf dem dürren Ast einer Brombeerhecke. Heisere Möwenschreie. Der Schriftsteller Alfredo Panzini sieht die Wellen »lächeln«. Wolkenschatten. Regen. Einfachheit bedingt Schönheit, die sich zu faszinierendem nervigem Geflecht verdichtet – allerdings nur abseits der Massen, wie überall.

Helmut Dumler

An der »Gardesana occidentale« zwischen Limone und Riva. Im Hintergrund der Monte Stivo.

1 Trient: Ein Tor zum Süden

Lebenswerteste Stadt Italiens

Stadtspaziergang: Bahnhof—Palazzo del Diavolo—Castel Buonconsiglio—Dom—Via Belenzani—Chiesa di San Francesco Saveri—Torre Vanga—Bahnhof.
Beste Jahreszeit: Ganzjährig; im Sommer (August) zeitweise sehr heiß.
Reine Gehzeit: Etwa 1 1/2 Stunden.

Im November 1989 publizierte die italienische Wirtschaftszeitung »Il Sole 24 Ore« Ergebnisse einer Umfrage über die Lebensqualität in 95 italienischen Städten. Demnach liegt Trient an erster Stelle vor Bologna und Ravenna, während zum Beispiel Bozen erst auf dem dreizehnten Platz rangierte. Bürgermeister Adriano Goio ruhte sich aber nicht aus auf den Lorbeeren. Sein Raumordnungsplan hat gegriffen in den vier historischen Quartieren.

Von Trient aus brach Drusus 15 v. Chr. zur Eroberung Rätiens auf, drei Jahrzehnte später lobte Kaiser Claudius sie schon als »splendida«, als »Tridentum« erhielt sie das begehrte römische Bürgerrecht, im 2. Jahrhundert wurde sie von rund 5000 Menschen bewohnt, geschützt durch Mauern mit Toren und Türmen. Eine ähnliche Restaurierungswelle wie in jüngster Zeit hat sich während der zweiten Blüte Trients abgespielt, Anfang des 16. Jahrhunderts unter Fürstbischof Bernhard von Cles (Bernardo Clesio), dessen fünfhundertster Geburtstag 1985 gebührend gefeiert wurde. Das »Clesianische Jahr« brachte u. a. eine Ausstellung zur sogenannten »Clesianischen Architektur«, d. h. die schmalen früh- und vormittelalterlichen, von Wasserläufen begleiteten Gassen und Straßen samt ihren hölzernen Loggien mußten breiten Straßenzügen und geräumigen Plätzen mit repräsentativen Palästen weichen. Dies geschah sicherlich in Erwartung des vom Bischof herbeigesehnten Konzils, das dann schließlich auch Kaiser Karl V. an die Etsch dirigierte, nicht zuletzt angesichts der idealen Lage am Schnittpunkt uralter Fernstraßen (Via Claudia) und vor dem politisch-psychologischen Hintergrund einer italienischen Stadt auf deutschem Boden.

Der in Cles im Nonstal 1485 als Sohn einer aus dem Ultental stammenden Mutter geborene Kirchenfürst repräsentierte den typischen Vertreter des nach breiter menschlicher Entfaltung drängenden Zeitalters der Renaissance: Staatsmann, Diplomat, Bauherr, Förderer der Wissenschaften, Kunstmäzen — und Blutsauger geknechteter Bauern, deren Rebellion er im Mai 1525 durch den Mindelheimer Landsknechtführer Georg von Frundsberg in wenigen Tagen blutig niederschlagen ließ. Darüber hinaus eine hochgebildete Person, energisch, gründlich, zäh und verbissen — prachtliebend und gewissenlos in der Durchsetzung ihm unerläßlich erscheinender Aufgaben, wie der Vergrößerung seines Hoheitsgebietes.

Im Glanze des Konzils — es gilt als eines der bedeutungsvollsten in der Geschichte der katholischen Kirche —, eingeläutet von den Domglocken am 13. Dezember 1545, sonnte sich jedoch Christoph Freiherr von Madruzzo, Fürstbischof zwischen 1539 und 1567, dessen Geschlecht 119 Jahre lang (1539 bis 1658) das Amt bekleidete. Damals zählte Trient etwa 1000 Häuser mit ungefähr 8000 Einwohnern, wie wir vom Konzilssekretär Angelo Massarelli wissen. Nun galt es, rund 2000 ständige Gäste unterzubringen, wenn auch die Sitzungen 1547 nach Bologna verlegt wurden und erst nach längeren Unterbrechungen wieder 1551/52 und 1562 in Trient stattfanden. Die Weinausfuhr mußte infolge starken Konsumes verboten werden! Leider konnten die fundamentalen theologischen Differenzen — Ablaß, Heiligenverehrung, Reliquienkult — zwischen Katholiken und Protestanten, die dem Konzil lediglich 1551/52 beiwohnten, nicht behoben, der absolute Machtfaktor Papst nicht eingeschränkt werden. Im Gegenteil: Trient verkündete beispielsweise die Erbsünde als Dogma, mit dem die katholische Kirche ihre Gläubigen in die Beichtstühle zwang, und es führte zur gewaltigen Bewegung der Gegenreformation, für deren Durchsetzung nahezu alle Mittel legitimiert waren.

Am Ende des Konzils hatten Kommune und Prinzipat ihren Höhenflug vollendet. Mit dem Einmarsch Napoleons im Jahre 1796,

Zu Füßen des Castel Buonconsiglio liegt die Altstadt von Trient, aus der der massige Baukörper des Domes, der Palazzo Pretorio (links) und Santa Maria Maggiore (Mitte) herausragen.

als die Kirchen kostbarer Schätze beraubt wurden, erlosch die weltliche Macht des Bischofs endgültig – nach fast 800 Jahren: 1027 war Trient unter dem salischen Kaiser Konrad II. unmittelbares Fürstbistum geworden. Im frühen 19. Jahrhundert gliederte man die Provinz Trient dem Land Tirol ein, 1806 bis 1809 gehörte sie zu Bayern, dann zum Königreich Italien und ab 1813 zu Österreich bis Ende des Ersten Weltkriegs (1918), denn der Wunsch eines Anschlusses an Italien war 1866 nicht in Erfüllung gegangen: Garibaldi hatte sich dem Befehl zum Rückzug aus dem Trentino untergeordnet – mit seinem berühmten Ausspruch: »Ich gehorche!«

Nach dem Zweiten Weltkrieg wurde Trient, verschont geblieben vom alliierten Bombenhagel, Hauptstadt der Region Trento-Alto Adige, welche aus den autonomen Provinzen Trento und Bolzano (= Alto Adige) besteht, denen jeweils als gesetzgebende Gewalt der alle fünf Jahre von der Bevölkerung gewählte Landesrat vorsteht. Er wählt als ausführende Gewalt die Landesregierung. 1991 lebten in Trient etwas mehr als 100 000 Menschen.

Stadtspaziergang

Vom *Bahnhof* über die Straße zur *Piazza Dante,* wo man dem größten italienischen Dichter sein monumentalstes Denkmal errichtet hat, in Bronze, auf achteckigem Granitsockel, eingeweiht am 21. Oktober 1896, symbolisch als Protest wider die damals bei den Österreichern »herrschende Tendenz,

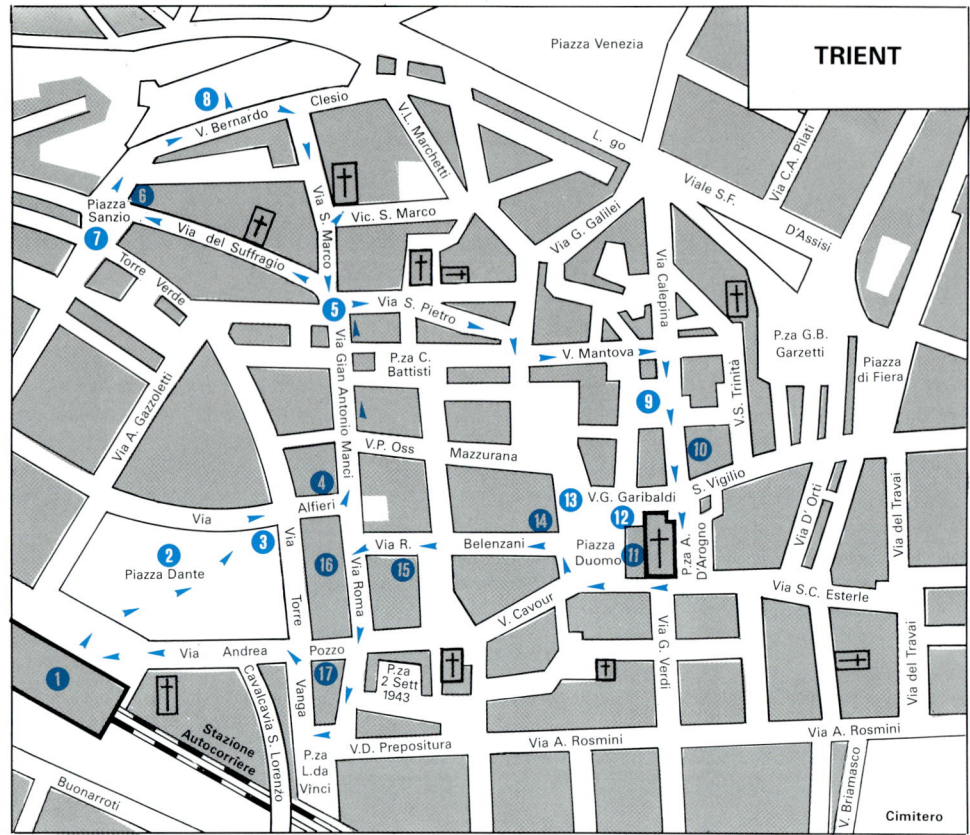

Piazza Venezia

TRIENT

1 Bahnhof, 2 Dante-Denkmal, 3 Verkehrsverein, 4 Palazzo del Diavolo, 5 Cantone, 6 Palazzo Trautmannsdorf, 7 Torre Verde, 8 Castel Buonconsiglio, 9 Piazza Alessandro Vittoria, 10 Palazzo Sardagna (Naturhistorisches Museum), 11 Dom, 12 Palazzo Pretorio (Diözesanmuseum), 13 Torre Civica, 14 Rella-Häuser, 15 Palazzo Geremia, 16 Chiesa di San Francesco Saveri, 17 Torre Vanga

dieses italienischsprachige Gebiet zu entnaturalisieren, trotz der im habsburgischen Kaiserreich bestehenden Gesetze zum Schutz der sprachlichen Minderheiten«, erklärt Professor Carlo Covi. Anschließend geht es rechtshaltend zur *Azienda di promozione turistica di Trento,* dem Verkehrsamt in der Via Alfieri 4, das kostenlos eine kleine Stadtplanbroschüre ausgibt.

Über die Kreuzung, d. h. in der Fortsetzung der Via Alfieri. Links folgt der sogenannte *»Palazzo del Diavolo« (Palazzo Galasso).* Er sei mit Hilfe des Teufels in nur einer Nacht aus dem Boden gewachsen, erzählt die Sage, nachdem Georg Fugger dafür seine Seele dem Beelzebub versprochen, ihn aber dann doch noch überlistet habe – nach bester Familientradition. Tatsächlich hatte der Augs-

burger, seit 1580 in Trient nachweisbar, verheiratet mit Helena von Madruzzo (die ihm 20 Kinder schenkte), das dreigeschossige Bauwerk 1602/03 durch den Brescianer Architekten Pietro Maria Bagnadore in der Rekordzeit von 12 Monaten errichten lassen, was Anstoß zu der Sage sein dürfte, wenn dabei auch der Hang des Fuggersprosses zu Alchimie und Astrologie mitspielen dürfte.

Der Palastname geht auf den Besitzer ab 1642 zurück: Matthias Graf Gallas, Haudegen im Dreißigjährigen Krieg bzw. Oberbefehlshaber des Heeres von Kaiser Ferdinand II. Goethe sagte 1786, der Palazzo sei »das einzige Gebäude von gutem Geschmack« in Trient. Weiter durch die *Via Gian Antonio Manci,* gewidmet dem gräflichen Freiheitsheld, der während eines Ver-

12

höres durch die Gestapo in Bozen aus dem Fenster sprang, um unter der Folter nicht seine Kampfgefährten zu verraten.

Im Haus Nummer 57 der Via Manci hat die »Società degli Alpinisti Tridentini« ihren Sitz (auch »Museo storico della SAT«, Tel. 2 15 22), besser bekannt unter dem Kürzel SAT: größte Sektion des Club Alpino Italiano (CAI) mit rund 50 000 Mitgliedern sowie mehr als 40 Hütten und Biwakschachteln, gegründet 1872 in Madonna di Campiglio. Noch populärer ist der Chor dieser Bergsteigervereinigung bzw. sein Lied »La montanara...«.

Im Palazzo Trentini – einziger unversehrt gebliebener und kaum veränderter Rokokopalast der Stadt, renoviert mit einem Kostenaufwand von 3,9 Milliarden Lire –, hat der Trentiner Landtag seit August 1988 seinen Sitz. Der Komplex besteht aus zwei im 16. Jahrhundert erstellten Gebäuden, welche Baron Ignazio Trentini von 1730 bis 1760 zu einer Einheit fügen ließ. Im Parlament nimmt nach der letzten Regionalratswahl 1988 die Democrazia Cristiana (DC) mit 136 267 Stimmen (= 45,3 Prozent) 17 der insgesamt 35 Sitze ein, der Partito Socialista Italiano (PSI) 4 Sitze, Kommunisten (PCI), Grüne (Lista Verde) sowie die regionale PATT jeweils 3, gefolgt von fünf kleineren politischen Gruppierungen.

Am Palazzo Salvadori erinnern an den Portalen zwei Medaillons an den tragischen, niemals geklärten Tod des Christenjungen Simon Unverdorben. Er soll, das ließ zumindest Fürstbischof Johannes Hinderbach kolportieren, in der hier stehenden Synagoge am 23. März 1475 (in der Karwoche) einem Ritualmord zum Opfer gefallen sein. Die Hetzkampagne des Bischofs, unterstützt von antijüdischen Predigten des Franziskaners Bernardino da Feltre, löste den von der Kirche erhofften Pogrom aus. »Während der beschlagnahmte Besitz der ermordeten und vertriebenen Juden die bischöflichen Kassen füllte, durften die Franziskaner deren Geschäfte weiterbetreiben und eröffneten kurz danach das erste Pfandleihhaus Trients«, durchleuchtet Ida Pallhuber das Ränkewerk. Erst Papst Johannes XXIII. (1958–1963) bestätigte die Unschuld der Juden.

Am Ende der Via Manci, gleich nach den Bazzani-Häusern (Nr. 85–89), von denen das zweite eine für Trient ungewöhnliche venezianische Fassade mit gotischen Stilelementen ziert, stößt man auf den »Cantone«, einen kleinen Platz, das alte Zentrum an einer früher wichtigen Kreuzung, unter der in vier Meter Tiefe das Pflaster einer römischen Straße liegt. Rechts sind es nur wenige Schritte nach San Pietro, erwähnenswert, weil es sich um die einzige gotische Kirche der Stadt handelt, erbaut 1472/73 auf romanischen Grundmauern für die deutsche Gemeinde. Nördlich an den Chor schließt sich die im 17. Jahrhundert entstandene Grabkapelle für Simon Unverdorben an; er wurde 1582 selig gesprochen.

Links des »Cantone« beginnt bei der Apotheke San Antonio im freskengeschmückten (Scheinarchitekturen, Herkules-Taten) Palazzo del Monte die Via del Suffragio, früher »Contrada Todesca« (Deutsche Straße) genannt. Vorbei an der Marmorfassade der barocken Chiesa del Suffragio gelangt man zum Eckhaus (rechts) des Palazzo Trautmannsdorf mit stattlicher Fassade zur Piazza Sanzio hin. Linker Hand steht der mit grünen Ziegeln gedeckte, 1990 restaurierte Torre Verde, zu dessen Füßen bis 1858 die Etsch floß. Ab hier verband die mittelalterliche Stadtmauer das nicht mehr existente Martinstor mit dem Torre Vanga.

Rechts steigt die Via Bernardo Clesio an zum Castel Buonconsiglio, eine Mischung aus Burg und Schloß, das die Altstadt im Nordosten beherrscht. Die ehemalige, aus mehreren Trakten zusammengefügte fürstbischöfliche Residenz gürtet eine mächtige Mauer. Das um den ältesten Teil, den runden Augustusturm (11. Jahrhundert), im 13. Jahrhundert erbaute Castelvecchio, erfuhr an seiner der Stadt zugewandten Seite unter Johannes Hinderbach 1475 eine optische Bereicherung durch elegante gotisch-venezianische Formen (Loggia), erkenntlich an den charakteristischen Dreipaßbögen, die die Front auflockern. Der nur mehr wenig Wehrhaftigkeit zeigende Mittelbau (1528–1536) – »Magno Palazzo« – geht auf Bernhard von Cles zurück und wird auch als Castelnuovo bezeichnet. Den Zubau der Giunta Albertiana ließ Fürstbischof Francesco Alberti Poia 1686 bis 1688 in »Clesianischer Architektur« hochziehen. Sie verbindet Castelnuovo und Castelvecchio durch eine hochschwebende kleine Brücke. Öffnungszeiten: 9.00 bis 12.00 Uhr, 15.00 bis 17.30 Uhr; Montag geschlossen. Detaillierte Beschreibungen der zahlreichen, teilweise prunkvoll ausstaffierten Räumlichkeiten würden den vorgegebenen Platz sprengen. Mit dem Eintrittsbillett erhält der Besucher eine deutschsprachige Broschüre, die mit Hilfe mehrfarbiger Grundrißpläne der einzelnen Stockwerke und leicht verständlichem Text durch die weitläufige Anlage führt. Den Höhepunkt bildet der dreigeschossige Adlerturm, eingerichtet unter Fürstbischof Georg I. von Lichtenstein (1390 bis 1419). Im mittleren Raum erwartet uns ein gotischer Freskenzyklus aus elf Monatsbildern (das Märzmotiv an der Wendelstiege ist verschwunden), der über seinen künstlerischen Wert hinaus den höfischen und den bäuerlichen Alltag der Zeit um 1400 kontrastreich offenbart, klar differenziert in Herrschaft und Knechtschaft, wahrscheinlich gemalt von einem böhmischen Meister, und spätestens 1407 vollendet.

Im Schloß ist auch das Landeskunstmuseum (Museo provinciale d'Arte) untergebracht sowie das Museum des italienischen Freiheitskampfes (Museo del Risorgimento), nach dem Zweiten Weltkrieg erweitert mit Dokumenten des Faschismus, des Antifaschismus und der Widerstandsbewegung gegen die deutsche Besatzung ab 1943.

Weiterweg: Gegenüber dem Schloßeingang in die *Via San Marco.* Bei der gleichnamigen Kirche links, und rechts zum *Palazzo Firmian* (Cassa di Risparmio). Weiter über die *Piazza Erbe,* den einstigen Obstmarkt, auf die *Piazza Alessandro Vittoria* (Post- und Telegrafenamt) mit dem 1909 enthüllten Denkmal für den hauptsächlich in Vicenza und Venedig wirkenden, 1608 gestorbenen Architekten, Bildhauer und Stukkateur. Nun in die *Via Calepina.* Der *Palazzo Sardagna* aus dem frühen 17. Jahrhundert, aus der Übergangszeit von der Renaissance zum Barock, gehört dem *Naturhistorischen Museum* (Museo tridentino di Scienze naturali). Geöffnet (außer Sonntag und Montag) 8.00 bis 12.00, 15.00 bis 17.30 Uhr.

Auf der nahen *Piazza Adamo d'Arogno* befinden wir uns an der Südseite des Domes, mit dessen Bau Adamo d'Arogno aus Como am 12. Dezember 1212 im Auftrag des Fürstbischofs Friedrich von Wangen begann, an Stelle einer zwei Meter tiefer gelegenen Basilika aus dem 6. Jahrhundert. Betrachtet man den romanisch-gotischen *Dom San Vigilio* von der Piazza Duomo, wirkt er breiter als höher, bedingt durch die in der Romanik typischen waagrechten Linien, was die umlaufende Zwerggalerie fördert. Dieser Eindruck ändert sich sofort nach dem Betreten durch das Hauptportal unter der gotischen Fensterrose (Christusfigur, Evangelistensymbole): Steilheit, aufstrebende Gotik, denn der dreischiffige basilikale Bau wurde erst 1520 vollendet. Indes gehören die seitlichen Treppen (Turmzugänge) mit ihren ungleich großen Bögen der Romanik an und stellen ein Novum dar. Kühle, dämmriges Licht. Am Spätnachmittag dringt goldbraune Helle gebündelt durch die Westrosette ein und erfüllt die ergreifende Stille. Der 1743 geweihte, barocke Hochaltar, von den Bürgern als Dank für die Befreiung von französischer Belagerung im September 1703 gestiftet, erinnert etwas an den Bernini-Tabernakel des Petersdomes in Rom. Der Altarhöhe fiel die romanische Krypta zum Opfer, weil der Boden aus Platzgründen drei Meter tiefer gelegt werden mußte. Dank vorbildlicher Ausgrabungen ist die Krypta seit 1977 wieder zugänglich, ebenso die Basilika des 6. Jahrhunderts. Sie befindet sich möglicherweise über dem Grab des hl. Vigilius, dem dritten Bischof Trients. Er starb um 400 im Rendenatal den Märtyrertod. Basilika und Krypta sollte man (trotz Eintrittsgebühr) in keinem Fall versäumen! Besichtigungszeiten: 10.00 bis 12.00 Uhr, 14.30 bis 18.00 Uhr; Sonntag geschlossen. – Der Dom ist von 6.30 bis 12.00 und von 14.30 bis 20.00 Uhr geöffnet.

Piazza Duomo — lebhafter und behaglicher Mittelpunkt der Stadt. Einer der schönsten Plätze Oberitaliens. Hier erfrischt uns der 1990 renovierte *Neptunbrunnen* aus weißem Marmor, überzogen von einer bräunlich-grü-

Die prächtige Westfassade des Palazzo del Monte in Trient am »Cantone«, mit Renaissancemalereien (die zwölf Taten des Herkules) auf mehrfarbigem Steinmaterial.

nen Patina. Anleihe des Imperiums? Kaum, denn der barocke Brunnen wurde 1769 aufgestellt, außerhalb der Römerstadt. Ihre südliche Mauer verlief zwischen Brunnen und *Torre Civica*. Neben dem 41 Meter hohen Stadtturm, einst Kerker, entdeckte man die Grundmauern der antiken Porta Veronensis. An den Stadtturm stößt der langgestreckte *Palazzo Pretorio,* entstanden während der Regierungszeit (1207–1218) des Fürstbischofs Friedrich von Wangen, benachbart zu dem ebenfalls mit Schwalbenschwanzzinnen besetzten, vom Glockenturm des hl. Romedio überragten *Castelletto*. Dort residierten die Fürstbischöfe ab 1027, bis Egno von Eppan 1255 in das Castelvecchio umzog. Im Palazzo Pretorio ist das *Diözesanmuseum* (Museo diocesano tridentino) untergebracht. Besichtigungszeiten: 9.00 bis 12.00 Uhr, 14.00 bis 18.00 Uhr, Mittwoch geschlossen. Die Eintrittskarte der Domkrypta hat auch im Museum Gültigkeit!

Am Westrand des Domplatzes beginnt die schnurgerade *Via Rodolfo Belenzani*. Belenzani war der Kopf des Bürgeraufstandes 1407 gegen Fürstbischof Georg von Lichtenstein. Der »Gottesmann« hatte Fremde, habsüchtige Österreicher, in die Stadt geholt, widerspenstige Einheimische »kurzerhand vierteilen lassen« und schließlich zu seinem Schutz 6000 italienische Söldner herbeigerufen. Bevor diese eintrafen, hatte ihn das Volk schon in den Torre Vanga geworfen.

Gleich am Anfang der Via Belenzani, kurz nach den freskenreichen Fassaden der *Rella-Häuser,* passiert man die *Annunziata-Kirche* aus dem frühen 18. Jahrhundert. Dann reihen sich die Paläste: *Casa Ferrari* (Nr. 39) beispielsweise, gegenüber *Casa Alberti-Colico* (Nr. 32). Etliche mittelalterliche Wohntürme sind noch zu erkennen. Im großen und ganzen wird die Prunkstraße aber geprägt vom clesianischen Umbau. Der *Palazzo Thun* (Nr. 19) dient seit 1873 als Rathaus. Auf der anderen Straßenseite zieht der *Palazzo Geremia* die Blicke an, hervorragendes Beispiel eines Renaissancepalastes, im frühen 16. Jahrhundert erbaut von der Veroneserin Geremia Pona mit Unterstützung von Fürstbischof Cles. An den Aufenthalt Kaiser Maximilians im Jahre 1508 – er hatte im Palast gewohnt und im Dom den Titel »erwählter Rö-

mischer Kaiser« angenommen – erinnern die raumtiefen Wandmalereien auf den vier Feldern zwischen den Fenstern im zweiten Geschoß; der »Letzte Ritter« ist rechts von dem vierbogigen Fenster dargestellt. Im ersten Geschoß links verhandeln venezianische und Trentiner Abgesandte über Grenzstreitigkeiten anläßlich der 1533 von Kaiser Karl V. einberufenen Konferenz.

Den würdigen Abschluß der Via Belenzani bildet die ins Auge springende *Chiesa di San Francesco Saveri* (Franz-Xaver-Kirche): einziger bedeutender sakraler Barockbau der Stadt und ein feines Beispiel jesuitischen Barockstiles, erbaut kurz nach 1700 von dem Trientiner Jesuiten Andrea Pozzo (1642 bis 1709), einem namhaften Architekten, Maler und Perspektivtheoretiker. Das Portal entstand 1720. An der Fassade stehen in den vier Nischen Statuen heiliger Jesuiten: Francesco Borgia (unten links), Ignazio von Loyola (rechts), Francesco Regis (oben links), Luigi Gonzaga (rechts). Der Bau mißt in der Länge 43 Meter, in der Breite 17 Meter. Fußboden und Stufen sind aus kirschfarbenem Marmor von Villamontagna, die Brüstungen und Nischen mit den Heiligen aus gelbem Arco-Marmor. Das Hauptaltarbild – es wird Andrea Pozzo zugeschrieben – verherrlicht allegorisch die Missionssendung (Asiens Taufe) von Franz Xaver.

Links durch die *Via Roma* zum 40 Meter hohen *Torre Vanga*. Vanga ist die willkürliche Italienisierung des Namens Wangen, eines Tiroler Geschlechts, dessen Stammburg über dem Eingang zum Sarntal nördlich von Bozen thront. Friedrich von Wangen, Fürstbischof zwischen 1207 und 1218, ließ den Turm errichten, als westliches Bollwerk der mittelalterlichen Stadtmauer. Hier floß bis zur Regulierung 1858 die Etsch, die mit einer Eisenkette gesperrt war, um den Flußzoll für die Frachtkähne zu erheben. Eine Holzbrücke führte zu dem 1775 aufgelösten Dominikanerkloster San Lorenzo. Wer beim Fluchen ertappt wurde, den tauchte man von dieser Brücke in die Etsch. »Heute wäre diese Strafe unmöglich, denn die Etsch würde bis Bozen hinauf über die Ufer treten«, bemerkt der einheimische Historiker Rizzi.

Abschließend geht es rechts um den Torre Vanga herum und zum Ausgangspunkt.

Castel Buonconsiglio in Trient mit der gotisch-venezianischen Loggia (15. Jahrhundert), den Schwalben-schwanzzinnen der Frontseite und dem runden Augustusturm des 11. Jahrhunderts. Links der Teil einer Eckbastion.

Nützliche Informationen

Trient (194 m), Provinz- und Regionalhauptstadt, Bischofssitz; Universität. Von Bozen 57 km, von Verona 101 km, von Riva 42 km. Autobahnanschlußstelle. Gute Bahn- und Busverbindungen.

Parkplätze: Die (meist übervollen) Parkplätze sind beschildert. Für Reisende vom Gardasee (über Arco) lohnt es sich, am Dos Trento zu parken; von dort verkehrt die Buslinie 2 regelmäßig zum Bahnhof.

Gehzeit: Etwa 1½ Stunden.

Unterkunft und Verpflegung: Zahlreiche Hotels und Restaurants. Campingplatz: *Lung'Adige Braille 1* (am Etschufer), geöffnet von März bis September; Tel. 0461/2 51 62 oder 82 35 62.

Auskunft: Azienda di Promozione Turistica di Trento, Via Alfieri 4, I-38100 Trento, Tel. 0461/98 38 80.

Weitere Sehenswürdigkeiten:
Santa Maria Maggiore, von Fürstbischof Cles zwischen 1520 und 1524 aus Trentiner Marmor errichtete, damals stilreine Frührenaissance-Basilika, die leider durch Umbauten vor einem Jahrhundert verändert wurde; der Glockenturm stammt vom Vorgängerbau des 12. Jahrhunderts. 1562 Tagungsort der entscheidenden Konzilssitzungen, mit zeitweise 213 Stimmberechtigten. Einen Ausschnitt zeigt das 1633 gemalte Bild an der rechten Chorwand zwischen den Fenstern. Gegenüber befindet sich als beachtenswerteste Ausstattung die herrliche Sängerempore (1534).

Dos Trento (307 m), prähistorisch besiedelter Felshügel über dem jenseitigen Etschufer (Ponte San Lorenzo), großartiger Aussichtsplatz, Akropolis und Keimzelle Trients, auch »Verruca« (Warze) genannt. Auf der höchsten Stelle die Reste einer 1961 freigelegten, den heiligen Kosmas und Damian geweihten Basilika des 6. Jahrhunderts.

Battista-Mausoleum, 1935 in Anwesenheit von König Viktor Emanuel III. der Öffentlichkeit übergeben.

Alpini-Museum (Museo nazionale degli alpini), 1958 eingerichtet. Geöffnet (außer Montag) 9.00 bis 19.00 Uhr; vom 1. Oktober bis 31. Mai 10.00 bis 16.30 Uhr. Parkplätze beim Eingang. Erreichbar ab Bahnhof mit Buslinie 2.

2 Castel Beseno: Riesenburg im Alpenraum

Südlich von Trient heißt das Tal der Etsch Val Lagarina. Es reicht bis hinunter zum Riesenschlund der Veroneser Klause. Fast zwei Dutzend Burgen, von denen nur mehr etwa die Hälfte erhalten ist, bewachten einst die »Kaiserstraße« in den Süden. Ungefähr in Höhe von Calliano kontrollierte und sperrte das Castel Pietra, damals unweit einer Etschschlinge stehend (heute östlich der Staatsstraße), schon im 13. Jahrhundert den Fernweg. Pietra heißt Stein und bezieht sich auf die Felsblöcke um die Burg, die von einem Bergsturz herrühren.

Auf der Talweitung tobte am 10. August 1487 die »Schlacht von Calliano«. Kaiserliche Truppen unter Herzog Sigmund schlugen den venezianischen Condottiere Roberto da Sanseverino, der mehrere tausend Mann verlor und selbst ums Leben kam. »Es war die erste kriegerische Auseinandersetzung, die durch Landsknechte entschieden wurde«, schreibt Dr. Bernd Roeck, Direktor des Deutschen Studienzentrums in Venedig. Ein Gemälde der Schlacht hängt hinter dem Hauptaltar der Kirche San Lorenzo in Calliano. Die durch das deutsche Schrifttum geisternde, zur Heldensage hochstilisierte »Disfida di Pradaglia«, das siegreiche Duell des Hans von Sonnenberg, fand nicht mit Roberto, sondern seinem Sohn Antonio Maria da Sanseverino statt, und zwar bei der Burg Pradaglia südwestlich von Rovereto, am 11. Juli 1487 im »Stil eines Ritterturniers« (Roeck). Sonnenberg tötete den Verletzten nicht, er schenkte ihm sogar die als Siegespreis ausgesetzten 1000 Golddukaten.

Wie ein Diadem umfassen die Zinnenmauern von Beseno den länglichen Hügel (434 m) über dem Eingang zum Valle del Rio Cavallo. Die Burg besteht aus drei Fortifikationen: Castello verso Trento (Nord), Castello verso Rovereto (Süd), verbunden durch das Castello di Mezzo; zusammen eine Fläche von 16 381 Quadratmetern. Es ist die gewaltigste Burg im Alpenraum! Gut zu sehen von der Autobahn, nachts angestrahlt, gespenstisch – »une position inexpugnable«, soll Napoleon gesagt haben. Das Ferdinandeum (Innsbruck) bewahrt eine Darstellung von 1550, verrät Bodo Ebhardt: »So breite und lange Mauerzüge erforderten eine für Burgen ungewöhnliche Besatzung.«

Abgesehen von vormittelalterlichen Spuren auf der 250 Meter über dem Etschtalboden hochragenden, dreiseitig isolierten Kuppe, an deren Basis seit Mitte des ersten Jahrhunderts die römische »Via Claudia« vorbeiführte, tritt »Pisein« im Jahre 1171 bezeugt in die Geschichte, als Lehen der Eppaner an eine Familie aus Povo (Trient). Engelbert von Beseno mußte Anfang des 13. Jahrhunderts einen Teil an Fürstbischof Friedrich von Wangen abgeben. Den Rest machte sich Guglielmo del Castelbarco 1303/04 zu eigen. Unter dieser, im Val Lagarina (Sabbionara) und zeitweise auch im nördlichen Gardaseeraum mächtigen Dynastie, wurden zwei ältere Komplexe mit dem »Castello di Mezzo« verschweißt. Der letzte des Geschlechtes, Marcobruno II. Castelbarco di Beseno, veräußerte das Bollwerk an den Tiroler Landesfürsten Sigmund. Der gab es 1450 den fünf Brüdern Gradner zu Lehen, welche jedoch die Oberhoheit Trients nicht anerkannten, so daß Bischof Georg II. die Burg 1457 erstürmen ließ, was allerdings erst nach halbjährigem Kampf glückte. 1470 erschienen die gewalttätigen Vögte von Matsch im Vinschgau als Lehensträger, ab 1504 deren Erben, die aus der Steiermark zugewanderten Trapp. Sie bauten nach der Brandkatastrophe von 1513 eine Zitadelle mit starken Mauergürteln und Artillerietürmen aus.

Castel Beseno sitzt auf einer dreiseitig isolierten Kuppe über dem Etschtal. Die Zitadelle wurde 1513 nach einem Brand ausgebaut. Seit 1988 ist die Burg wieder zugänglich.

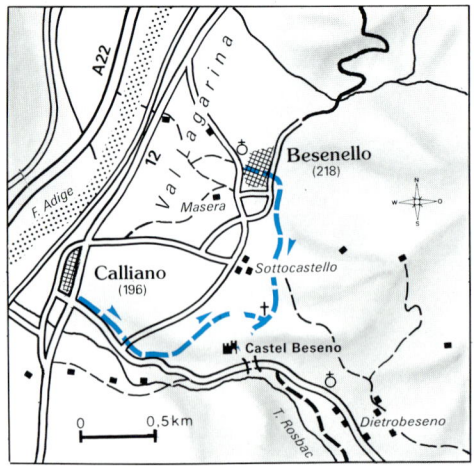

Obwohl die Erläuterungen des erwähnten Faltblattes italienisch abgefaßt sind, können die Gebäude einwandfrei lokalisiert werden. Im Notfall hilft das freundliche Aufsichtspersonal.

Der Wegverlauf (ab Besenello)

Von der *Pfarrkirche* in die *Via Trento* und auf der Hauptstraße durch den Ort, aus dessen Weinsteuern die Grafen Trapp bis 1853 einen Teil ihres Einkommens deckten. Wein und Seide bildeten lange Zeit den Haupterwerb des Dorfes und seiner Umgebung. An den Häusern fallen schmucke Marmorportale des 17. und 18. Jahrhunderts auf. Am Ortsrand übernimmt uns die steile *Via San Giovanni*. Rechts unterhalb liegen die Ortsteile Masera und Sottocastello. Im Vorblick sieht man bereits Castel Beseno. Vorbei an der Kapelle des Gekreuzigten (Mündung des Weges von Calliano) geht es zum aussichtsreichen Parkplatz. Von dort in wenigen Minuten zum Kassenhäuschen.

Der Wegverlauf (ab Calliano)

Bei der Abzweigung der *Folgariastraße* (SS 350) folgt man dieser östlich 800 Meter zur Rechtskurve. Dort beginnt der alte gepflasterte Saumweg, der *Sentiero Gac*. Mit ihm aufwärts zur Kapelle des Gekreuzigten am Sträßchen von Besenello. Rechts über den Parkplatz und in wenigen Minuten zum Kassenhäuschen.

Nützliche Informationen

Ausgangsorte: *Besenello* (218 m), Sitz einer Gemeinde mit rund 1500 Einwohnern auf der Ostseite des Val Lagarina. 16,5 km südlich von Trient, 7,5 km nördlich der Autobahnausfahrt Rovereto-Nord, etwas abseits der Staatsstraße 12. An der Abzweigung sind bereits Hinweise auf die Parkmöglichkeiten (u. a. neben der Pfarrkirche) angebracht. Busverbindungen mit Trient und Rovereto. Nächster Bahnhof in Calliano.
Calliano, 196 m, Sitz einer Gemeinde mit 1000 Einwohnern, an der Staatsstraße 12. Von Trient 16,5 km, von der Autobahnausfahrt Rovereto-Nord 6,5 km. Busverbindun-

Seit 1873 wird Beseno nicht mehr benutzt, und 1973 ging es als Schenkung in verwahrlostem und halbverfallenem Zustand an die Provinz Trient. Erst im September 1988 öffneten sich die Tore wieder. Nach zehn Jahren kostspieliger, mustergültig durchgeführter Restaurierungen konnte ein Teil der Anlage für Besucher freigegeben werden. Der übrige Teil – Bastione di Mezzo, Terzo Cortile, Corte d'Onore – soll bis spätestens 1993 fertig sein. Ein Faltplan, der mit dem Erwerb des Billetts ausgegeben wird, erklärt präzise das Bauwerk sowie die derzeit (1991) möglichen Besichtigungswege. Angefangen bei der Turnierwiese (laut Otto Piper ein »Weingarten«), durch den 200 Meter langen Zwinger und das Portal hinauf zum Rundgang der quadernbekleideten »Bastione Nord«. Sie war, mit der »Bastione di Mezzo«, zur Verteidigung der Ostseite im Geschützkampf gedacht. Anschließend über die »Piazza Grande« und entlang der Außenmauer mit ihren Halbrondellen (in einem die Toilette), durch den »Quinto Cortile«, wo sich rechts das Verlies befand, zur »Bastione Sud«. Dieses Befestigungswerk weist weniger solide Mauern auf als die anderen Bastionen. »Fast ganz über sturmfreiem, tief hinabgehenden Abhange liegend, konnte es nur für einen Geschützkampf gegen die ziemlich weit entfernt gegenüber aufsteigende Anhöhe Sinn gehabt haben«, versucht Piper die Funktion zu erklären. Über einer Kanonenpforte ist das Trappsche Wappen (W) angebracht.

Die Innenansicht zeigt das Gewinkel der drei Burgen, die ab dem 14. Jahrhundert zur großräumigen Anlage des Castel Beseno zusammenwuchsen.

gen mit Trient und Rovereto; Bahnhof. Parkplatz an der Abzweigung der Folgariastraße.
Gehzeit: Von Besenello wie von Calliano etwa ½ Stunde Aufstieg.
Unterkunft und Verpflegung: In Besenello *Pension Anna* (Tel. 0464/84194), sonst Gasthöfe und Bars. In Calliano Hotels. Jausenstation in der »Bastione Nord« des Castel Beseno.
Sehenswürdigkeiten: In Besenello *Pfarrkirche Sant'Agata,* ursprünglich von 1205; 62 Meter hoher Campanile. In der rechten Seitenkapelle (Cappella Trapp, spätes 15. Jahrhundert) zwei spätgotische Grabmonumente; links das von Karl Trapp und Anna Wolkenstein (1550), rechts das von Georg Trapp (1571).
Karte: Kompass-Wanderkarte 1:50 000, Blatt 75 (Trento-Lévico-Lavarone).
Literatur: Otto Piper, Österreichische Burgen. Band VIII, S. 5–12. Alfred Hölder, Wien 1910.

3 Madonna della Corona

Marienheiligtum an steiler Felswand

Unschwierige Wanderung auf einem Pilgerweg.
Beste Jahreszeit: Frühsommer und Herbst.
Reine Gehzeit: Aufstieg etwa 1½ Stunden.

Wer achtet bei der Fahrt gen Süden zwischen Rovereto und der Verkehrsdrehscheibe Affi schon auf die Bergflanken rechter Hand, die östlichen Ränder des Monte-Baldo-Gebietes? Ungefähr 30 Kilometer südlich von Rovereto thront rechts, oberhalb der Ortschaft Brentino, unübersehbar ein weißes Kreuz. Schaut man durch das Tal rechts davon, ist hoch droben, scheinbar am Fels klebend, Madonna della Corona zu erkennen.

Früher kamen die Wallfahrer nahezu ausschließlich von Brentino über den alten, bei Hitze recht strapaziösen Pilgerpfad. Mittlerweile fahren die meisten mit dem Auto nach Spiazzi und steigen von dort hinab zur Madonna. Die ungeheure Ausgesetztheit der Kirche wird auf beiden Zugängen ersichtlich. Indes hat der klassische Weg nichts von seinen Reizen verloren. Alljährlich kommen die »Zimbern« aus den gegenüberliegenden »Dreizehn Gemeinden« (Tredici Comuni). Buße in Form von rund 450 Stufen! In der Tat eine Wallfahrt herkömmlicher Art. Im Pilgerbuch, das nach zwei Dritteln des Anstieges aufliegt, sind die Unermüdlichen verzeichnet, hauptsächlich Italiener. Papst Johannes Paul II. ließ sich am 17. April 1988 chauffieren.

Das wohltönende Glockenspiel der Mittagsstunde unterbricht in angenehmer Weise unseren Trott. Santa Maria della Corona! Unwirklich die totale Draufsicht, wie schwebend, ein Adlernest, die Kirche, der Glokkenturm am äußersten Rand schwindelnder Abgründe – 600 Meter über der Etschtalsohle, schaurig schön.

Dem frommen Brauch folgend, rutscht man kniend von der »Cappella della Riconciliazione« (Aussöhnungskapelle), wo sich Beichtstühle nebeneinanderreihen, die Steinstufen der »Scala Santa« hoch und gelangt in den dreischiffigen Kirchenraum. Hinter dem 1978 neugeschaffenen Hochaltar steht in einer aus dem Fels gehauenen Apsis die verehrte Pietà. Die bemalte Marmorstatue der Schmerzensmutter ist eine 70 Zentimeter hohe Steinmetzarbeit, datiert 1432. Sie sei 1522 durch Ludovico Castelbarco an die gesegnete Stätte gebracht worden, ist überliefert. Ein Geschenk des Grafen an die Einsiedler? Laut Legende tauchte die Skulptur 1522, nachdem die Türken Rhodos besetzt hatten, eines Nachts auf wundersame Weise auf, gehüllt in blendendes Licht und von lieblicher Musik begleitet. Gegen 1530 entstand die erste Kapelle. Arbeiter, Gerät und Material mußten von oben mittels einer Winde abgeseilt werden, auch 1533 der Bischof von Verona, Matteo Giberti, anläßlich seiner Visite. Er habe die Prozedur mit gemischten Gefühlen über sich ergehen lassen! Aber schon in heidnischer Zeit sollen die Ureinwohner auf dem abenteuerlichen Podest ihrem Kult gehuldigt haben. Christliche Eremiten finden ab dem 12. Jahrhundert Erwähnung. Einige Mumifizierte liegen in den 1990/91 ausgebauten ebenerdigen Räumen unter der Kirche. Die Kapelle wurde 1540 und 1625 vergrößert. Dieses Gotteshaus wiederum mußte Ende der siebziger Jahre in unserem Jahrhundert wegen drohender Einsturzgefahr neu errichtet werden. Bis 1806 war der Komplex im Besitz des Johanniter-Ordens. Seitdem gehört er der Diözese Verona, deren Priesterseminar die Stätte seelsorgerisch betreut.

Der Wegverlauf

In *Brentino* auf der *Via Santuario* ansteigend durch den Ort, in 5 Minuten zu zwei stattlichen Roßkastanien bei einem Waschtrog. Für einen Augenblick zeigt sich Madonna della Corona. Links (Wegweiser) mit *Markierungsnummer 43* über betonierte Stufen, dann auf breitem steinigem Weg mäßig bergan weiter.

Etwa 20 Minuten nach Brentino führt links ein Stichpfad zum nahen, weithin sichtbaren *Kreuz* (250 m). Herrlicher Rastplatz über den fruchtbaren Etschtalböden und ihren Weingärten, wo die Reben des »Valdadige« – Rot und Weißweine – an sogenannten Trentiner Pergolen wachsen.

Der Pilgerweg setzt eine Viertelstunde später zu einer Querung taleinwärts an. Die Vogelbeerbäume locken im Spätsommer Zugvögel ins Verderben; sie werden zur Beute gewissenloser Vogelsteller. Links schnellen die von Bergstürzen gezeichneten Bastionen des Monte Cimo empor; unterhalb des Weges liegen gigantische Brocken. Das Valle delle Pissotte schnürt sich zusammen, bildet wilde Felsszenerien. Abermals wird das Santuario zwischen den Bäumen kurz sichtbar. Abermals Serpentinen – bis an die Felswände. Dort wartet eine kühne, gemauerte Steiganlage. Stufe für Stufe. Ich habe 250 gezählt während der Viertelstunde im Steilgelände. Ma-

Madonna della Corona in extrem ausgesetzter Position unter überhängenden Felsen hoch über dem Etschtal. Links sind die Tunnels und Galerien des üblichen Zuganges erkennbar.

donna della Corona tritt immer großartiger hervor.

An der Stelle des Holzsteges über die Felskluft sei in nur einer Nacht eine Linde gewachsen. Erst dadurch konnte das Heiligtum zu Fuß erreicht werden…

Letzte Steinstufen. Ungläubiges Staunen!

Nützliche Informationen

Ausgangsort: Brentino (187 m), rund 250 Einwohner, auf der Westseite des Val Lagarina, an der »Strada del Vino Valdadige«. Von der Autobahnausfahrt Affi–Garda Sud 15 km, über Zuane, vorbei an einer ehemaligen italienischen Straßensperre und am »Cristo della strada«. An Werktagen Busverbindungen von Verona und Affi.

Parkplatz: Piazza A. Rosmini in Brentino.

Gehzeit: Aufstieg etwa 1½ Stunden.

Unterkunft und Verpflegung: In Brentino ein Gasthof. In Madonna della Corona Verkauf von Dosengetränken. In Spiazzi mehrere Hotels.

Gottesdienste: Von April bis Oktober täglich 8.30, 9.30, 10.30, 15.30, 16.30, 17.30 Uhr, zwischen Juni und September auch 18.30 Uhr; Juli und August jeden Dienstag 19.30 Uhr deutschsprachig. Von November bis März 8.30, 10.30, 15.30 Uhr.

Weiterweg: Von Madonna della Corona ist es zu Fuß knapp ½ Stunde hinauf nach *Spiazzi* (864 m). Auch Kleinbusverkehr von Juni bis September zwischen 10.00 und

12.30 Uhr sowie zwischen 15.00 und 18.30 Uhr halbstündlich; im Mai und Oktober nur an Sonn- und Feiertagen. Spiazzi, Fraktion von Caprino, ist von der Autobahnausfahrt Affi–Garda Sud 19 km entfernt (über Caprino), von Garda 20,5 km, von Verona 44 km. Busse von Garda (in Caprino Anschluß an Bus von Verona) an Sonn- und Feiertagen.

Karte: Freytag & Berndt-Wanderkarte 1:50 000, Blatt 20 (Gardasee–Lago di Garda).

4 Zum Forte San Marco

Eine Barriere gegen Habsburg

> Unschwierige Rundwanderung.
> *Beste Jahreszeit:* Frühjahr, Frühsommer, Herbst bis in den Winter.
> *Reine Gehzeit:* 2½ Stunden.

Zuane di sotto: Straßenkreuzung 24 Kilometer Luftlinie östlich von Costermano. Eine alte Osteria, drumherum ein Dutzend Häuser. Der Allerweltsflecken trat jedoch ins Rampenlicht europäischer Geschichte, als hier am 14. November 1797 der Angriff des österreichischen Generals Quasdanowich gegen das Hochplateau von Rivoli im Feuer französischer Revolutionstruppen zusammenbrach. Diese Niederlage Österreichs sicherte letztendlich den glänzenden Sieg Napoleons (siehe Tour 5) und ließ in Italien Hoffnungen keimen auf weniger Armut. Doch die verflogen ebenso rasch wie vorher unter den Habsburgern.

In der Umgebung, zur Etsch hin, wachsen die Trauben des Valdadige: Weiß- und Rotwein mit dem DOC-Markensiegel (Denominazione d'origine controllata), Mindestalkoholgehalt 11 bzw. 10 Grad. Der Rote, eine Mischung verschiedener Trauben, schmeckt harmonisch, leicht trocken, steht aber im Schatten des großen Bardolino. Der strohfar-

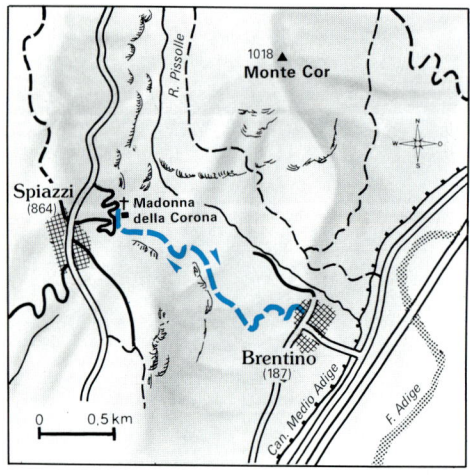

Die Karsterscheinungen – Surrealismus der Natur – am Weg zum Forte San Marco zählen zu den interessantesten im Veroneser Raum.

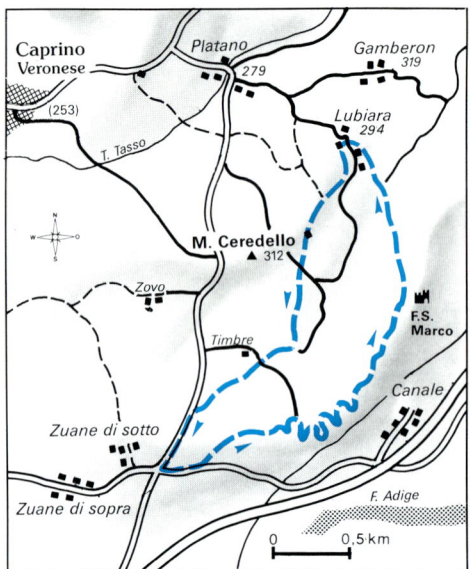

bene Weiße wird entweder aus verschnittenen oder einzelnen Traubensorten (z. B. Pinot Bianco, Pinot Grigio) gekeltert, ist frisch im Geschmack, blumig, mal herb, mal lieblich, in jedem Falle anspruchsvoller als sein roter Namensbruder, vorzüglich zu Fischspeisen.

Der Wegverlauf

Ab der Kreuzung der Straße ostwärts 250 Meter folgen, dann links in einen geschotterten Fahrweg. Rechts begleiten uns Rebfluren des Valdadige.
In Höhe des Kieswerkes (10 Minuten ab der Asphaltstraße) biegt man rechts in einen schmalen Weg ein. Er steigt an mit Serpentinen, und jede Außenkehre mehrt die Schau, vornehmlich südlich, wo das Val Lagarina (Etschtal) dramatische Effekte erhält durch die Veroneser Klause. Auf der anderen Talseite die ausgedehnten Hangwälder des Monte Pastello in den Lessinischen Alpen. Von der in den sechziger Jahren fertiggestellten Autobahn tönt das nervtötende Gesumme des Massenverkehrs.
Den steinigen Fahrweg über den felsbesetzten südwestlichen Ausläufer des Cavalare-Rückens bauten 1880 Pioniere der »Alpini«. Ungeteilte Aufmerksamkeit verdienen die Karsterscheinungen, durch die wir spazieren

– angeblich die interessantesten im Veroneser Raum. Ihre scharfkantigen, schmalen Klüfte durchreißen den reinen hellgrauen Kalk in seltsamer Verzerrtheit und bilden winzige Bewuchsoasen. Rillen, Wannen und netzähnliche Frakturen drapieren die erosionsgezeichnete Oberfläche.
Nach insgesamt knapp 1¼ Stunden stellt sich das *Forte San Marco* in den Weg. Es ist die größte Anlage im italienischen Verteidigungssystem um Rivoli und die Veroneser Klause, 1885 seiner Bestimmung übergeben als wirksame Barriere wider habsburgische Machtgelüste. Die Anlage erlebte aber zu keiner Zeit direkte Kampfhandlungen; die Front des Ersten Weltkrieges verlief nördlich, ungefähr auf der Linie Riva–Torbole–Rovereto. Torkonstruktion und eiserne Zugbrücke des Forts sind unverkennbar nach dem Vorbild mittelalterlicher Burgen konzipiert. Dahinter ein mehrgeschossiges Durcheinander: Gänge, Unterkünfte, Depots, Lichtschächte, Kanonenstellungen, Treppen, Höfe – eine separate Welt damals, autark sogar über längere Zeiträume. Man kann sich leicht verirren im moderig riechenden Mauerwerk!
Vor dem Portal führt die Tour links am tiefen Graben entlang. Erst jetzt erkennt man das tatsächliche Ausmaß des Gesamtkomplexes. Vom nördlichen Punkt der Festung geht es kurz abwärts in eine Senke. Schwach nordwestlich zeigt sich das Städtchen Caprino auf prähistorischem Siedlungsboden. Aus der Senke links mit dem Pfad in wenigen Minuten hinunter zum breiten Weg. Rechts zu einem aufgelassenen *Marmorbruch*. Früher lebte ein Großteil der Leute in Lubiara vom »Bronzetto«, vom »Nero bianco« und vom roten Ammonit – typischen Veroneser Marmorarten, erzählt mir ein ehemaliger Arbeiter. »A gran fatica«, fügt er hinzu – in Mühe und Not, als Entschuldigung für seinen krummen Rücken.
Etwa eine halbe Stunde nach dem Fort sind wir bei den ersten Häusern von *Lubiara* (294 m), einer Fraktion der Gemeinde Rivoli Veronese. Links (Via degli Alpini) durch die verschlafene Ortschaft zur *Piazza dei Caduti* mit dem Gefallenen-Ehrenmal. Bald geht die Asphaltstraße in einen Fahrweg über. Er führt zwischen Olivengärten zu einem großen, 1753 geweihten *Steinkreuz*. Dort noch

10 Meter geradeaus, dann halblinks auf breitem Weg abwärts zwischen Weingärten. Erster Querweg rechts. Anschließend links — auf der Höhe ist das Forte San Marco zu sehen — vorbei an einem verlassenen Gehöft bis zur *Kiesgrube* (Cava Mirabell). Rechts zur Straße. Sie leitet links zum Ausgangspunkt.

Nützliche Informationen

Ausgangsort: Zuane di sotto (186 m), Ortsteil der Gemeinde Rivoli Veronese. Nordöstlich (6 km) der Autobahnanschlußstelle Affi–Garda Sud. Werktags Busverbindungen mit Verona.
Parkplatz: Östlich der Kreuzung, beiderseits der Straße.
Gehzeit: Etwa 2½ Stunden.
Unterkunft und Verpflegung: In Zuane di sotto einfache Osteria (Montag geschlossen) an der Straßenkreuzung. In Lubiara eine Bar (Montag geschlossen).
Sehenswürdigkeiten: Wie bei Rivoli Veronese, siehe Tour 5.
Karte: Freytag & Berndt-Wanderkarte 1:50 000, Blatt 20 (Gardasee–Lago di Garda).

5 Rivoli Veronese: Wo Napoleon siegte

Auf die »Rocca« über der Veroneser Klause

Unschwierige Rundwanderung oberhalb der Etsch.
Beste Jahreszeit: Frühjahr, Frühsommer, Herbst bis in den Winter.
Reine Gehzeit: 1½ Stunden.

Die Rue de Rivoli ist eine der Prachtavenuen von Paris. Rivoli Veronese dagegen liegt im Veronesischen: auf uraltem Siedlungsboden östlich der Autobahn, ein Stockwerk höher als die Etsch vor ihrem Eintritt in die Klause von Verona. Den Ort umgeben im Halbrund die Hügel der Colli Veronesi, »Cimi« im Volksmund. Es handelt sich um riß- und würmeiszeitliche Stirnmoränen des Gletschers, der sich vor rund 15 000 Jahren als ein Ast des Gardaseegletschers durch die Furche schob und dessen Wasser die Veroneser Klause gestalteten. Übrigens heißt das Etschtal zwischen Trient und der Klause Val Lagarina, angeblich abgeleitet von »Lago«, weil es einst sumpfig und von Seen durchsetzt war.

Auf der Hochfläche von Rivoli schlug der siebenundzwanzigjährige Napoleon Bonaparte im Rang eines Divisionsgenerales als Oberbefehlshaber der französischen Revolutionstruppen während des Italienfeldzuges am 14. Januar 1797 ein 26 000 Mann starkes österreichisches Heer entscheidend. Es hatte versucht (zum viertenmal), die von den Franzosen belagerte Stadt Mantua zu entsetzen. Euphorie in Paris! Eine Straße wurde in Rue de Rivoli umgetauft. Der Korse zog in Trient ein. Mantua kapitulierte am 3. Februar 1797. Und am 17. Oktober 1797 beendete der Frieden von Campoformio endgültig den ersten Koalitionskrieg. Österreich mußte u. a. auf Mailand und die Niederlande verzichten, auf weite Teile Oberitaliens, erhielt aber dafür Venedig, Istrien und Dalmatien.

Noch immer ist die Umgebung von Rivoli militärisch dekoriert, wozu die strategische Bedeutung der Veroneser Klause, einst wichtigste Verkehrsader zwischen Italien und Zentraleuropa, beitrug. Italienische und österreichische Bastionen des 19. Jahrhunderts schauen sich in leere Augen. Nur das Fort bei Rivoli ist noch intakt, da es als Munitionsdepot der »Alpini« dient. Südöstlich bewacht die natürliche Festung des Monte Rocca — unser Wanderziel und instruktiver Aussichtsplatz — den gähnenden Schlund der »Chiusa di Verona«.

Der Wegverlauf

Ab der Kirche südlich mit der *Via Vigo* in 5 Minuten zu einem weißen Steinkreuz. Hier links *(Strada della Rocca)*. An der Gabelung halblinks, auf dem nichtasphaltierten Weg weiter am Rande von Weingärten. Im Frühjahr blühen Veilchen und Schneeheide; am Mäusedorn *(ruscus)* hängen rote Beeren. Vorbei an einem kleinen *Marienbildstock* am Baum. Über die Kuppe hinweg, bis vor ein Haus. Der Wegweiser zeigt nach links: bergan durch Strauch- und Buschwerk, einen aufgelassenen Marmorbruch passieren, auf dem

Ausblick von der Kuppe des Monte Rocca nordwärts zur Etschschleife unterhalb von Rivoli Veronese.

trockenheißen Südrücken des Monte Rocca. Stellenweise über niedrige Felsstufen der schwächer werdenden Spur folgend, in einer Viertelstunde zur eindeutig künstlich abgeflachten Kuppe des *Monte Rocca* (265 m). Ab Rivoli ¾ Stunden.

Seit dem Neolithikum ist hier die Anwesenheit von Menschen nachgewiesen. Stets war die »Rocca« Fluchtstätte und als solche bewehrt, wovon Mauerreste sowie die große Zisterne am Abbruchrand erzählen.

»Schon in römischer Zeit war die Klause 12 Meilen von Verona durch ein Castrum versperrt. Die Langobarden verstärkten sie als Grenzfeste, ebenso die Karolinger. 1155 aber durch Rotbart zerstört, wurde sie erst 1285 wiederhergestellt, 1796 von den Franzosen genommen und 1801 gesprengt«, umreißt Bodo Ebhardt, Mentor der italienischen Burgenforschung, das militärische Hindernis, ungefähr an Stelle der heutigen Gaststätte am nördlichen Eingang. Diese Straßenstation wurde zusätzlich durch eine Zugbrücke gesichert. Flußaufwärts, an der nördlichen Basis der »Rocca«, spannte sich eine Eisenkette durch die Etsch, »um zu verhindern, daß der Feind nach unten (stromab) kommt, mit Flößen und Barken«, wie einem Bericht des 17. Jahrhunderts im Staatsarchiv von Venedig zu entnehmen ist.

Deutsche Könige und Kaiser führten ihre Truppen durch die Felsenge in ein von Zwietracht zerrissenes Land. Sie trachteten dort nach Ordnung, selbstverständlich in ihrem Egoismus. Barbarossa (Friedrich I.) geriet 1155 bei der Rückkehr von seinem ersten Italienabenteuer in einen Hinterhalt der Veroneser, aus dem ihn Graf Otto von Wittelsbach, Führer der kaiserlichen Leibwache und Reichsbannerträger, mit 200 klettergeübten Bayern befreite. Die römische, 47 n. Chr. trassierte »Via Claudia« vom Po nach Augusta Vindelicum (Augsburg) wich dem Engpaß westlich aus.

Nordöstlich von unserem Standort, auf dem Rücken des Monte Pastello, drohte das österreichische Kanonenfort Monte. Die Verlängerung dieses Rückens wurde in grauer Vorgeschichte von der »Rocca« gebildet, ehe die Etsch dazwischen einen »Strich« zog. Nordwärts schweift das Auge im Tal über das Fort bei Rivoli. Dahinter rechts erkennt man auf dem Rücken des Cavalare-Vorgebirges das Forte San Marco (siehe Tour 4). Nordwest-

Beiderseits von hohen Felswänden gesäumt, zwängt sich die Etsch durch die Veroneser Klause, den landschaftlichen Höhepunkt des Flußlaufes.

lich, hinter Rivoli, wölbt sich die Monte-Bel-po-Kuppe: südliche Vorhut des Baldokammes. Jenseits des Gardasees winkt an klaren Tagen – bergsteigerische Verlockung – der Monte Pizzocolo (siehe Tour 37), von den Veronesern »Nase Napoleons« genannt.

Rückweg: Hinunter zum erwähnten Haus. Vom Eingangstor rechts abwärts. Jetzt erfaßt man die Steilheit der »Rocca«! Etwa 20 Minuten nach dem Gipfel erreichen wir den *Etschkanal (Canal Biffi)*, der im Leib des Monte Rocca verschwindet und südlich von Verona wieder in die Etsch mündet. Am Kanal entlang. Danach auf dem Asphaltsträßchen bergan zum alten Waschplatz. An der Gabelung links und vollends hoch nach *Rivoli.*

Nützliche Informationen

Ausgangsort: Rivoli Veronese (191 m), 1800 Einwohner, an der »Strada del Vino Valdadige«, nordöstlich (4 km) der Autobahnausfahrt Affi–Garda Sud. Werktags Busverbindungen mit Verona.
Parkplatz: Piazza Generale Gerolamo Busolli, auf der Südseite der Pfarrkirche.
Gehzeit: Etwa 1½ Stunden.
Unterkunft und Verpflegung: In Rivoli etliche Gasthöfe; keine Übernachtung.
Sehenswürdigkeit: *Museo Napoleone* (hinter der Kirche, Haus 14). Geöffnet 9.30 bis 12.30 Uhr, 14.00 bis 18.30 Uhr.
Karte: Freytag & Berndt-Wanderkarte 1:50000, Blatt 20 (Gardasee–Lago di Garda).

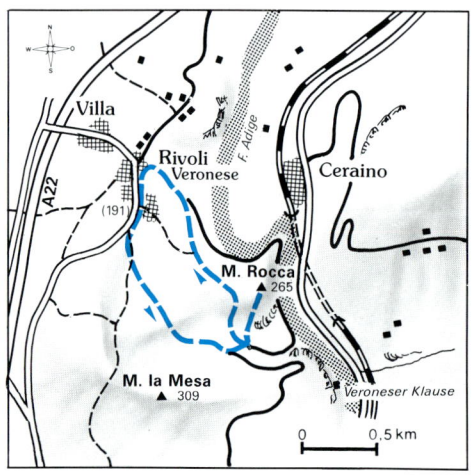

6 Verona: Stadt der Kaiser, Könige und Tyrannen

Stadtspaziergang: San Zeno Maggiore–Bastioni di Spagna–Tomba di Giulietta–Piazza Erbe–Scaligergräber–Römertheater–Dom–Arena–Castelvecchio–San Zeno Maggiore.
Beste Jahreszeit: Ganzjährig. Im Sommer (Juli/August) zeitweise sehr heiß und überlaufen.
Reine Gehzeit: Etwa 2½ Stunden.

Verona: etschumschlungene Metropole der gleichnamigen Provinz (Region Venetien) mit 770000 Bewohnern auf einer Fläche von 3097 Quadratkilometern. Sie gehört zu jenen Landstrichen Italiens, in denen das »Wirtschaftswunder« zwischen 1980 und 1990 das Pro-Kopf-Einkommen am spürbarsten hob. Die Stadt beherbergt etwas mehr als ein Drittel der Gesamtbevölkerung der Provinz, annähernd 262000 Menschen. Verona ist das Agrar-, Handels- und Industriezentrum des Veneto.

Dank der geographischen Schlüsselposition am Treffpunkt wichtiger Verkehrsadern bildete Verona schon immer eine Drehscheibe. Die Wurzeln fassen in vorgeschichtliche Zeit. Archaische Siedlungen werden um die Ponte Pietra vermutet, an einer Etschfurt der Salz- und Bernsteinstraße, welche das Adriatische Meer mit dem Norden verband.

Die »Colonia Augusta« (89 v. Chr.) erhielt 49 v. Chr. römisches Stadtrecht. Sie war von Anfang an durch Mauern geschützt und entwickelte sich zu einem wesentlichen Administrations- und Handelsmittelpunkt der oberitalienischen Provinz Gallia Cisalpina: Römische Fernstraßen aus nahezu sämtlichen Himmelsrichtungen, u. a. die »Via Claudia« vom Po durch das Etschtal und über den Reschenpaß nach Augsburg. Das Kapitol thronte anstelle des späteren Kastells San Pietro, oberhalb des Theaters.

Die weitere Geschichte könnte einen spannenden Abenteuerroman füllen: Nachdem der germanische Heerführer Odoaker im Jahre 467 den letzten weströmischen Kaiser Romulus Augustulus abgesetzt und die Macht an sich gerissen hatte, drangen Ostgoten unter Theoderich ein. Odoaker erlitt am 27. Oktober 489 bei Verona eine Niederlage und wurde 493 in Ravenna anläßlich eines von Theoderich gegebenen »Versöhnungsmahles« von diesem hinterrücks erdolcht. König Theoderich ging als strahlender Held »Dietrich von Bern« in den germanischen Sagenhimmel ein. »Bern« bzw. »Bearn« als Name für Verona entstand durch eine Konsonantenverschiebung von *V* zu *B*. Hauptstädte des Theoderich waren Ravenna, Verona und Pavia. In Verona residierte er auf dem Hügel von San Pietro in einer Burg. Anno 526, mit dem Tod des Ostgoten im Alter von 70 Jahren, begann das Reich zu bröckeln. Deshalb schickte Ostroms Kaiser Justinian aus Byzanz seinen General Narses nach Italien. Der armenische Eunuch eroberte Verona 555. Dreizehn Jahre später fielen langobardische Völkerscharen aus dem ungarischen Donauraum in Norditalien ein. König Alboin hielt ab 572 Hof zu Verona, wo er 574 im Auftrage seiner Gattin Rosamunde erschlagen wurde: sie hatte aus dem Schädel ihres von Alboin ermordeten Vaters trinken müssen! Für zwei Jahrzehnte reichte das Langobardenterritorium fast bis Sizilien. Papst Hadrian I., vom Langobardenkönig Desiderius hart bedrängt, suchte Hilfe bei dessen ehemaligem Schwiegersohn, Karl dem Großen. Der Franke eroberte 773/74 das Langobardenreich. Zum König von Italien bestimmte er seinen Sohn Pippin, der oft und gerne in Verona weilte, obwohl die Stadt nur Sitz einer Grafschaft war.

Kaum war die Herrschaft der Karolinger erloschen, entflammte im vorhandenen Vakuum wieder langobardische Macht: Berengar I., Markgraf in Friaul, sowie Berengar II. von Ivrea regierten zwischen 880 und 963. Ihr italienisches Königreich zerschlug Otto I. Als Lohn krönte ihn Papst Johannes XII. zum weströmischen Kaiser. Ottos Bruder, Heinrich I., Herzog von Bayern, erhielt Verona und Friaul.

1231: Ezzelino da Romano, 37 Jahre alt, ergriff im Namen seines Schwiegervaters – Stauferkaiser Friedrich II. – Besitz von Verona (Padua, Vicenza, Mark Treviso). »Keiner der Spätern hat den Ezzelino an Colossalität des Verbrechens irgendwie erreicht«, urteilte

der Schweizer Historiker Carl Jakob Burckhardt (1891–1974). »Hier zum erstenmal wird die Gründung eines Thrones versucht durch Massenmord und endlose Scheußlichkeit, d. h. durch Aufwand aller Mittel mit alleiniger Rücksicht auf den Zweck.« So drangsalierte Friedrich II. die durch den Sieg (1176) des Lombardischen Städtebundes über seinen Großvater Friedrich I. (Barbarossa) bzw. 1183 durch den Frieden von Konstanz selbständig gewordenen oberitalienischen Stadtrepubliken. Des Kaisers Italienpolitik lief »auf die völlige Zernichtung des Lehnstaates, auf die Verwandlung des Volkes in eine willenlose, unbewaffnete, im höchsten Grade steuerfähige Masse hinaus«. (Burckhardt)

Geschockt beschlossen das unmittelbar bedrohte Venedig und der Papst – sonst wie Hund und Katze – zusammen mit den päpstlich gesinnten Guelfen des noch freien oberitalienischen Adels eine Allianz gegen die kaisertreuen Ghibellinen und triumphierten 1259 auf dem Schlachtfeld bei Cassano an der Adda. Dadurch stürzten auch die kaiserlichen Grafen Sambonifacio, Herren in Verona. Das Volk wählte 1262 die Familie della Scala, die die Stadt über hundert Jahre als Tyrannen beherrschte.

Den Scaligern folgte am 18. Oktober 1387 der nicht minder schlimme Mailänder Gian Galeazzo Visconti. Erst nachdem sich Verona am 24. Juni 1405 freiwillig dem Markuslöwen unterstellt hatte, kehrte an der Etsch eine lange Periode politischer Kontinuität und Ruhe ein. Sie dauerte bis 1796, als Venedig vor Napoleon kapitulierte.

Zunächst (1801) aufgeteilt unter Franzosen und Österreichern, fiel Verona 1814 infolge der Niederlage Napoleons bei der Völkerschlacht von Leipzig vollständig in österreichische Hände. Kaiser Franz Joseph ließ unter Einbeziehung mittelalterlicher Stadtmauern und der an sich gegen habsburgische Okkupation gerichteten venezianischen Bastionen ein starkes Bollwerk schaffen. Es bildete einen Bestandteil des berüchtigten Festungsvierecks Legnano–Peschiera–Mantua und war als Aufmarsch- und Operationsbasis vorgesehen. Doch weder Gewalt, Folterungen, Blutbäder, Massendeportation durch das gehaßte österreichische Militär – worunter auch Verona litt – konnten 1866 die Einigung weitester Teile Italiens verhindern. Jetzt richtete sich der rund um Verona geschaffene Doppelwall gegen eine befürchtete Invasion Österreichs. Dieser Spuk verschwand mit dem Ende des Ersten Weltkrieges (4. November 1918). Österreich hatte auf italienischem Boden aufgehört zu existieren!

Stadtrundgang

Mit *San Zeno Maggiore* erklingt der erste kunsthistorische Paukenschlag. Lombardische Romanik in edelster Reife erfüllt die Weite des Platzes in der Neustadt. Die zwölfstrahlige Fensterrose zählt zu den frühesten (1225) derartigen Steinmetzarbeiten Italiens. Zwei auf Löwen ruhende Säulen, typisch für die hochromanische Architektur Oberitaliens, stützen den Baldachin des Portales. Auf die Holztüren sind 46 »sprechende« Bronzeplatten genagelt, Motive eines alt- und neutestamentarischen Bilderbuches, entstanden um 1100 und 1200. Rechts, in der dritten und zweiten Reihe von unten, begegnet uns San Zeno, Schutzpatron der Diözese. Eine Erklärung aller Bilder liefert Reclams Kunstführer. Zeno, ein Schwarzafrikaner aus römischer Provinz, starb 380 als Bischof von Verona. Seine Gebeine ruhen im modernen Altar der Krypta. Die Reliquien kamen 1838 ans Licht, in dem vor der Apsismauer stehenden Sarkophag. Deshalb feierte Papst Johannes Paul II. bei seinem Besuch am 17. April 1988 das 150jährige Jubiläum der Wiederauffindung. Links vom Presbyterium, aus einer Apsisnische, lächelt uns eine farbige Skulptur des Patrons heiter und sanftmütig an. »San Zeno che ride«, sagt der Volksmund.

Drei Schiffe bilden das Innere der Basilika aus der ersten Hälfte des 12. Jahrhunderts. Bei den Neugestaltungen 1368 und 1398 erhielt das Mittelschiff statt des offenen Dachstuhles eine dreipassige, schiffskielförmige Holzdecke – »a carena di nave« –, getreu der damals im Venezianischen verbreiteten »Mode«. Den Hauptaltar hinter der Balustrade (Ikonostase) mit Jesus und den Aposteln bildet das berühmte Triptychon von Andrea Mantegna (1431–1506), dem Hauptmeister der Renaissance in Oberitalien: Apostel und Heilige nehmen teil an der »Heiligen Unterhaltung« mit Maria und dem Jesuskind. Eindringlich präsentiert der Maler die ihm eigene dreidimensionale Betonung von Körpern und Raum. Damit beeinflußte er die nachfolgende veronesische Kunst, wie wir im Altarbild von San Bernardino sehen werden. Öffnungszeiten: 8.00 bis 12.00 Uhr, 15.00 bis 18.00 Uhr.

An der Südostseite der Kirche steht seit 1045 der schlanke *Campanile*. Er hat, im Gegensatz zur alten Kirche, das Erdbeben von 1117 einigermaßen überstanden. Der zinnengekrönte Backsteinturm ist mit dem Kreuzgang der Rest des bewehrten, gleichzeitig mit der heutigen Kirche entstandenen, 1810 auf Abbruch verkauften Benediktinerklosters.

Ab der *Piazza San Zeno* über die *Piazza Pozza*, rechts vorbei am Ehrenmal des 8. Regimentes der Bersaglieri (Infanterie-Elite, breitkrempiger Hut mit Federbusch). Rechts über die *Piazza Corrubio*, dann rechts in die *Via Antonio Rosmini*. An ihrem Ende wieder rechts und zur gotischen Franziskaner-Klosterkirche *San Bernardino*. Mit ihrem Bau wurde 1451 begonnen, nach der Heiligsprechung des Bernhard von Siena, der in Verona mehrmals gepredigt hatte. Ende der Arbeiten: 1466, abgesehen vom Renaissanceportal (1474/75) und den Seitenkapellen (1486 bis 1522). Das hohe einschiffige Innere entspricht dem asketischen Architekturprinzip aller Bettelordenskirchen, die ja hauptsächlich als Predigtsaal gedacht waren. Erinnern wir uns an das Triptychon in San Zeno! Hier birgt der Hauptaltar eine Kopie, gemalt 1463 von dem Veroneser Francesco Benaglio, dem jedoch das Können eines Mantegna fehlte. Links vom Kirchenportal geht es in den *Convento San Bernardino*. Vom Kreuzgang führt eine Treppe in die ehemalige Bibliothek, angelegt 1494 bis 1503, ausgemalt von Domenico und Francesco Morone. Der Stifter, Lionello Scaranaso, kniet an der Stirnwand zu Füßen der Muttergottes mit Kind. Die Seitenwände zeigen heiliggesprochene Franziskaner. Öffnungszeiten von Kirche und Kloster: 8.00 bis 12.00 Uhr, 15.00 bis 20.00 Uhr.

Anschließend über die *Piazza San Francesco d'Assisi* und auf der *Via Carlo Pisacane* durch ein »Volkswohnviertel«, dessen Tristesse selbst Sonnenschein nicht wegzuwischen vermag. Man stößt auf die *Bastioni di Spa-*

Tiefblick vom Torre dei Lamberti (Rathausturm) auf die Piazza dei Signori mit dem Dante-Denkmal. Rechts der Scaligerpalast, links davon die Loggia del Consiglio von Giovanni und Bartolomeo Sanmicheli.

gna: Schutz der südlichen und südöstlichen Flanke Veronas von Etschufer zu Etschufer. Sie entstanden 1518 bis 1557 unter Venedig aus der Erfahrung im Krieg gegen die Liga von Cambrai (1508). Auf den Wällen ließ Benito Mussolini im Januar 1944 seinen Schwiegersohn und Ex-Außenminister Graf Galeazzo Ciano und vier Mitglieder des faschistischen Großrates erschießen, weil diese den Diktator 1943 abgesetzt bzw. vor den Alliierten kapituliert hatten (siehe auch Tour 35).

Links zur *Porta Palio,* gelungenstes Werk des Veroneser Festungsbaumeisters Michele Sanmicheli. Am Gemäuer ist der Hochwasserstand vom September 1882 markiert. Weiter, zwischen Militärhospital und *Giardino Zoo-*

logico, zur *Porta Nova,* ebenfalls von Sanmicheli (1533–1540). Danach erwartet uns der *Giardino Raggio di Sole* (öffentlicher Park). Vor dem Sendemast der staatlichen Telefongesellschaft biegt man an der Kreuzung links in die *Via del Fante* ein (links ein langgestreckter Gefängniskomplex). Geradeaus, bis eine Tafel rechts zur »*Tomba di Giulietta*« weist, im ehemaligen Kloster San Francesco al Corso. Ein Kapuziner soll Romeo und Julia heimlich getraut haben. Den Brunnenboden im romantischen Kreuzgang-Innenhof bedecken Münzen. Hinunter ins Halbdunkel des Gewölbes. Licht und Schatten umspielen den offenen Marmorsarkophag (13. Jahrhundert): mysteriöse Grablege jener Julia Capuletti, die erst im Tode mit ihrem Romeo aus

33

der feindlichen Familie Montecchio vereint sein durfte. In diesem Sinne erhob William Shakespeare das Drama, gelenkt von dichterischer Freiheit, nach einer 1524 erschienenen Novelle des Vicentiners Matteo Bandello verfaßt, im späten 16. Jahrhundert zur Weltliteratur. Zugleich offenbart es ein Sittenbild Veronas, wahrscheinlich zur Zeit des 1304 verstorbenen Scaligers Bartolomeo I. (bei Shakespeare »Escalus, Prinz von Verona«).

Die Klostermauern bergen überdies das »Museo degli Affreschi« mit sakralen und profanen Fresken von Kirchenwänden und Häuserfassaden sowie die 1560 von dem Veroneser Paolo Farinata ausgemalte »Sala di Guarienti ai Filippini« (Musikzimmer). In der barocken Kirche sind restaurierte Gemälde zusammengetragen. Und im Keller lagern rund 300 Amphoren eines auf der Etsch gesunkenen römischen Schiffes. Öffnungszeiten: 7.30 bis 18.40 Uhr, Montag geschlossen. Jeden ersten Sonntag im Monat freier Eintritt.

Die Via del Pontiere leitet, vorbei am Kirchlein San Domenico al Corso, zur Stadtmauer aus der Zeit der Visconti. Die Via Pallone kreuzen (links direkt zur Piazza Brà). Jenseits in die Via Ponte Rofiolo. Rechts am Haus Nr. 2 Wandmalereien. Danach rechts die Kirche San Pietro Incarnario passieren und durch den Stradone San Fermo.

Dann stehen wir vor den farbigen Tuff- und Backsteinen der kurz vor 1530 vollendeten Fassade von San Fermo Maggiore. Links von dem romanischen Gewändeportal steht das Grabmal des Scaliger-Leibarztes Avertino Fracastoro (gestorben 1385). San Fermo – der hl. Firmus erlitt 361 n.Chr. in Verona den Märtyrertod – ist das architektonisch ungewöhnlichste Gotteshaus der Stadt. Es besteht nämlich aus zwei Kirchen übereinander: romanische Unterkirche, gotische Oberkirche. Letztere, ursprünglich dreischiffig und romanisch, erfuhr ab dem späten 13. Jahrhundert einen radikalen Umbau der südwestlichen Verlängerung in eine typisch franziskanische

Der 1355 errichtete Ponte Scaligero stellt die Verbindung vom Castelvecchio über die Etsch zum jenseitigen Ufer her. Er wurde nach der Zerstörung im Zweiten Weltkrieg neu aufgebaut.

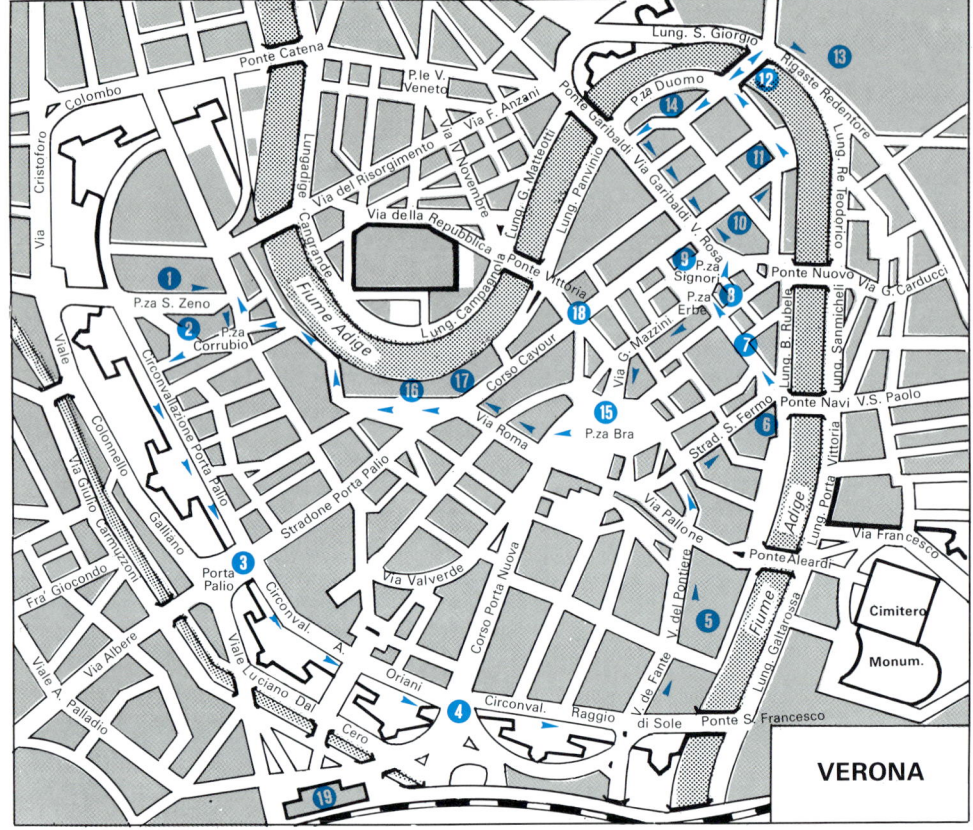

1 *San Zeno*, 2 *San Bernardino*, 3 *Porta Palio*, 4 *Porta Nuova*, 5 *Tomba di Giulietta*, 6 *San Fermo Maggiore*, 7 *Porta dei Leoni*, 8 *Casa di Giulietta*, 9 *Piazza Erbe*, 10 *Scaliger-Gräber*, 11 *Sant'Anastasia*, 12 *Ponte Pietra*, 13 *Römisches Theater*, 14 *Dom*, 15 *Arena*, 16 *Castelvecchio*, 17 *Arco dei Gavi*, 18 *Porta Borsari*, 19 *Bahnhof*

Predigerhalle. Der Querschnitt des Triumphbogens entspricht den Gewölbeschwingungen der kielförmigen Holzdecke. Auf der rechten Seite ist der Graf Castelbarco mit dem Kirchenmodell in einem frühgotischen Fresko verewigt. Ein »Tornacoro« der Spätrenaissance (1573) mit ionischen Säulen, wie die Chorschranken des Sanmicheli im Dom, trennt – allerdings entgegen franziskanischer Tradition – das Presbyterium samt Barockaltar von der Halle, ähnlich der Ikonostase (dreitürige Bilderwand zwischen Altar- und Gemeinderaum). Als größtes Kunstwerk gilt das Renaissance-Grabmal (linke Seitenwand) des Niccolo Rangoni di Brenzone aus jener Veroneser Familie, welche San Vigilio am Gardasee gestalten ließ (siehe Tour 19). Die Einfassung bildet eine »Verkündigung« von Pisanello (Antonio Pisano). Es handelt sich um das früheste bekannte Werk von ihm (1425/26), ein Meilenstein norditalienischer Malerei. In der kryptaähnlichen Unterkirche blieb die romanische Architektur unverändert erhalten. Bemalte Pfeiler tragen die vier Schiffe. Über dem Altar hängt ein beachtenswertes Kruzifix des ausklingenden 14. Jahrhunderts.

Nach San Fermo geht es links in die *Via Leoni*. Unter dem Straßenniveau sind die Grundmauern eines runden Torturmes der *Porta dei Leoni* konserviert. Rechts ein Fragment des antiken Tores, errichtet 50 bis 40 v. Chr. Durch das »Löwentor« der gallienischen Stadtmauer zog die »Via Claudia« in die Stadt und wurde dort abgelöst vom »cardo maximus« (römische Nord-Süd-Hauptstraße).

Weiter in die *Via Capello*. Rechts folgt (Hausnummer 21–23) die »*Casa di Giulietta*« aus dem 13./14. Jahrhundert, Wallfahrtsort für Verliebte. Sie berühren hingebungsvoll die Julia-Statue im malerischen Innenhof. Öffnungszeiten: täglich (außer Montag) 7.30 bis 18.40 Uhr. Vom spätromanischen Balkon gab Julia dem Romeo das Eheversprechen:

»Drei Worte, Romeo, dann gute Nacht!
Wenn deine Liebe tugendsam gesinnt
Vermählung wünscht, so laß mich morgen wissen
Durch jemand, den ich zu dir senden will,
Wo du und wann die Trauung willst vollziehen.
Dann leg ich dir mein ganzes Glück zu Füßen
und folge durch die Welt dir, meinem Herrn.«

Piazza Erbe: Das Pflaster der römischen Stadt liegt etwa vier Meter tiefer. Es duftet nach Schmalzgebackenem: Panzerotti, Ciambella, Cannoli, Bomboloni. Versteckt zwischen den Marktständen findet man den säulengestützten Baldachin des *Capitello*. Hier wurde früher der Stadtrat proklamiert, das Marktgeschehen überwacht, die Köpfe hingerichteter Verbrecher und erlegter Wölfe zur Schau gestellt. Auf der Mittelachse des 150 Meter langen Platzes steht der 1386 errichtete Brunnen der *Madonna di Verona* (römische Statue mit unpassender Krone). Auf einer Säule kündet der Markuslöwe von verklungener Präsenz Venedigs. An der rechten Platzseite erweckt der *Palazzo dei Mazzanti* Interesse: mehrere, 1517 von den Brüdern Mazzanti erworbene, in mythologische Fresken gekleidete Häuser. Die Stirnseite der Piazza Erbe bildet der barocke *Palazzo Maffei* (1669).

Links davon ragt der *Torre del Gardello* (14. Jahrhundert) als Uhrturm empor. Herr im Hause ist der 83 Meter hohe *Torre dei Lamberti*: Wohnturm der Familie Lamberti, 1172 begonnen, und schon damals höchster und stärkster Turm. Er bekam Mitte des 15. Jahrhunderts seinen heutigen Scheitel. Der Lambertiturm gehört zum vierflügeligen *Palazzo del Comune* (Rathaus), einst Sitz des Großen Rates (400 bis 1200 Mitglieder) und des Podestà (Bürgermeister), der prinzipiell von auswärts geholt wurde, um üble Machenschaften zu vereiteln.

Gegenüber der zinnengezierten *Casa dei Mercanti* (Handelskammer) spaziert man durch den *Arco della Costa* (nach dem im 16. Jahrhundert aufgehängten Tierknochen). Rechts in den Rathaushof. Der romanische Bau zählt zu den ersten italienischen Kommunalpalästen, er wurde Ende des 12. Jahrhunderts fertig. Die elegante Außentreppe (»Scala della Ragione«) spendierte 1447 der venezianische Statthalter Michele Venier. Betriebszeiten des Fahrstuhles auf den Torre dei Lamberti: täglich (außer Montag) 8.00 bis 13.30 Uhr.

»Salon« der Stadt ist die *Piazza dei Signori*. Das 1865 gesetzte *Dante-Denkmal* säumen eindrucksvolle Palastkomplexe. Das Rathaus verbindet seit 1675 ein Bogen mit dem *Palazzo dei Tribunali* (Gericht). Vorher stand dort der befestigte Palazzo Grande des Cansignorio della Scala. Während der venezianischen Epoche war die Vierflügelanlage der Sitz des Statthalters. Von seinen Überwachungs- und Bespitzelungsmethoden zeugt an der Außenmauer ein »Briefkasten« (wie im Dogenpalast zu Venedig) mit maulähnlichem Schlitz. Die Inschrift ermuntert zu »diskreten« Mitteilungen – Denunziationen im Klartext. Im Innenhof erinnert die *Porta dei Bombardieri* an eine venezianische Artillerieschule. Unter dem Hofpflaster sind Mauerreste und ein Mosaik-Fußboden zu sehen. Sie zeigen das Niveau des römischen Verona.

Links an der Piazza dei Signori löst sich die *Loggia del Consiglio* (1486–1493) in klaren, einheitlichen venezianischen Frührenaissance-Elementen aus der Architekturstrenge ihrer Nachbarschaft. Dort tagte der Stadtrat während Venedigs Hoheit. An der Stirnseite des Platzes ließ Cangrande I. della Scala im frühen 14. Jahrhundert anstelle eines Wohnturmes die zukünftige Residenz *(Reggia degli Scaligeri)* der Familie erstellen. Hier fand Dante Alighieri (1265–1321), aus Florenz verbannt, 1316 Asyl. Im 15. Jahrhundert wurde nach dem Einzug Venedigs das »Gesicht« des Palastes – er hieß nun Palazzo del Governo – zur Piazza ausgerichtet; heute ist hier das Polizeipräsidium.

Durch den *Arco della Tortura* (unter dem Bogen hingen Folterwerkzeuge) gelangt man zur romanischen, 1185 geweihten *Chiesa Santa Maria Antica,* der Hauskapelle der Scaliger. Über dem Portal fand Cangrande I. (†1329) seine Grabstätte: frühestes Beispiel des »Skaligertypus«, das heißt, eine Verschmelzung von Grabmal und Monument. Der Sarkophag ruht auf zwei liegenden Hunden. Sie halten Wappenschilde mit Leitern. Ausdruck für »Cangrande« (großer Hund) sowie »Scala« (Leiter). Scala als Name des Mailänder Opernhauses hängt übrigens mit einem weiblichen Familienmitglied der Scaliger zusammen.

Cangrande I., 1311 nach dem Tode seines Bruders Alboino als Zwanzigjähriger zur Macht gelangt, verhalf Verona zu einem Zenit, den sein Neffe Mastino II. bis vor die Tore von Mailand, Florenz, Venedig und bis zum Gardasee ausdehnte. Cangrande I. vermittelt das charakteristische Herrscherbild des selbsternannten Fürsten im mittelalterlichen Italien: Kunstmäzen und Kirchenfreund – Kriegstreiber und grausamer Intrigant. Züge, welche der gesamten Dynastie anhafteten, bei der Geschwister- und Verwandtenmord an der Tagesordnung waren.

Alle Mitglieder der Dynastie liegen auf dem kleinen Friedhof (Arche degli Scaligeri) neben der Kirche, nur im Tode friedlich vereint, von der Außenwelt abgeschirmt durch schmiedeeiserne Gitter, aber voller Prachtentfaltung. Öffnungszeiten der Arche degli Scaligeri: 9.00 bis 12.30 Uhr, 14.30 bis 18.30 Uhr; Montag geschlossen.

Weiter durch die Via Santa Maria in Chiavica (rechts Abstecher zum angeblichen Haus des Romeo) und den Vicolo due Stelle. Vor der Etsch links nach Sant'Anastasia. Wer San Giovanni e Paolo in Venedig kennt, wird hier Ähnlichkeiten feststellen. Beide gehörten nämlich dem Dominikanerorden und gehen vielleicht auf den gleichen Baumeister zurück. Sant'Anastasia wurde kurz vor 1290 in Backsteingotik begonnen. Der Marmorfußboden ist dreifarbig gelegt: schwarzweiß wie die Kleidung der Dominikaner, rot zu Ehren der Patronin. Am ersten Säulenpaar stützen »i due Gobbi« (Bucklige) die Weihwasserbecken.

Raffinierte Beleuchtung wirft das Kruzifix im Hauptaltar schattenhaft vergrößert ins Gewölbe. Mastino II. della Scala und seine Gattin Taddea da Carrara begegnen uns im Altarblatt der barockisierten Cappella del Rosario,

einer Gedenkstätte des Sieges über die Türken bei Lepanto am 5. Oktober 1571. Das Ehepaar kniet vor dem hl. Dominikus und Petrus Martyr. Pisanello ist in der Sakristei mit dem Fresko »Sanctus Georgius« vertreten: Legende des hl. Georg im Stil der Spätgotik.

Am Platz vor Sant'Anastasia steht auch das für Kunstausstellungen zweckentfremdete Kirchlein San Pietro Martire, geweiht im April 1354 und Kapelle der in Brandenburg angeworbenen Söldner von Cangrande II. Rechts der Kirche, über dem Portalbogen, das Baldachingrab von Guglielmo Castelbarco (†1320), Bürgermeister und Wohltäter. Öffnungszeiten der Kirche: 9.00 bis 12.30 Uhr, 16.00 bis 19.30 Uhr.

Am jenseitigen Etschufer steht das römische Theater, dahinter das Archäologische Museum und darüber Castel San Pietro, wahrscheinlich Platz des römischen Kapitols. »Pons marmoreus« nannten die Römer den vierbogigen Etschübergang aus der Zeit des Augustus, einen von dreien des antiken Verona. Der Ponte di Pietra trug Anfang des 19. Jahrhunderts noch kleine Ladengeschäfte, wie der Ponte Vecchio zu Florenz. Er stellt eine gelungene Nachbildung (1957–1959) der am 25. April 1945 von deutschen Truppen gesprengten Brücke dar.

Am anderen Ufer sieht man links Santo Stefano, eine der ältesten Kirchen der Stadt. Rechts sind es nur mehr wenige Schritte zum Römischen Theater (Teatro romano) aus den ersten Jahrzehnten unserer Zeitrechnung. Im Eingangshäuschen liegen Bleirohre der römischen Wasserleitung. Nach griechischem Vorbild schuf man auch an der Etsch ein Halbrund in Form eines umgekehrten Kegels für die Zuschauerränge (cavea) im Hang des San-Pietro-Hügels. Das Bühnenhaus ist noch etwa zur Hälfte erhalten. Die »orchestra« hatte einen Durchmesser von genau 100 Fuß (29,64 m). Mit der Eintrittskarte erhält der Besucher eine viersprachige Führerbroschüre, welche auch das mittels Aufzug erreichbare Archäologische Museum (Museo archeologico) im ehemaligen Kloster San Girolamo beschreibt. Öffnungszeiten: 8.00 bis 19.00 Uhr, außerhalb der Sommermonate 8.00 bis 14.00 Uhr; Montag geschlossen.

Zurück über den Ponte di Pietra und rechts-

Das römische Amphitheater, die Arena von Verona, verlor beim Erdbeben 1183 fast den gesamten äußeren Mauerring. Jahr für Jahr besuchen rund 400 000 Menschen die Opern-Festspiele, die hier im Sommer stattfinden.

haltend am *Bischofspalast* vorbei nach *Santa Maria Matricola,* dem *Dom,* der mit einem großartigen Gewändeportal aufwartet; die Prophetenfiguren zählen zu den frühesten Gewändestatuen des Mittelalters. Die Domkirche fiel 1117 dem verheerenden Erdbeben zum Opfer. Aber schon 1184 dürfte der Neubau vollendet gewesen sein, zumindest fand in diesem Jahr in der Kirche ein Konzil unter Papst Lucius III. statt. Umgestaltungen des 15. und frühen 16. Jahrhunderts gaben der Kathedrale ihr endgültiges Aussehen. Das Langhaus tragen Bündelpfeiler aus rotem Marmor, verziert mit reichen spätgotischen Blattkapitellen. Vor dem ersten Altar des linken Seitenschiffes stehen Kunstbeflissene: Ein Beleuchtungs-Automat schluckt Münzen und läßt dafür die »Himmelfahrt« Tizians (um 1535) erstrahlen. Der Kniende (Apostel) rechts im Bild stellt laut Giorgio Vasari den

Architekten Michele Sanmicheli dar, dem die Kirche ihren Campanile verdankt. Auf die Chorschranken des Meisters wurde bereits bei San Fermo hingewiesen. Hinter dem Altar der Cappella Mazzanti (1508) versteckt sich der gotische Prunksarkophag mit den 1353 von Bischof Pietro della Scala im Dom aufgefundenen Gebeinen der hl. Agatha aus dem römischen Verona, während das dargestellte Martyrium das ihrer Leidensgenossin Agatha aus Catania (Sizilien) wiedergibt!

Vom *Domplatz* zur *Via Garibaldi.* Sie führt links zur *Piazza Erbe.* An ihrem Ende rechts in die *Via Mazzini,* die Hauptgeschäfts- und Flanierstraße Veronas. Links folgt die *Libreria Ghelfi & Barbato* mit einem bestens sortierten Angebot von Wanderkarten (Carte d'Italia alla scala di 1:25 000 und 1:50 000; Istituto Geografico Militare). Rechts von der Kreuzung zeigt der *Palazzo da Lisca-Confalonieri*

(Banco di Roma) herrliche Frührenaissance des 15. Jahrhunderts.

Schließlich auf der *Piazza Brà* das gewaltigste Baudenkmal – die *Arena*, das römische, während des ersten Jahrhunderts errichtete Amphitheater: 73,58 × 44,43 Meter im inneren Oval, Gesamtausdehnung 152 × 122 Meter, 44 Stufenreihen, Platz für 22 000 Zuschauer. Nach dem Kolosseum (188 × 156 Meter, 50 000 Zuschauer) das zweitgrößte Amphitheater auf italienischem Boden. Erdbeben (1183, 1221) fügten dem Bau erhebliche Schäden zu. Seit man zurückdenken kann, bildet es den Schauplatz spektakulärer Ereignisse. Am 13. Februar 1278 ließ die kirchliche Inquisition 177 der Häresie beschuldigte Bürger Sirmiones verbrennen. Später fanden Turniere und Komödien statt, auch Stierkämpfe mit Bluthunden! Mitte des 19. Jahrhunderts hört man erstmals von Opernaufführungen. Eine »Aida« begründete 1913 die eigentlichen Opernfestspiele. Sie locken alljährlich im Juli und August viele Tausende nach Verona, das aus den Nähten zu platzen scheint. Und die »Aida« steht fast in jeder Saison auf dem Programm. Besichtigung der Arena: Außer Montag täglich 8.30 bis 18.30 Uhr.

Von der *Piazza Brà* in die *Via Roma*. Vorher befindet sich an der Südseite des Platzes das *Museo Lapidario Maffeiano* (Antikensammlung), geöffnet von 9.00 bis 12.00 Uhr, 15.00 bis 18.00 Uhr. Sollte das Museum geschlossen sein, wendet man sich an den Pförtner des *Palazzo della Gran Guardia,* gleich am Beginn der Via Roma. Dieser Palast (heute Börse) entstand ab 1610 durch den venezianischen Statthalter Zuanne Mocenigo.

Castelvecchio: Die beeindruckende Scaliger-Zwingfeste auf unregelmäßigem Grundriß stellte Cangrande II. zwischen 1354 und 1356 an die Stadtmauer. Als Fluchtweg bei Volksunruhen war die 120 Meter lange, dreibogige Brücke, der *Ponte Scaligero* (nach Sprengung 1945 originalgetreu rekonstruiert) gedacht. Cangrande thront als Reiterstandbild vor der Porta del Morbio, dem 1964 wiederhergestellten Stadttor (12. Jahrhundert), durch das die Straße nach San Zeno Maggiore führte. Mittlerweile ist die Burg *Städtisches Kunstmuseum (Museo Civico d'Arte),* geöffnet 9.00 bis 12.30 Uhr, 14.30 bis 18.30 Uhr,

im Juli und August von 9.00 bis 19.00 Uhr. Unmittelbar nordöstlich des Castelvecchio begegnet uns nochmals die Antike in dem *Arco dei Gavi:* erstes nachchristliches Jahrhundert. Und etwa 500 Meter weiter steht die *Porta Borsari,* ein römisches Stadttor aus der Mitte des 3. Jahrhunderts. Der Stadtrundgang hingegen setzt sich etschaufwärts fort, am Fluß entlang, bis die *Via Barbarani* links nach *San Zeno Maggiore* leitet.

Nützliche Informationen

Verona (59 m), Provinzhauptstadt, Bischofssitz. Vom Gardasee (Lazise) 22 km, von Trient 101 km, von Venedig 114 km. Günstigste Autobahnausfahrt: Verona Nord. Gute Bahn- und Busverbindungen.

Parkplätze: Ideal für den beschriebenen Rundgang sind die Plätze vor der Kirche San Zeno Maggiore im Westteil der Altstadt unweit der Porta San Zeno, in Verlängerung des Corso Milano.

Gehzeit: Etwa 2½ Stunden.

Unterkunft und Verpflegung: Zahlreiche Hotels und Restaurants. Jugendherberge (Ostello Villa Francescati) im Stadtteil Veronetta, Salita Fontana del Ferro 15. Ab der Porta Nuova 3 km, Buslinie 2, Tel. 0 45/59 03 60. Zwei Campingplätze: *Romeo und Julia* (ganzjährig geöffnet, Tel. 0 45/98 92 43), *Castel San Pietro* (geöffnet 15. Juni bis 15. September, Tel. 0 45/59 20 37).

Auskunft: Ufficio informazione per i turisti, Via Dietro Anfiteatro 6 B, I-37 100 Verona, geöffnet 8.00 bis 20.00 Uhr, Sonntag 9.00 bis 14.00 Uhr. Bei der Arena auch Geldwechsel, Tel. 0 45/59 28 28.

Informationen speziell für die Opernfestspiele: Ente Arena, Piazza Brà 28, Tel. 0 45/59 01 09 oder 59 07 26. Servizio biglietteria (Vorbestellung und Vorverkauf), Rundbogen 6 der Arena, Tel. 0 45/8 00 51 51 oder 59 65 17, geöffnet Montag bis Freitag 8.40 bis 12.20 Uhr, 15.00 bis 17.50 Uhr, Samstag 8.40 bis 12.20 Uhr.

Weitere Sehenswürdigkeit: *Naturhistorisches Museum (Museo Civico di Storia Naturale)* im Palazzo Pompei, einem der schönsten Bauwerke Sanmichelis (1530), Lungadiga Porta Vittorio 9, geöffnet 8.00 bis 19.00 Uhr, Freitag geschlossen.

Die »Via attrezzata Rino Pisetta« am Monte Garzolet ist einer der luftigsten und schwierigsten Klettersteige im Gebiet rund um den Gardasee.

7 Ein Gipfel – zwei Wege

Auf den Monte Garzolet

Normalweg: Unschwierige, beschilderte und markierte Wanderung.
Beste Jahreszeit: Frühjahr, Frühsommer und Herbst. An sich ganzjährig zu begehen.
Reine Gehzeit: Etwa 3¼ Stunden.

Via attrezzata Rino Pisetta:
Sehr schwierige und anstrengende Via ferrata. Voraussetzung: doppelte Selbstsicherung mit Karabinern (oder Seilsicherung), Steinschlaghelm; Lederhandschuhe empfehlenswert. Wandhöhe des Klettersteiges: 400 Meter. An Sonn- und Feiertagen reger Betrieb! Rundtour.
Beste Jahreszeit: Frühjahr, Frühsommer und Herbst. Ganzjährig begehbar.
Reine Gehzeit: 4 bis 4½ Stunden (ohne eventuelle Wartezeiten).

Das imposanteste Bild vermittelt der Monte Garzolet von der Ortschaft Sarche im Valle del Sarca aus, wo die Sarca aus einer wilden Schlucht hervorkommt. Siebenhundert Meter klaffen zwischen dem flachen Talboden und der baumbestandenen Gipfelkuppe, dazwischen eindrucksvolle Abstürze, gelbbraun wie in den Dolomiten. Durch die pralle, 300 Meter hohe, oben durch ein mächtiges Dach bewehrte Südostwand legten Giuseppe Loss und Gefährten im Mai 1970 in dreitägiger Kletterei eine äußerst schwierige »Direttissima«. Rechts davon, in der markanten Verschneidung, verläuft die klassische Route »Canna d'Organo« (Orgelpfeife), eröffnet am 22. und 23. September 1938 durch Bruno Detassis und R. Costazza. Und noch weiter rechts, in verhältnismäßig gegliedertem Gelände, wurde am 1. August 1982 nach zehnmonatiger Arbeitszeit durch eine Gruppe Jugendlicher der Klettersteig Rino Pisetta seiner Bestimmung übergeben. Es ist eine der schwierigsten Vie ferrate überhaupt, rein technisch gleichzusetzen mit der Via ferrata Cesare Piazzetta am Piz Boè oder dem Gian-

Das Castello di Toblino am gleichnamigen See: am rechten Bildrand die Abstürze des Monte Garzolet; links mündet die Sarca in einer wilden Schlucht.

ni-Costantini-Steig an der Cima Moiazza, allerdings nicht wie diese von hochalpinem Format.

Insgesamt mußten 450 Meter Drahtseil installiert werden, straff gespannt (1990 in bestem Zustand), streckenweise unbarmherzig in der Vertikalen, befestigt mit 180 Haltestiften. Sie dienen zugleich als künstliche Haltegriffe und Tritte. Hier und dort liegen die Seile am Fels auf. Das erschwert sowohl den Halt wie das Einhängen der Sicherungskarabiner. Im oberen Teil ist mit Steinschlag durch unvorsichtige Vorderleute zu rechnen! Bei Nässe bzw. Regen sind die abgeschmierten Tritte rutschig!

Der Einstieg ist bereits ein Vorgeschmack. Nach etwa 25 Metern erklärt der Hinweis »rientro emergenza« die Rückzugsmöglichkeit, sofern man sich den Anforderungen nicht gewachsen fühlt. Dafür schenkt der Steig geradezu unwahrscheinliche Tiefblicke über den Lago di Toblino, auf die schloßartige Villa Toresella und das märchenhafte Castello di Toblino. Am Ausstieg erklärt eine Blech-Windrose die Panoramaschau.

Ganz anders als der »Eisenweg« gestaltet sich die ausgesprochen gemütliche Wanderung vom ehemaligen Wasserschloß Toblino auf uraltem Weg durch das einsame Val Busa, begleitet vom rauschenden Bach im ausgespülten Bett, vorbei an Kletterfelsen, die entlegene Ortschaft Ranzo berührend, danach in der bewaldeten Nordwestflanke des von dort unansehnlichen Berges.

Normalweg

Bei der Einfahrt zum *Castello di Toblino* die Staatsstraße überqueren. Durch eine Zypressenallee, anschließend rechts, am Haus vorbei in das enge *Val Busa*. Beiderseits glatte Felswände. Nach 10 Minuten schnellt rechts eine gelbe Steilwand empor: *Sportkletterrevier*, eines von vielen im Sarcatal. Die Namen der Routen, im Verlauf erkenntlich an den einzementierten Haken, sind in kleiner roter Schrift vermerkt. »Futura« gilt als Schwierigste: X. Grad, den nur wenige im Vorstieg beherrschen. »007« wird mit IX bewertet, »Don Camillo« mit VII.
Etwa 10 Minuten später geht es an der Gabelung des Fahrsträßchens rechts, nun auf dem steingepflasterten Weg. Er existiert seit prähistorischer Zeit. Rom benutzte ihn als Handels- und Verkehrsverbindung aus dem Sarcatal (vom Etschtal her) über Ranzo nach Judikarien. Ranzo ist erst seit den fünfziger Jahren durch eine Straße mit dem Sarcatal verbunden. Zwei Ferienhäuser bleiben zurück. Ein Aussichtsplätzchen mit Steinkreuz, Tisch und Bänken verführt zu erster Rast – schon nach halbstündigem Anstieg.
Bald erscheinen die Häuser von Ranzo. Das Val Busa wird breiter. Kultivierte Hangterrassen zeugen vom unermüdlichen Fleiß der Bauern. Nochmals eine Sitzgruppe, nach insgesamt einer Stunde. Linker Hand die Wölbung des Monte Garzolet. Und schon eine Viertelstunde später sind wir in *Ranzo* (739 m), einer Fraktion von Vezzano, mit rund 4000 Einwohnern. Vom Tal 1¼ Stunden.
Rechts hinter den ersten Häusern führen Lino und Anna das *Ristoro Agritur* und bieten typische Trentiner Küche. Unsere Tour wendet sich beim Haus Nummer 72 bzw. beim *Jakobusbildstock* links. Man folgt dem querverlaufenden Fahrweg in 5 Minuten zur Anhöhe. Erneut links, an der Wegeteilung nach 5 Minuten halbrechts in den Mischwald und zu einer Lichtung (Rastbänke). Nun halbrechts (nicht geradeaus, blaue Holzfällerzei-

chen!) vom oberen Rand der Lichtung wieder in den Wald und auf deutlichem, rotmarkiertem Weglein in einer halben Stunde auf den *Monte Garzolet* – direkt vor schwindelerregendem Abgrund. Vom Castello di Toblino 2 Stunden.

Via attrezzata Rino Pisetta

In *Sarche* vom erwähnten Parkplatz auf der Rückseite der Häuser ansteigen (rote Pfeile). Nach 10 Minuten biegt der Pfad im Hangmischwald scharf links ab (Wasserbunker). Erste Tiefblicke zum Toblinosee! Auf Steinen sind die gewonnenen Höhenmeter angegeben: 300, 450, 500. Castello di Toblino wird sichtbar. Der Hinweis »Ranzo per Sentiero« bleibt unbeachtet. Fünf Minuten später sitzen wir auf der luftigen *Einstiegskanzel* (570 m). Von Sarche 50 Minuten.
Das hier fixierte Drahtseil geht unvermittelt in die Senkrechte über: kurzer Linksquergang, gerade hoch und linkshaltend (rechts Umkehrmöglichkeit). Dank der Seile kann die Route nicht verfehlt werden. Trittarme Wandstellen und Platten. Zwischendurch Bänder und schrofiges Terrain, in dem Steigspuren vorhanden sind, teilweise durch Gestrüpp. Abermals ein Vertikalaufschwung. Schwieriger als der Einstieg? Oder läßt die Kondition langsam nach? Damit sind jedoch die hauptsächlichen Kraftakte geschafft. Strauchwerk wird von rassigen Felstürmchen unterbrochen. Zum Verschnaufen bleibt wenig Gelegenheit. Eintrag im »Libro di via« (Wandbuch). Abschließend mit steilem Pfad, ganz zuletzt über einen drahtseilgesicherten Grat empor zur schmalen *Ausstiegskanzel*. Von Sarche etwa 2¾ Stunden.
Abstieg: Hinter der Bank leiten rote Farbzeichen in den Mischwald: Abwärts auf schattigem Weglein (etwas später nicht den blauen Holzfällerzeichen folgen!) in 20 Minuten zu einer Lichtung; Rastplatz. An ihrem unteren Ende weiter, den Wald verlassend, zu einem Querweg. Rechts in 5 Minuten zu den ersten Häusern von *Ranzo* (739 m). Vom Gipfel eine halbe Stunde.
Beim Haus Nummer 72 (Jakobusbildstock; unweit das Ristoro Agritur) geht es rechts in das *Val Busa*. Vorbei an einem Rastplatz folgt man dem streckenweise noch steingepfla-

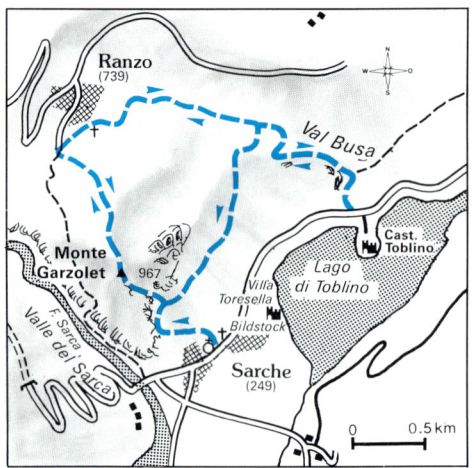

sterten »Urweg«. Etwa 20 Minuten nach Ranzo zeigt rechts der Wegweiser die Abzweigung nach Sarche an (geradeaus eine halbe Stunde zum Schloß Toblino). Sie gilt: auf schmaler Spur im Laubwald abwärts in 10 Minuten zu einem breiten Fahrweg (vom Schloß Toblino), dem man rechts folgt zu einer Brücke. Nun mit einem Pfad, bald ansteigend, in knapp 10 Minuten zu einem Band (Drahtseil) und zurück zum Einstiegsweg. Er liefert uns nach einer Viertelstunde in *Sarche* ab. Vom Gipfel etwa 1¾ Stunden.

Nützliche Informationen

Ausgangsorte: *Castello di Toblino* (249 m), mittelalterliche Burg auf einer Halbinsel im Lago di Toblino. An der Staatsstraße 45 zwischen (18 km) Trient und Arco, von Sarche 2 km, von Riva 24 km. Busverbindungen mit Trient und Riva-Arco. Parkplätze im Schloßhof.
Sarche (249 m), 356 Einwohner, Ortsteil von Calavino im Valle del Sarca, an der Staatsstraße 45 zwischen Trient und Arco, 2 km von Castello di Toblino, 22 km von Riva. Mündung der Staatsstraße 239 aus Judikarien. Busverbindungen mit Trient und Riva-Arco. Geparkt wird am besten am nördlichen Ortsrand, auf der westlichen Straßenseite am Beginn des Weges zum Klettersteig.
Gehzeiten: Vom Castello di Toblino auf dem Normalweg 2 Stunden Aufstieg. Von Sarche über den Klettersteig etwa 2¾ Stunden Aufstieg.

Unterkunft und Verpflegung: In Sarche einige Gasthöfe. Im Castello di Toblino geschätztes *Spezialitäten-Restaurant*. Unterhalb davon eine Bar (Dienstag geschlossen) mit Seeterrasse. Ausschank und Flaschenverkauf des für die Gegend typischen »Vino Santo«, ein bernsteinfarbener Süßwein mit eleganter Feinheit. – In Ranzo der *Ristoro Agritur:* Essen auf Vorbestellung. Campingplätze am Lago di Terlago, Tel. 0461/86043 sowie 45051; in Pietramurata: *Hotel Duino,* Tel. 0464/507131.
Auskunft: Consorzio pro Loco della Valle dei Laghi, I-38070 Padergnone, Tel. 0461/44400.
Sehenswürdigkeiten: *Castello di Toblino* wird 1124 urkundlich erwähnt. Es lag damals wegen des höheren Wasserstandes auf einer Insel. Späterhin Sommersitz der Fürstbischöfe von Trient, ab 1666 der Grafen Wolkenstein-Trostburg (Südtirol). Sie ließen die Anlage im Renaissancestil erneuern und den Park mit seinen seltenen Bäumen anpflanzen.
Vezzano, 6 km nordöstlich vom Toblinosee an der Staatsstraße 45. Parkraum vor dem Hotel Vezzano, bei der Carabinieri-Station. Einige Schritte südlich zeigt eine Tafel: *Sentiero geologico.* Mit dem Fahrweg zum Tennisplatz. Danach erklären Tafeln die »Pozzi« (= Schächte, Gruben) 6, 5, 4, 3, 2, die aber nicht besonders ausgeprägt sind. Deshalb auf dem Sträßchen weiter, gute 5 Minuten später ansteigend auf dem oberen Weg zum »Pozzo« 8, von den Einheimischen »Bus dei poeti« genannt: rechts etwas unterhalb, 1989 vorbildlich erschlossen, wodurch man auf einer Eisenleiter in den faszinierenden Schlund der »Gletschermühle« steigen kann. Von Vezzano 20 Minuten. Weitere, größere Gletschermühlen, siehe Tour 11.
Karte: Kompass-Wanderkarte 1:50000, Blatt 73 (Gruppo di Brenta).
Literatur: Schloß Toblino und seine Umgebung. Erhältlich in der Bar des Castello.

Am Lago di Cei. Im Hintergrund ein Ausschnitt des langen Kammes vom Monte Stivo zum Monte Bondone, welcher den See auf der westlichen Seite beschirmt.

8 Um den Lago di Cei

Frühes Christentum und Vorgeschichte

> Unschwierige Rundwanderung.
> *Beste Jahreszeit:* Frühjahr bis Spätherbst.
> An Wochenenden und Feiertagen
> während der Sommermonate stark über-
> laufen.
> *Reine Gehzeit:* Etwa 2 Stunden. Der
> Abstecher zum Dosso Pagano erfordert
> zusätzlich 2 Stunden.

Waren es einst Adelige, die der Hitze des Val Lagarina hierher in die Sommerfrische entflohen, so sind es heute scharenweise motorisierte Nahausflügler, die es in die schattenspendenden Wälder um den Lago di Cei in fast 1000 Meter Höhe zieht. Er versteckt sich zu Füßen des Kammes vom Monte Stivo zum Cornetto, im oberen Valle di Cei, das bei Aldeno ins Tal der Etsch mündet. Zur Entstehung des Gewässers führte ein Bergsturz Mitte des 13. Jahrhunderts, stellte 1973 die Universität Rom mit Hilfe radioaktiver Altersbestimmung (Radionkarbon-Methode) an Baumstämmen auf dem Grund des Sees fest. Wunderschön ruht der glatte Spiegel im Saum dunkler Wälder. Zwischen Juni und September blühen weiße und gelbe Seerosen an den flachen Ufern. Im Spätherbst bilden auf den rostbraunen Waldböden die grünen Blätter der Christrosen auffallende Kontraste; ihre weiße und rosarote Blütenpracht erscheint gegen Ende Januar und erfreut manchmal bis März.

Der Wegverlauf

Capitel di Doera: Ab der Rückseite des Bildstockes (Marienbild) dem Teersträßchen südostwärts 800 Meter folgen (ca. 10 Minuten). Wo auf einem freien Platz links ein Weg mündet, verlassen wir die Straße halbrechts mit dem Fahrweg. Die Schranke passieren und im Wald mäßig bergan zur Höhe des Dosso-di-San-Martino-Südwestrückens, nahe einem Haus (969 m). Kurz vor der Anhöhe erklärt links eine gelbe Tafel: »Chiesa romanica«. Der Pfad leitet in wenigen Minuten

empor zum Kirchlein *San Martino* am Dosso di San Martino (1004 m). Vom Parkplatz 25 Minuten.

Unsagbare Ruhe! Im Juni blühen Feuerlilien. Etliche Schritte weiter bietet sich ein raumgreifender Blick ins Tal der Etsch. Laut Überlieferung seien einst die Neugeborenen aus dem Valle di Cavedine über die Becca (1578 m), eine Scharte im nordwestlich hochragenden Kamm, zur Taufe gebracht worden. Während der zwanziger Jahre des 13. Jahrhunderts hört man erstmals von der Kirche und einem Kloster: geplündert durch Knechte der Grafen Castelbarco, die außerdem das Vieh der wehrlosen Mönche raubten. Die Kirche ist aber wesentlich älter. Ihre geostete, mit fünf Lisenen verzierte Apsis wird der Mitte des 6. Jahrhunderts zugeschrieben, als die Langobarden die Goten aus Oberitalien vertrieben. Es kann davon ausgegangen werden, daß San Martino die Christianisierung der im Umkreis auf zahlreichen Dossi hausenden Menschen besorgte, ehe sich diese nach der Völkerwanderung endgültig in den Talschaften niederließen.

Im Anbau der Kirche sollen fromme Eremiten gewirkt haben, bei denen die Leute seelischen Trost und Beistand suchten. Der letzte Einsiedler sei 1792 verstorben – erfroren im eiskalten Winter, nachdem er ein letztes Mal das Glöcklein geläutet hatte...

Gegenüber dem Portal abwärts auf schmalem Weg zu einer offenbar künstlich gestalteten Hangstufe. Rechts, nach 20 Metern halblinks, wieder mit einem Pfad, schwach linkshaltend hinunter zur Straße vor dem verlandeten *Lago di San Martino* (928 m). Im Schilf wurden 1967 Stockenten eingesetzt. Auf der Straße rechts zum Rastplatz; Wege-Übersichtstafel im Maßstab 1:10000. Vom Ausgangspunkt 40 Minuten. Nach 5 Minuten geradeaus. Mit dem ersten rechts abzweigenden Fahrweg ansteigen, vorerst im Wald, hernach über eine von prächtigen Zirben bestandene Hochtalwiese hinauf zum Wiesensattel (1112 m) der *Malga Cimana,* die als Alm jedoch nicht mehr existiert. Vom Ausgangspunkt 65 Minuten.

Abstecher: Die Rechtskurve ausgehen. Kurz danach steht links ein Bildstock (Maria, Jakobus, Rochus). Etwa 100 Meter danach wird

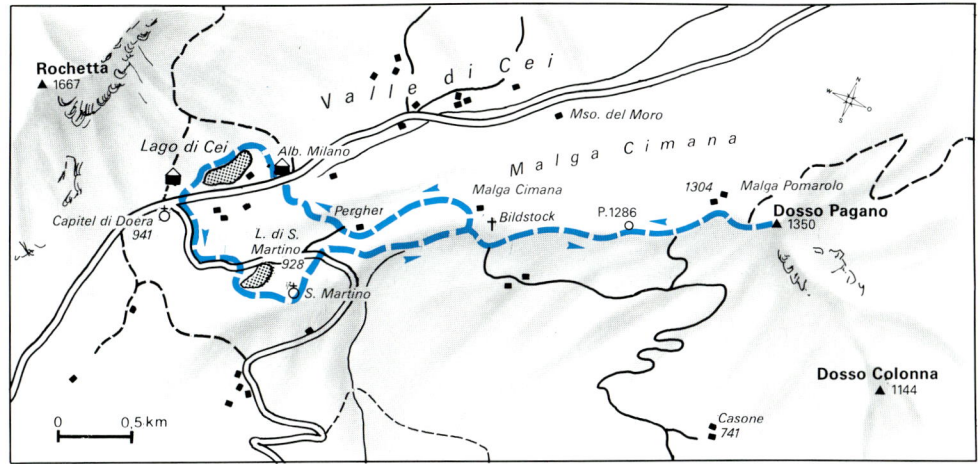

der Almgüterfahrweg links verlassen. Weiter bergan, bald auf schmaler Wiesenspur, dann im Wald dem breiten Weg folgen, nun spürbar steiler. Er führt über eine Höhe (1286 m) und senkt sich danach in eine Mulde. Die Hänge links sind felsig. Durch eine Senke gelangt man zu baumbestandenen Wiesen und sieht erstmals die *Malga Pomarolo* (1304 m), deren Gebäude den Weg weisen. Vom Bildstock 40 Minuten.

Beim Kreuz schwach rechtshaltend steil hinauf zu einer Graskuppe (1314 m). Linkshaltend (nordöstlich) weglos durch hohes Gestrüpp in knapp 10 Minuten zum aussichtsreichen *Dosso Pagano*. Hier ist noch deutlich der zweifache, fast drei Meter hohe prähistorische Ringwall zu erkennen. Von Malga Cimana etwa 1 Stunde.

Weiterweg: Am Ansatz der Rechtskurve geht es links, einige Meter geradeaus, dann linkshaltend (Felsblock mit hellblauen Farbzeichen) auf dem feingeschotterten, streckenweise überwachsenen Weg abwärts in einer Viertelstunde zu einem Waschbrunnentrog unter drei stattlichen Eichen. Rechts erwartet uns der 1868 erbaute *Hof Pergher* am Nordrand des Prato de l'Albi. Von der einstmals größten Linde des Trentino (27 m hoch, Durchmesser 4,60 m; für ihre Umklammerung waren 14 Personen erforderlich) sah der Autor 1989 lediglich noch abgesägte Stammteile herumliegen.

Den Hof durchschreiten und ansteigen. Halblinks erscheint der Dosso di San Martino. In 10 Minuten zu einem Kreuz am Rücken des bewaldeten *Costole*. Rechts halten, das heißt mit den Schleifen des Fahrweges abwärts, vorbei an Ferienhäusern zur Straße. Links, nach dem Albergo Milano rechts und zum *Lago di Cei* (916 m). Er mißt in der Längsausdehnung 410 Meter, ist bis 125 Meter breit und sieben Meter tief.

Wir schlendern am nordwestlichen Ufer entlang, überqueren den Parkplatz des Albergo Lago di Cei und sind wenig später wieder beim Ausgangspunkt.

Nützliche Informationen

Ausgangspunkt: Capitel di Doera (941 m), Straßendreiteilung und Wanderparkplatz bei einem Bildstock unweit des Lago di Cei. Von der Autobahnausfahrt Rovereto Nord 12 km, von Trient über Aldeno 23 km, von Bologna bei Arco (Beschilderung: »Monte Velo«) über Santa Barbara–Ronzo–Passo Bordola 27 km, von Loppio (7 km von Torbole) über Ronzo–Passo Bordola 23 km.

Gehzeiten: Etwa 2 Stunden. Der Abstecher zum Dosso Pagano erfordert nochmals 2 Stunden.

Unterkunft und Verpflegung: Am Lago di Cei zwei Hotels.

Karte: Kompass-Wanderkarte 1:50 000, Blatt 101 (Rovereto–Monte Pasubio).

Blick über den nördlichen Gardasee auf Torbole und zu dem im Spätherbst schon überzuckerten Monte Stivo.

9 Loge zwischen Sarcatal und Etschtal

Der Monte Stivo, 2059 Meter

Unschwierige Wanderung.
Beste Jahreszeit: Frühjahr bis Spätherbst, auch im Winter.
Reine Gehzeit: Knapp 2 Stunden Aufstieg.

Ungefähr in Höhe von Rovereto, zwischen dem Tal der Etsch und dem der unteren Sarca, bildet der Monte Stivo den Ausläufer des langen Gratzuges vom Monte Bondone. Alpingeographisch spricht Achille Gadler von der »Bodone-Stivo-Gruppe«. Sie setzt sich nach dem Monte Stivo praktisch bis zur Mulde Mori–Nago und dem Verlauf der Staatsstraße 240 fort.

Der nördliche Kammteil um den Monte Bondone ist durch Seilbahnen, Lifte, Pisten, Sendetürme und Straßen dermaßen »erschlossen«, daß man von Naturschändung sprechen muß. Die vom Monte Bondone südwestwärts streichende Gratverlängerung wird hinter dem Cornetto zunehmend einsamer und erreicht in dem bis oben hin begrasten Monte Stivo ihren höchsten Gipfel. Er ist einer der ganz großen Aussichtsbalkone um den Gardasee. Die Windrose auf der Brüstung des Rondells erklärt präzise das 360-Grad-Panorama bis zu den Ötztaler und Stubaier Alpen. Dafür ist der Berg weit und breit berühmt und beliebt, was 1989 zum Neubau des Rifugio Prospero Marchetti kurz unterhalb des Gipfels führte; jetzt steht hier ein modernes Schutzhaus, gemütlich eingerichtet, durch eine Solaranlage mit natürlicher Energie versorgt. Das erste Schutzhaus am Monte

Der Monte Stivo von Osten, von der Straße aus gesehen, die Ronzo-Chienis über den Passo Bordola mit dem Lago di Cei verbindet.

Stivo war 1906 entstanden und wurde 1934 und 1954 erweitert. Die sanft zum Valle del Sarca hin geneigten Hänge sowie günstige thermische Voraussetzungen machen den Berg auch für Gleitschirmflieger erlebenswert: »Einer der großartigsten Höhenflüge — bis zu 1900 Höhenmeter — in gewaltiger Panoramalandschaft, aber nicht ganz einfach«, sagt der Spezialist Oliver Guenay.

Einen alpinen Eindruck vermittelt der Monte Stivo durch seine felsigen Südostabstürze zum obersten Valle di Gresta. Es gehört zu den eigentümlichsten Tälern im Gardaseeraum, charakteristisch durch seine Terrassen und die teils mediterrane, teils alpine Landschaft. Die Straße von Loppio ließ bis 1919 auf sich warten, wurde aber erst 1950 vollendet bis Ronzo. Sie befreite die Leute im Valle di Gresta von jahrhundertelanger Isolierung. Mittlerweile genießt das Tal wegen seiner

landwirtschaftlichen Produkte einen vorzüglichen Ruf: jährlich werden rund 120 Tonnen Gemüse geerntet. Existenznöte hatten 1971 zu dieser Erwerbs- und Arbeitsquelle geführt. Die Rechnung ging auf, nicht zuletzt das 1985 gewagte Experiment mit dem biologischen Anbau. Inzwischen sind es nämlich bereits 2500 Zentner auf elf Hektar. Von den 22 Gemüsebaubetrieben arbeiten vierzehn ganzjährig. Selbst an Sonntagen können in den Genossenschaften der Dörfer Pannone und Ronzo-Chienis die Produkte gekauft werden, auch lokale Käsesorten. Und im Oktober findet der große, vielbesuchte Gemüsemarkt statt.

Der Wegverlauf

Vom *Parkplatz* auf dem geteerten Weg mit *Markierungsnummer 608* bergan. Wenige

49

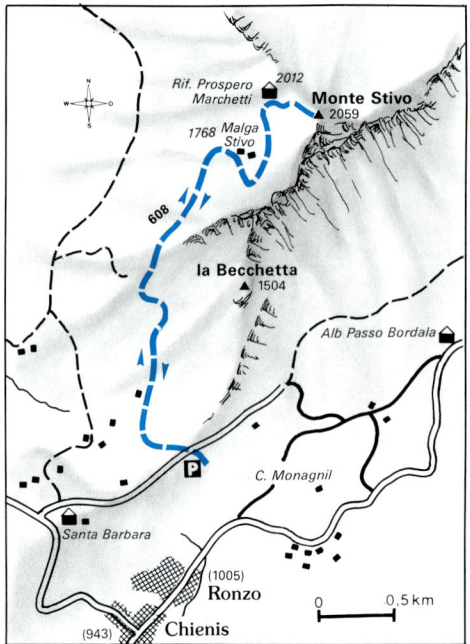

Nützliche Informationen

Ausgangsort: Santa Barbara (1147 m), Straßensattel. Gasthof. Gehört zur Gemeinde Ronzo-Chienis. Von Loppio (Staatsstraße 240; 7 km von Torbole) über Ronzo 12,5 km. Von Bolognano (Beschilderung: »Monte Velo«) auf der stellenweise schmalen Provinzstraße 13 km. Nächste Bushaltestelle (1,5 km) in Ronzo-Chienis.

Parkplatz: Auf dem Straßensattel von Santa Barbara geht es neben dem Albergo in die Via Castil bzw. durch die Via San Antonio. Nach 950 Metern rechts an der Baita Castil vorbei zum Parkplatz (1270 m). Von Santa Barbara asphaltiertes Sträßchen, 1,2 km.

Gehzeiten: Insgesamt 3 Stunden. Aufstieg knapp 2 Stunden, Abstieg etwa 1¼ Stunden.

Unterkunft und Verpflegung: *Rifugio Prospero Marchetti* (2012 m), SAT, 20 Schlafplätze. Bewirtschaftet täglich vom 1. August bis Sonntag nach Mariä Himmelfahrt, Juli bis September von Freitagnachmittag bis Sonntag. Hütten-Tel. 0464/520664, Auskünfte 0461/552408. – Albergo in *Santa Barbara*.

Karte: Kompass-Wanderkarte 1:50000, Blatt 101 (Rovereto-Monte Pasubio).

Minuten später taucht im Süden der Monte Altissimo auf. Nach einer Viertelstunde bei der Gabelung geradeaus. Etwa 10 Minuten später erscheint ein kleiner Ausschnitt des Gardasees. Dann gibt uns der Wald frei. Herrliche Blicke auf Torbole und Riva. Die letzten Bäume bleiben zurück. Es geht nun über freie Hänge. Die Ausblicke werden umfangreicher: Adamello, Presanella, Brenta, Arco und sein Burgfels, das Sarcatal.

Ungefähr eine Dreiviertelstunde nach dem Parkplatz sieht man erstmals die Hütte – noch etwa 1 Stunde entfernt. Der breite Weg führt zu einer betonierten Tränke, zur Talstation des Materiallifts und zur *Malga Stivo* (1768 m). Vom Parkplatz 1¼ Stunden.

Zwischen dem langen Stall und dem Wohngebäude hindurch. Ende des Almgüterfahrweges. Anschließend kurz weglos, aber gut markiert, dann wieder auf deutlicher Spur. Es folgen etliche kleinere Latschenfelder. Das *Rifugio Prospero Marchetti* (2012 m) fügt sich architektonisch in die Hanglage. Zuerst geht es aber zum Gipfel! Unmittelbar vor der Hütte rechts auf dem ausgetretenen Pfad über karge, felsdurchsetzte Grasböden in 5 Minuten hinauf zum Eisenkreuz des *Monte Stivo* (2059 m, mit Gipfelbuch).

10 Einsamkeit im unteren Sarcatal

Mittelgebirge um Arco

> Unschwierige Rundwanderung.
> *Beste Jahreszeit:* Frühjahr bis Herbst.
> *Reine Gehzeit:* 3¾ bis 4 Stunden.

Vom Gardasee kommend, beginnt nördlich von Arco das ausgeprägte Valle del Sarca. Bereits zur Römerzeit, im ersten nachchristlichen Jahrhundert, führte eine Straße durch das Tal. Sie wich der Steinwüste des riesigen Bergsturzes »Marocche« aus und verlief hinter Dro durch das Valle di Cavedine. Die Staatsstraße 45 entstand 1843 von Riva bis

Aufstieg von San Martino nach Troiana, ein scheinbar weltentlegenes Hochtal. Im Rückblick der breite Rücken des Monte Brione bei Torbole.

Sarche unter österreichischer Federführung. Ein Jahr später war die Verbindung mit Trient hergestellt.

Das Sarcatal zeigt zwei grundverschiedene Gesichter. Am Westrand die 15 Kilometer langen, gewaltigen, teilweise 1000 Meter hohen Felswände. Östlich ein Mittelgebirge, das überragt wird vom Kamm Monte Bondone–Monte Stivo. Dieses Mittelgebirge ist eine heitere, überwiegend menschenleere Gegend, wo der Wind sein ewiges Lied singt und an verschlossenen Fensterläden rüttelt. Im Frühjahr liegt ein weiches Licht über der Landschaft. Bezaubernd aber auch im Herbst, wenn die rotbraunen Blätter der uralten Buchen und Kastanien und die hellgelben der Birken herrliche Kontraste bilden zum dunklen Grün der Tannen und dem Tiefblau des Himmels.

Der Wegverlauf

In *San Martino,* neben dem *Ristorante Aurora* in die *Via Alessandro Volta* und durch den ländlich gebliebenen Ort mäßig bergan. Nach 5 Minuten führt links ein Stichweg zur kanzelähnlichen Kirche *San Martino.* Sie birgt beachtenswerte gotische Fresken (Abendmahl, Maria mit Kind und Heiligen) aus der Zeit um 1360, vermutlich veronesische Schule, sowie Wandmalereien des späten 16. Jahrhunderts.

Zunehmend steiler aufwärts. Einen Querweg kreuzen und zum geteerten Fahrweg, dem man links durch Olivengärten folgt. Hier gilt nach der Väter Sitte noch das Prinzip »diritto di superfice«, d. h. die Gemeinde hat das Recht auf den Boden, wodurch zwar ein Ölbaum verkauft oder gekauft werden kann, nicht aber das Grundstück. Wir erreichen ein Sekundärtälchen. Linker Hand dräuen die Felswände »*Massone Policromura*«. Ihre etwa 20 extrem schwierigen Routen ziehen Sportkletterer an. Bis hierher kann man mit dem Auto fahren; zu Fuß eine Viertelstunde. In der Rechtskurve geht es geradeaus auf schmalem, streckenweise steingepflastertem Weg durch das urwilde, felsgesäumte Tälchen. Im oberen Teil gähnen links die Schächte der ersten *Steinbrücke* (281 m). Vom Ausgangspunkt eine halbe Stunde. Wenig später stößt man wieder auf das Fahrsträßchen (Troiana–Carobbi). Es wurde Mitte der achtziger Jahre trassiert. Im Südwesten dominiert der kühne Burgfelsen von Arco. Dem Sträßchen noch knapp 10 Minuten folgen. Dann in der Rechtskurve links; Tafel: »*Capitello San Antonio*«. Erneut folgt man der »Vecchia Strada Massone per Troiana«, vorbei an einem Bild (Antonius und Valentin) zum Fahrsträßchen. Gute 5 Minuten später erreicht man die Lichtung *Pianaura.* An der Gabelung rechts halten. Kurz danach links in den »Urweg« einschwenken, auf dem schleifende Karrenräder stellenweise Rillen hinterlassen haben. Rechts vom Weg sind Gletscherschliffe erhalten.

Abermals wird das Sträßchen betreten, bei einem kreuzgeschmückten Rastplatz. Hier öffnet sich eine Hochtalmulde mit Obst- und Gemüsekulturen. *Troiana* (644 m), Oase der Stille und Verlassenheit. Die ersten Siedler sollen in römischer Epoche Zuflucht gesucht haben. Auf dem links ansteigenden Rücken schlummern Fundamente eines romanischen Kirchleins. Troiana, eine Handvoll Häuser, die meisten verlassen, war vom 13. Jahrhundert bis 1821 eine selbständige Ortschaft. San Lorenzo, wo zeitweise ein Eremit lebte, stammt aus dem 15. Jahrhundert. Ab San Martino etwa 1½ Stunden.

Auf dem betonierten Fahrweg bergan in etwa einer halben Stunde zum höchsten Punkt der Wanderung (ca. 800 m). Die Häuser von *Carobbi* (792 m) tauchen auf. Sie stehen leer, einige sind noch im Sommer bewohnt. Beim aufgelassenen Gehöft links abbiegen (rote Pfeilmarkierung) zum Haus Nummer 1 von Carobbi, einer Fraktion von Arco. Von San Martino 2 Stunden.

Herrlicher Rastplatz! Zwischen den Bäumen ist im Tal das 400-Seelen-Dorf Dro zu sehen. Bei günstigem Wind hört man den Glockenschlag der Kirchturmuhr. Dahinter ragt die 500 Meter hohe Cima-alle-Coste-Ostwand wie ein aufgeschlagenes Buch hoch. Links davon die Mandreawände. Rechts die bis zu 800 Meter hohen Abstürze des Monte Brento, unterhalb davon die 350 Meter hohen Sonnenplatten. Die bergsteigerische Erschließung des Sarcawalles setzte in den dreißiger Jahren ein und dauert noch immer an.

Auf breitem Weg absteigen. Gute 5 Minuten später die Rechtskurve ausgehen. Nördlich

Die Palasmauern der Burgruine Arco auf einem schon unter den Goten befestigten, 200 Meter hohen Felskegel über dem gleichnamigen Ort.

erscheinen die »Marocche«, der größte Bergsturz der Alpen: insgesamt 187 Millionen Kubikmeter Steinbrocken auf 14,5 Quadratkilometer – viermal so umfangreich wie die »Slawini di Marco« drüben im Etschtal auf der Höhe von Mori.

Eingebettet im Felsenmeer des Sarcatales leuchtet der 2,5 Kilometer lange Lago di Cavèdine. An der östlichen Talseite spitzt der Bergfried des 1175 erbauten Castello di Drena hervor. Es wurde 1703 von dem französischen Marschall Vendôme zerstört, ebenso wie Arco und andere Burgen der Umgebung.

Auf den sonnigen Terrassen des Hanges begegnen uns blühende Hundszähne, Leberblümchen, Primeln, schimmernde Palmkätzchen, gelber Blütenstaub unter Haselnußsträuchern. Kastanien ergänzen das mancherorts archaische Bild.

Etwa eine halbe Stunde nach Carobbi erwartet uns die Chiesetta della Madonna del Carmelo (Muttergottes vom Berge Karmel), 1910 geweiht, aussichtsreich gelegen im Schatten sechs schlanker Zypressen. Links in den pittoresken Weiler Braila (533 m), in dem ein Dutzend Menschen leben. 1951 hatte Braila

als selbständige Kommune noch 40 Einwohner sowie eine Schule. Die Häuser gehören größtenteils dem 18. Jahrhundert an. Von San Martino 2½ Stunden.

Links durch den Toreingang. Anschließend geradeaus auf genußvollem Hangweg in 5 Minuten zu einem asphaltierten Fahrweg. Links weiter. Das Hochtal begleiten imposante Felsen. An der Wegeteilung rechts halten. Im Vorblick wird ein Zipfel des Gardasees sichtbar. Die rotmarkierte Rechtsabzweigung bleibt unberücksichtigt. Erst 10 Minuten danach, in der Linkskurve, verläßt man das Fahrsträßchen nach rechts. Der Pfad senkt sich im Strauchwerk und führt streckenweise als Hangtraverse zwischen unzähligen erosionszerfurchten Felsen hindurch. Genau auf die Markierungen achten!

Etwa eine Viertelstunde nach der Fahrstraße nicht links, sondern geradeaus. Etwa 5 Minuten später an der Gabelung halblinks. Kurz bergan, ein prächtiges Aussichtsplätzchen passieren und zu einem verlassenen Haus. Rechts sind Steinbrüche. Beim nächsten leerstehenden Gebäude an der Wegeteilung links: in die fantastische, vom Tageslicht

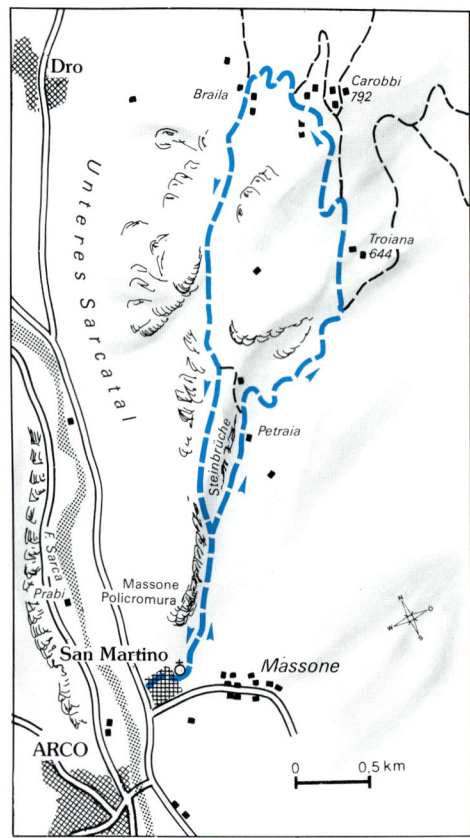

kaum erhellte »Unterwelt« der *Petraia Meneguzzi* (354 m), im Dialekt »Preerà« genannt. Der bis zum ausklingenden 19. Jahrhundert gebrochene Kalkstein war in Norditalien (Parma, Mailand, Cremona, Pobrücke von Piacenza) als Material für monumentale Bauwerke ebenso begehrt wie in Trient und München oder beim Bau des Schlosses Herrenchiemsee und österreichischer Festungen. Beim nächsten *Schacht* (teilweise zugemauert) wendet sich dieser Weg links durch Laubwaldschatten. Unten geht es dann an der Basis von Felsbastionen über ein idyllisches Hochtalwieschen, an dessen Ende der bekannte Aufstiegsweg erreicht wird. Am »*Klettergarten*« vorbei nach *San Martino*.

Nützliche Informationen

Ausgangsort: San Martino (123 m), 422 Einwohner, Fraktion von Arco (1 km) an der Staatsstraße 45. Von Riva 6 km, von Trient 35 km; von beiden Städten regelmäßige Busverbindungen.

Parkplatz: Beim Ristorante Aurora, an der Durchgangsstraße.

Gehzeiten: Insgesamt 3¾ bis 4 Stunden. Aufstieg bis Carobbi etwa 2 Stunden. Abstieg und Rückweg 1¾ bis 2 Stunden.

Unterkunft und Verpflegung: In Arco Gasthöfe und mehrere Hotels, etliche Speiselokale. Außerdem *Camping Zoo,* in dem Weiler Prabi, 1,5 km nördlich der Sarcabrücke unter der Colodriwand, deshalb Treffpunkt der Kletterer. Ganzjährig geöffnet, Tel. 0464/516232. Etwas komfortabler: *Camping Arco,* ebenfalls in Prabi, geöffnet vom 1. März bis einschließlich Allerheiligen, Tel. 0464/517491.

Auskunft: I-38062 Arco, Viale delle Palme 1, Azienda autonoma di cura e soggiorno; Tel. 0464/532255 oder 516161.

Sehenswürdigkeiten: Traditionsreicher Winterkurort Arco in klimatisch vorzüglicher Lage, was auch durch die Vielfalt der Pflanzenwelt zum Ausdruck kommt; der heftige Gardaseewind, die »Ora«, erreicht Arco nur mehr als laues Lüftchen, da er am Monte Brione bei Riva gebrochen wird. Arco erlebte seine Glanzzeit ab 1870 unter den Habsburgern als »Klein-Nizza« der Wiener Aristokratie. 1881 zählte man schon 1700 Kurgäste während der Saison zwischen Anfang Oktober und Ende Mai. Am 28. Januar 1891 wurde die Eisenbahn von Mori über Nago (nach Riva) in Betrieb genommen. Sie beförderte bis zum Ersten Weltkrieg 4,4 Millionen Fahrgäste. Arco ist beliebtes Ziel von Sportkletterern; Wettkämpfe. Unter dem neuen Spital entdeckte man bei Bauarbeiten 1990 drei kupferzeitliche Grabstatuen – eine 1,80 Meter groß – aus dem 3. Jahrtausend v. Chr. Über dem Geburtsort des Malers Giovanni Segantini (1858–1899) wacht in spektakulärer, malerischer Lage auf dem schon unter den Goten befestigten, fast 200 Meter hohen Felskegel seit dem Frühmittelalter die Burg Arco des gleichnamigen, erstmals 1124 erwähnten Geschlechtes, zerstört 1703 im Spanischen Erbfolgekrieg. Die restaurierte Anlage kann seit 1991 wieder besichtigt werden; Aufstieg etwa 25 Minuten.

Karte: Kompass-Wanderkarte 1:50000, Blatt 101 (Rovereto–Monte Pasubio).

11 Von Torbole nach Nago

Zu den »Marmitte dei giganti«

> Unschwierige Rundwanderung.
> *Beste Jahreszeit:* Ganzjährig; am schön-sten und angenehmsten im Frühjahr und Herbst.
> *Reine Gehzeit:* 1½ Stunden.

»Wie sehr wünschte ich meine Freunde ei-nen Augenblick neben mich, daß sie sich der Aussicht freuen könnten, die vor mir liegt«, vermerkte Goethe in Torbole anläßlich sei-ner Italienreise, am 12. September 1786. Er hatte von Rovereto nach Verona nicht den direkten Weg entlang der Etsch eingeschla-gen, sondern bewußt den Umweg gewählt und wurde dafür »herrlich... belohnt«. In welchem Hause der Achtunddreißigjährige in Torbole logierte, war bis vor einem Jahr-hundert umstritten. Dann klärte das Wiener Goetheinstitut die Frage, und zwar anhand einer vom Dichter in seinem Zimmer »mit einigen Linien« gezeichneten Ansicht: »Man übersieht den See beinah in seiner ganzen Länge, nur am Ende links entwendet er sich unsern Augen.« Diese Perspektive erlaubt al-lein ein Fenster der Casa Alberti, stellten die Experten fest. Und dort, an der Piazza Vitto-rio Veneto im reizvollen Altstadtkern, über der Wölbung der Sottoportici und einem Brunnen, brachte man ein Medaillon an so-wie eine Marmortafel. Ihre Inschrift zitiert: »Heute habe ich an der Iphigenie gearbeitet, es ist im Angesichte des Sees gut von statten gegangen«. Die »Iphigenie auf Tauris« ist je-doch nicht in Torbole entstanden; Goethe feilte dort lediglich an der Umarbeitung des Stückes von der Prosaform in ein Versdrama.
»In der Abendkühle ging ich spazieren und befinde mich nun wirklich in einem neuen Lande, in einer ganz fremden Umgebung. Die Menschen leben ein nachlässiges Schla-raffenleben: erstlich haben die Türen keine Schlösser; der Wirt aber versicherte mir, ich könnte ganz ruhig sein, und wenn alles, was ich bei mir hätte, aus Diamanten bestünde; zweitens sind die Fenster mit Ölpapier statt Glasscheiben geschlossen; drittens fehlt eine höchst nötige Bequemlichkeit, so daß man

dem Naturzustande hier ziemlich nahe kömmt.«
Goethe hatte aus dem Val Lagarina (Etschtal) annähernd denselben Weg genommen wie heute der Tourismus ab Rovereto Sud: Mori –Loppio–Passo di San Giovanni–Nago.

Der Wegverlauf

Aufbruch im Altstadtkern von *Torbole: Piaz-za Vittorio Veneto.* Vom Hotel Centrale berg-an – rechts Abstecher zur Pfarrkirche San An-drea – und geradeaus. Bald übernimmt uns die *Strada Santa Lucia.* Sie dringt ein ins gleichnamige Tal mit dem *Parco nell'Olive-to.* Ein vorbeikommender Torbolaner beteu-ert stolz, dies seien die ältesten Ölbäume am See. Außerdem sind Steineichen vertreten, Zypressen, Strandkiefern, Oleander und Gin-ster. Ein natürlicher botanischer Garten!
Über die Strada Santa Lucia soll 1439 der aufsehenerregendste Schiffstransport in der europäischen Geschichte erfolgt sein: Um die Mailänder – sie hatten Brescia und die Ebene besetzt – aus Riva zu vertreiben, ru-derte Venedig zwei Galeeren und 25 kleine-re Schiffe etschaufwärts bis Mori. Anschlie-ßend gelangte die Flotte, gezogen von 2000 requirierten Ochsen und Pferden (120 Tiere für eine Galeere), auf Rollen aus Baumstäm-men sowie knapp zwei Kilometer schwim-mend über den mittlerweile verlandeten La-go di Loppio an die Schwelle bei Nago. Von dort wurden die Schiffe an Tauen nach Tor-bole hinabgelassen. Es wird aber auch die Annahme vertreten, der Transport habe sich ab Nago im Val del Molino bewegt, auf der alten Römerstraße. In jedem Falle verschlang die Expedition umgerechnet rund sieben Mil-lionen Mark; 15 000 Dukaten davon hatte die »Serenissima« den geschundenen Bauern abgepreßt. Im Museum der Burg zu Malcesi-ne ist die Geschichte in Dokumenten und Sti-chen belegt. Unter anderem auch eine recht phantasievolle Ansicht des Castello di Pene-de mit dem an der Basis vorbeiziehenden Geschwader. Allerdings wurden die See-streitkräfte schon am 29. September 1439 von Mailand besiegt, im Folgejahr indes triumphierte eine in Rekordzeit neugeschaf-fene Flotte, was Venedig die Tür zur Lombar-dei öffnete.

Bei der Fahrt von Nago hinunter nach Torbole öffnet sich der Blick über die Sarcamündung zum Monte Brione und zu der dahinter aufragenden Rocchetta.

Links vom Aufstiegsweg sind die imposanten Felswände des Dosso di Penede zu sehen. Er trägt die Reste der Burg Penede. Im unteren Teil des Rückens hat Österreich 1914 Munitionsdepots für das Fort Nago herausgesprengt. Wir kommen an die Felsen heran, passieren einen Marienbildstock und erreichen den gepflegten *Rast- und Aussichtsplatz*. Wenig später treffen wir in *Nago* (222 m) ein. Rechts im ersten alten Haus, der *Casa Mazzoldi* – einst Zollstätte –, befindet sich ein venezianisches Fresko (Maria mit Kind) aus dem Jahre 1537. Nago wird 1171 erstmals urkundlich erwähnt und bildet seit 1647 mit Torbole eine Gemeinde.

Eine halbe Stunde nach Torbole stößt man in Nago auf die *Strada del Monte Baldo*. Links, kurz danach erneut links, und zwar gegenüber von Haus Nummer 1a in den Durchgang »Al Castello«. Mit dem Weglein hinauf zu einer *Kuppe (Rastbank)* des Dosso di Penede. Daran rechts vorbei, dann linkshaltend, begleitet von Trimm-Dich-Stationen, zur Ruine des *Castello di Penede* (285 m) auf wahrscheinlich schon in vorgeschichtlicher Zeit bewohnter, von den Römern befestigter Warte über dem Valle Santa Lucia, wohin sich prächtige Tiefblicke ergeben. Die Burg, 1210 beurkundet, war jahrhundertelang Zankapfel der Grafen Arco und Castelbarco sowie der Fürstbischöfe von Trient, bis Venedig sie 1437 eroberte. Ihr Ende nahte 1701 mit der Einnahme durch General Guttensohn auf Befehl Prinz Eugens. Von Torbole 40 Minuten. Beim Rückweg genießen wir den Blick über Nago. Ins Auge fällt die alte, im 16. Jahrhundert umgebaute Kirche San Zeno auf dem Dosso di San Zeno.

Wieder unten in Nago, geht man links zur barocken Kirche *Santa Trinità*. Zurückversetzt steht die *Casa Gazzoletti*, Geburtshaus des Dichters, Journalisten und Parlamentariers Antonio Gazzoletti (1813–1866).

An der Durchgangsstraße folgen links mittelalterliche Mauerreste einer Burg der Grafen Tonelli. Die Kollegiatskirche *San Vigilio* wurde 1194 erbaut, wovon nur noch der romanische Turm übriggeblieben ist. Das Gotteshaus erfuhr in der zweiten Hälfte des 16. Jahrhunderts eine grundlegende Umgestaltung. Über dem Portal von 1569 entdeckt der kundige Tourist die kleine, restaurationsbedürftige Holzskulptur des hl. Vigilius mit Bart – eine ungewöhnliche Darstellung.

Vor der Bar Alpino bzw. der *Casa dei Sighele*, letzte Wohnstätte des Soziologen Scipio Sighele (1868–1913), hält man sich links und läuft zur *Pizzeria Marissa* an der Staatsstraße 240. Die Einkehr im Garten wird durch vorbeidonnernde Laster zur Qual. Darunter leiden alle Anrainer zwischen Mori und Nago. Seit sich Industrie im Raume Arco und Riva niedergelassen hat, herrscht Lärmterror. Nun plädiert die betroffene Bevölkerung für eine Reaktivierung der 1936 eingestellten Bahn Mori–Nago–Arco–Riva; die letzte Lokomotive steht in einem Vergnügungspark in Ohio (USA). Sie wird ebenso wehmütige Erinnerung bleiben wie die Bahn, denn die Trentiner Landesregierung liebäugelt, wie aus verläßlichen Quellen durchsickerte, mit einer »Superstrada« zwischen Etsch und Gardasee.

Ab der Pizzeria Marissa geht es zwischen alter und neuer Straße in den *Parco Val del Molino*. Eine Informationstafel erhellt die Historie des Tales. Links zeigt sich das österreichische, 1860 bis 1862 armierte Fort Nago (heute Gaststätte, Dienstag geschlossen). Nago war im Ersten Weltkrieg ein Bestandteil der »Festung Riva«.

Wir folgen halbrechts der einstigen *Römerstraße*. Kurz neben der Autostraße her, dann unter Olivenbäumen, vorbei an der ersten »*marmitta dei giganti*«, zur *Bar 6 Grado:* beredter Hinweis auf die extrem schwierigen Klettereien der näheren Umgebung, die schon in den achten und neunten Grad gesteigert wurden.

Auf der stark befahrenen Straße etwa 200 Meter links. Beim *Wegweiser* rechts ab, an der Gabelung rechts. Hinunter zur Eisenleiter in einer »marmitta«. Anschließend umfängt uns das gewaltige Halbrund eines weiteren »Topfes der Riesen«, des größten weit und breit. Text und Zeichnungen der Informationstafel erläutern die eiszeitlichen Vorgänge, welche zur Bildung der um 1875 von dem Geologen Antonio Stoppani erforschten *Marmitte dei giganti* führten. Ab Nago 10 Minuten.

Von den »Gletschertöpfen« kurz zurück laufen. Dann sich rechts dem Wegweiser »Torbole« und »Palestra di roccia« anvertrauen. Ist dieses Tal das »Felsamphitheater«, von dem Goethe schrieb? Möglich, denn auf der Sohle wachsen vielgestaltige Olivenbäume. Rechts finden Felsakrobaten prickelndes Vergnügen im grauen Kalk.

Unser Weg führt neben dem Bächlein her, das rechts überquert wird. Zu den Häusern von Torbole. Beim *Albergo Villa Stella* links in den Ort.

Nützliche Informationen

Ausgangsort: Torbole (85 m) am Gardasee, etwa 1000 Einwohner, Sitz der Gemeinde Torbole-Nago. Von der Autobahnausfahrt Rovereto Sud 14 km, von Riva 4 km, von Trient 42 km, von Malcesine 14 km, von Arco 6 km. Gute Busverbindungen mit Mori (nächster Bahnhof). Schiffsanleger. Badestrand. Surfschulen.

Parkplatz: Westlich des Zentrums, an der Straße von Riva, schräg gegenüber dem Hotel Santoni oder in den Seitenstraßen. Im Zentrum strenge Parkkontrollen!

Gehzeiten: Insgesamt 1½ Stunden. Aufstieg zum Castello di Penede 40 Minuten. Rückweg und Abstieg etwa 50 Minuten.

Unterkunft und Verpflegung: Hotels, Pensionen, Ferienwohnungen in Torbole und Nago. Drei Campingplätze: *Europa,* Tel. 0464/

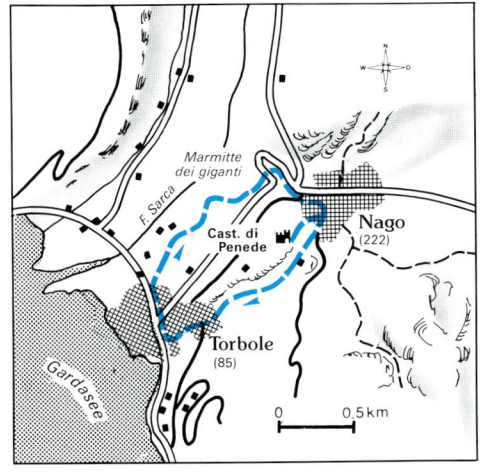

12 Der Eckpfeiler des Monte Baldo

Monte Altissimo, 2079 Meter

Unschwierige Rundwanderung.
Beste Jahreszeit: Frühsommer (Blüte) bis
Herbst, auch im Winter.
Reine Gehzeit: Etwa 2½ Stunden.

Der Monte Altissimo bildet den nördlichen
Eckpfeiler des Monte-Baldo-Gebietes. Monte
Altissimo di Nago – so der offizielle Name –
unterstreicht, daß es sich um den höchsten
handelt, um den höchsten Gipfel des in der
Provinz Trient gelegenen Teiles der Monte-
Baldo-Gruppe. Kulminationspunkt des gesamten Monte Baldo ist die Cima Valdritta
(2218 m) im zentralen Baldokamm, und so-
mit zur Provinz Verona gehörig. Die Grenze
verläuft in der Bocca di Navene am südwestlichen Ausläufer des Monte Altissimo.
Beim Betrachten des Höhenprofiles klaffen
enorme Niveauunterschiede: 2000 Meter
zwischen Gardasee und Gipfel – beinahe soviel wie von Sulden auf den Ortler. Lediglich
100 Meter weniger sind es von der Sohle des
Etschtales. Von Nago immerhin noch 1850
Meter, von Brentonico 1400, ab der Bocca
del Creer jedoch nur 460 Meter. Allerdings
kann man von Nago auf der streckenweise
schmalen, durchwegs asphaltierten »Strada
del Monte Baldo« bis auf die Prati di Nago
(1550 m) fahren. Leider sind dort kaum Parkmöglichkeiten vorhanden. Obwohl der rest-
liche Anstieg mit Wegnummer 302 bloß
2 Stunden dauert, verdienen die Südflanken
der massigen, grünen Kuppel uneingeschränkte Bevorzugung, einfach auf Grund
ihrer freien Lage, der permanenten weitrei-
chenden Aussichten, ganz zu schweigen von
den berauschenden Tiefblicken über den
Gardasee.
Da muß auch der einstmals »klassische«
Weg (Nr. 622, 2¾ Stunden) von San Giacomo über den Giradelli-Hof und die Quellen der Malga Campo passen. Schon längst
ist nämlich die »Strada Generale Graziani«
(Provinzstraße 32) von Mori über Brentonico–San Giovanni durchgehend asphaltiert. Sie hält in Italien die Erinnerung an eine
umstrittene militärhistorische Figur wach:

50 58 88; *Al Cor* 50, Tel. 50 52 22; *Al Porto,*
Tel. 50 58 91. Die Lokale und Imbißstuben in
Torbole bieten mehrheitlich Schnellgerichte
wie Pizze, Spaghetti, Hähnchen etc. Am
preiswertesten bewirtet fühlte sich der Autor
in »*La Cantina*« (Via Linfano 50).
Auskünfte: Azienda Autonoma di Soggiorno
Torbole-Nago, I-38069 Torbole, Via Lungo-
lago Verona 19, Tel. 04 64/50 51 77 bzw.
I-38060 Nago, Via Rifana 1, Tel. 04 64/
50 53 82.
Sonstiges: Literatur und die amtlichen Kar-
tenblätter 1:25 000 und 1:50 000 führt
Celeste Giliberti, Via Matteotti 80, Torbole. –
Verleih von Bergfahrrädern (Mountainbikes)
neben dem Verkehrsbüro, Via Lungolago
Verona 21, Tel. 04 64/50 51 93.
Sehenswürdigkeiten: *Torbole:* Pfarrkirche
San Andrea, 1175 erbaut, im 18. Jahrhundert
barockisiert, Altarbild (Andreas-Martyrium)
von Gianbettino Cignaroli (1741); schöne
Aussichtslage. – Am 22. Juli »*Fiera di
Sant'Maria Maddalena*« (Jahrmarkt).
Karten: Freytag & Berndt-Wanderkarte
1:50 000, Blatt 20 (Gardasee–Lago di Garda).
Kompass-Wanderkarte 1:50 000, Blatt 101
(Rovereto–Monte Pasubio).

*Marmitte dei giganti. Der größte »Topf« ist nicht
nur ein grandioses Naturdenkmal, sondern auch
beliebter Tummelplatz von Sportkletterern mit un-
terschiedlich schwierigen Routen in durchweg
festem Kalkfels.*

Ausblick vom Monte Altissimo zu den nördlichen Ausläufern des zentralen Monte-Baldo-Kammes, auf dem die Seilbahn von Malcesine endet.

Rodolfo Graziani (1882–1955), Marschall und Vizekönig von Äthiopien (1936/37), Generalstabschef (1939/40), Generalgouverneur und Oberbefehlshaber in Libyen (1940/41), schließlich – Grund der Anfechtungen – von 1943 bis 1945 »Verteidigungsminister« der faschistischen Marionettenregierung Mussolinis (siehe Tour 35), praktisch unter deutscher Kuratel. Im Mai 1945 als Kriegsverbrecher verurteilt, wurde Graziani bald rehabilitiert.

Der »Altissimo« selbst sah keine unmittelbaren Kampfhandlungen, seit ihn Teile der italienischen fünften Armee 1916 besetzt hatten. Weder Italien noch Österreich wagten hier Offensiven; sie wären in den beiderseitigen, kilometertief gestaffelten Verteidigungssystemen stecken geblieben. Es war eine »friedliche« Front, wenn man davon absieht, daß die Italiener vom Monte Altissimo nach Riva feuerten und den Eisenbahnverkehr Calliano–Rovereto zeitweise vollkommen lahmlegten. Im Kontrast zu Betonbunkern und Schützengräben steht die einzigartige Flora des Monte Baldo, ein Blumenparadies, das uns auch am Monte Altissimo auf Schritt und Tritt begegnet.

Der Wegverlauf

Auf der Strada Generale Graziani ab dem *Ristorante Graziani* in Südwestrichtung abwärts durch die Südflanke des Monte Altissimo. Unterhalb liegt die Malga Tolghe, eine der zahlreichen intakten Almen des Monte Baldo. Nach 20 Minuten, bei einer *Wellblechhütte*, wird die Straße spitzwinkelig rechts verlassen (800 m weiter die *Bocca di Navene*; Gasthaus): über etliche Steinstufen mit Markierungen. Im Herbst leuchtet das Rot der Hagebutten. Goldene Lärchen unter klarem Himmelsblau. Östlich sieht man die Kuppen des Naturparkes Corna Piana.

Tannen sorgen für lichtdurchwirkte Schattenstreifen. Nach 10 Minuten erwartet uns links draußen der erste fürstliche Paradeblick auf den See, der wie eine schmale Hüfte erscheint, umklammert von den Schenkeln der Berge an beiden Ufern.

Der Weg wendet sich vor der Gratkante rechts. Hier leuchten sommers die gelben Kugelbüsche des Strahlenginsters, eines blattlosen Rutenstrauches. Ansonsten sind die Hänge frei, fast kahl. Im Mittelalter sei hier gerodet worden, um Weideplätze zu schaffen, nimmt man an. Hat das Wort Baldo gar etwas mit Wald zu tun?

Die *Laste di Tolghe* werden von einem Schärtchen unterbrochen. Bei der Kaverne ist ein vorsichtiger Blick erlaubt ins Steilgelände. Kaum zu glauben – der Fels blüht: Aurikel und rote Prächtige Primel *(primula spectabilis),* rosarotes Dolomitenfingerkraut *(potentilla nitida),* Felsen-Hasenohr *(bupleurum petraeum),* Dolomiten-Ehrenpreis bzw. »Blaues Mänderle« *(paederota bonarota)* wegen der blaulila Blüten, Polstersteinbrech *(saxifraga tombeanensis);* letzterer, auch »Tombea-Steinbrech« genannt, kommt nur zwischen Gardasee und Idrosee vor.

In der Ferne tauchen Adamello und Presanella auf, in nordwestlicher Richtung, später auch die Brenta von einem herrlichen Kanzelplätzchen (1858 m) aus. Den angenehm zu begehenden Kehren schließt sich eine Querung der Südhänge an, unterhalb der Mulde *Bus Brodeghera.* Von Mai bis Juli zeigt der krautige Affodill *(Asphodelus albus)* seinen nicht selten eineinhalb Meter hohen, dichten weißen Blütenstand.

Die Querung endet nach 10 Minuten an der Gipfelkuppe. Jetzt übernimmt uns ein Militärweg. Mauerreste sind erhalten, Stollenlöcher. Etwa eine Viertelstunde später stößt man auf den breiten, mit *633* markierten Weg vom Ristorante Graziani. Wir sind 1½ Stunden gegangen. Anschließend entweder gemächlich links auf dem Fahrweg oder diesen kreuzen und mit weiß-roten Farbzeichen die lange Schleife abkürzen.

Das *Rifugio Damiano Chiesa* (2060 m) wird erst im letzten Augenblick sichtbar. Einige Minuten oberhalb wölbt sich als flache Rasenkuppe der höchste Punkt des *Monte Altissimo di Nago* (2079 m), festgehalten durch ein trigometrisches Zeichen. Vom Parkplatz 1¾ Stunden.

Die dem »Feind« zugewandte Nordseite weist Befestigungen auf. Hier und dort sind noch die Explosionstrichter österreichischer Granaten zu sehen. In der Mulde steht eine Kapelle aus Natursteinen (2057 m). Und am nordöstlichen Eck des Plateaus, an dem 1988 errichteten Rondell, erklären Zeiger die Berge im Umkreis. Schützen- und Laufgräben sind rekonstruiert worden, ähnlich einem Freilichtmuseum. Diese Wege können auch

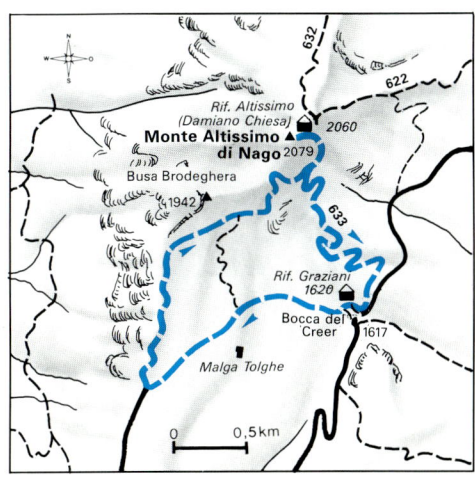

mit dem Mountainbike befahren werden. Der Monte Altissimo ist einbezogen in den »Sentiero della Pace«, den »Friedensweg« entlang der Front vom Stilfser Joch über rund 360 Kilometer zur Marmolada. Das Arbeitsamt der Provinz Trento führte diese Initiative ab 1986 durch: Im Val Lagerina hatten mehrere Fabriken ihre Tore geschlossen. Ältere Männer, die noch nicht pensionsberechtigt waren, aber auch jüngere Arbeitslose erhielten wieder eine Perspektive, indem sie Schauplätze des Ersten Weltkrieges für die Zukunft restaurierten.

Der *Abstieg* kann nicht verfehlt werden. Er folgt den breiten Militärsträßchen in langgezogenen Schleifen. An der Corna Piana sind die Trassen der Wanderpfade auszumachen (siehe Tour 13). Rechts, etwas abseits unseres Weges, thront in einer Felsgrotte eine kleine Madonna. Das Sträßchen endet in der *Bocca del Creer* beim *Ristorante Graziani.*

Nützliche Informationen

Ausgangspunkt: *Ristorante Graziani* (1620 m), privates Berggasthaus etwas oberhalb der Bocca del Creer an der Strada Generale Graziani. Von Mori über Brentonico 22,5 km, von Avio 20,5 km, von der Ausfahrt Affi–Garda Sud über Caprino 49 km. Zur Bocca del Creer bzw. auf der Strada Graziani verkehren keine Busse! Das Ristorante verfügt über fünf Zimmer, geöffnet von Mai bis Anfang November, Tel. 0464/87005.

Nördlich der Bocca di Navene, die zugleich Provinzgrenze zwischen Verona und Trient ist, schwingen sich die Laste di Tolghe auf, an denen der Steig zum Monte Altissimo verläuft.

Parkplätze: An der Bocca del Creer sowie um das Restaurant.

Gehzeiten: Insgesamt 2½ Stunden. Aufstieg 1¾ Stunden, Abstieg etwa 50 Minuten.

Unterkunft und Verpflegung: *Ristorante Graziani. – Rifugio Damiano Chiesa* (SAT), 1876 erbaut und mehrmals erweitert, 46 Schlafplätze, bewirtschaftet vom 20. Juni bis 20. September, Tel. 0464/43 30 30. Hotels in Brentonico und im Gemeindebereich. *Campingplatz Cicliamo* in San Valentino, neben dem Hotel Bucaneve, ganzjährig geöffnet außer 1. April bis 14. Juni und 16. September bis 30. November, Tel. 0464/8 65 10. *Camping-Caravaning Polsa di Brentonico,* wegen Öffnungszeiten: Tel. 0464/87042.

Auskunft: Azienda Autonoma di Soggiorno e Turismo, I-38060 Brentonico, Tel. 0464/9 51 49.

Sehenswürdigkeit: *Fossilienmuseum (Museo del fossile)* in Brentonico, Anfragen Tel. 0464/9 50 59 beim Centro Culturale.

Karten: Freytag & Berndt-Wanderkarte 1:50 000, Blatt 20 (Gardasee – Lago di Garda). Kompass-Wanderkarte 1:50 000, Blatt 101 (Rovereto – Monte Pasubio).

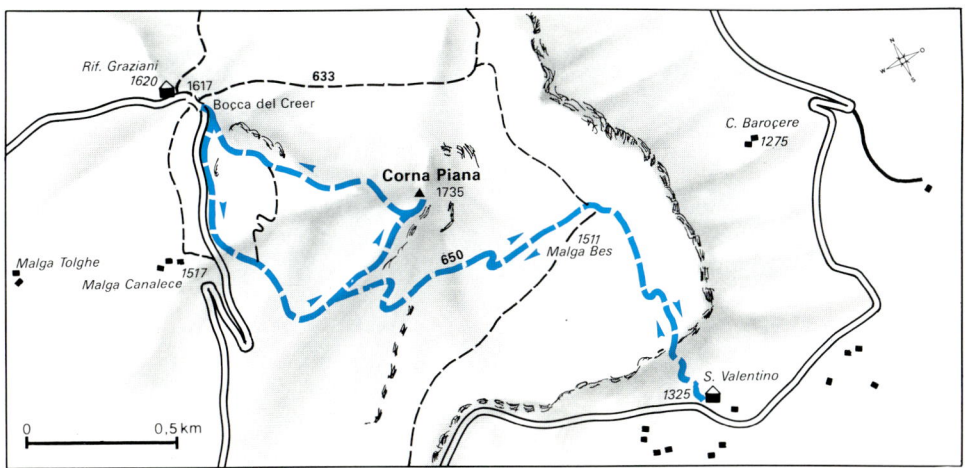

13 Naturpark Corna Piana

Alle Blumenwunder des Monte Baldo

Unschwierige Wanderung. Auf dem »Sentiero delle Vipere« sind Trittsicherheit und Schwindelfreiheit ratsam; Drahtseile.
Beste Jahreszeit: Wegen der Blüte ab Ende Mai bis Juli-August. Davon abgesehen auch im Herbst.
Reine Gehzeit: 3 Stunden.

»Non è vero, ma si dice, in Corna Piana c'è tutto il fiore del Baldo« – »Es ist nicht wahr, aber man sagt, an der Corna Piana seien alle Blumen des Monte Baldo vertreten«, sprudelt es aus Dr. Luigi Ottaviani, Apotheker in Brentonico, nebenher leidenschaftlicher Botaniker und sicherlich profundester Kenner der weltberühmten Flora im Monte-Baldo-Gebiet. Der »dottore« setzt die Tradition seines Berufsstandes fort, denn schon Mitte des 16. Jahrhunderts suchte der Veroneser Apotheker Francesco Calzolari am Monte Baldo Heilkräuter. Calzolaris 1566 erschienene Schrift »Il viaggio di Monte Baldo« war die erste botanische und geologische Abhandlung über das Gebirge.
Ottaviani ist der Vater des 1964 von der Region genehmigten und 1972 eröffneten Naturparkes »Corna Piana di Brentonico« auf einer Fläche von rund 50 Hektar. Sozusagen

als Pufferzone sind weitere 150 Hektar Schutzraum der Hochfläche von Bes durch die Gemeinde Brentonico ausgewiesen. Das Gesamtareal liegt zwischen 1276 Meter und 1735 Meter, eine Höhe, welche die Gletscher der Eiszeit – sie zogen sich vor rund 15 000 Jahren zurück – hier nicht antasteten. Daraus läßt sich die voreiszeitliche Pflanzenwelt erklären, die im Alpeninneren unter Eismassen abgestorben war. Als eine botanische »Arche Noah« bezeichnet sie der Innsbrukker Professor für Geobotanik, Dr. Herbert Reisigl, und nennt ein paar der voreiszeitlichen Raritäten: Spinnweb-Steinbrech *(saxifraga arachnoidea),* Klebrige Akelei *(aquilegia thalictrifolia),* Dolomiten-Teufelskralle *(physoplexis comosa)* – allesamt typische Felsspalter. Endemisch, das heißt nur in diesem Gebiet vorkommend, ist das langstielige Tiroler Windröschen *(anemone baldensis),* auch Monte-Baldo-Windröschen; es existiert übrigens inselartig auch in den Pyrenäen, der Sierra Nevada und in den Rocky Mountains. Außerdem das Südtiroler Labkraut *(galium baldense).* Beispiele der weißährigen Monte-Baldo-Segge *(carex baldensis)* sind nur noch in den Ammergauer Alpen und in Graubünden (Ofental) bekannt. Von Juli bis August blüht – violett bis purpur – die Baldensische Witwenblume *(knautia baldensis).* Zu den ersten Frühlingsboten zählt Kerners Schmuckblume *(callianthemum kerneranum),* auch Baldo-Schmuckblume, für Reisigl »die größte Kostbarkeit des Baldo«. Sie setzt ihre glatten

Früchtchen Mitte Juni an, wenn Wilde Pfingstrose, Zahnwurz, Maiglöckchen und Schwarze Königskerze erblühen. Ein farbig illustriertes Bestimmungsbuch ist unerläßlich bei Wanderungen am Monte Baldo! Denn: wer kennt sie alle? Die von Ende März bis Mai blühenden Erdorchideen, die Knabenkraut-, Ragwurz-, Enzian-, Primel- und Lilien-Arten. Manche sind zwar Allgemeingut, andere aber »gewissermaßen lebende Fossilien« (Reisigl).

Der Wegverlauf

Eine Holztafel weist den Anstieg: »*Sentiero delle Vipere*«. Es soll Giftschlangen geben, droben in der sonnenverwöhnten Felsbarriere. Nach 20 Metern links. Auf die Steine sind rot-weiße Pfeile gemalt. Sofort steil den Hang hoch, eine *Almhütte* passieren und durch den Mischwald zur Basis des atollähnlichen Felsgürtels. Weiter auf felsigem Steig zum ersten Drahtseil. Es verleiht, zusammen mit dem Buschwerk rechter Hand, auch weniger Geübten die notwendige »moralische« Stütze auf dem Bändchen, das gleichmäßig ansteigt in quellender Vegetation. Abschließend über künstliche Stufen und in Kehren zum Ausstieg. »*Corna Piana*«: uns übernimmt ein weiterer Wegzeiger. Wallartig geschichtete Steintrümmer schützen das Vieh vor dem Absturz. Es weidet verstreut, sucht den Schatten hundertjähriger Buchen. Eine Feuerlilie blüht, die seltene Akelei, Brunellen.

An der *Malga Bes* (1511 m) vorbei. Wo sich der Fahrweg zur Alm links wendet, geht man geradeaus. Rechts steht noch eine urtümliche Almhütte mit Plattendach und rundbogigem Werksteinportal. Kurz danach linkshaltend. Anfangs weglos über die Wiese; rot-weiße Farbzeichen auf Steinen. Dann auf ehemaligem Militärweg. Er führt schräg im Hang hoch und ist ein Stück aus dem Fels gesprengt. Die Markierungen leiten tadellos. Sobald sich der breite Weg verliert, helfen rote Farbkleckse. Eine Tafel weist auf den *Naturpark Corna Piana* hin. An der Wegegabel scharf rechts. Erstmals begegnet uns bruchsteingefügtes Mauerwerk aus der Kriegszeit 1915–1918. Genußvoll über den Rücken hinaus, Artilleriestellungen passierend, zum

Gipfel der *Corna Piana* (1735 m). Vom Parkplatz knapp 1½ Stunden.

Etwa 100 Meter zurück. Vor einer gemauerten Kaverne rechts; Markierungspfeil auf dem Fels. Der Pfad senkt sich durch Latschenkiefern und Rhododendronsträucher zu den nächsten Kriegsbauten. Dort links. Im Vorblick die Monte-Altissimo-Südostflanke, gezeichnet von den Serpentinen des Militärsträßchens.

Auf einwandfreiem Pfad über Wiesen, durch mannigfache Flora. Die Spur führt rechts unterhalb einer niedrigen Bastion aus fossilienreichem Nummulitenkalk des einstigen Urmeeres durch den Hang. Vor dem Steilabfall wendet man sich links, worauf ein Pflasterweg abwärts leitet in die *Bocca del Creer* (1617 m). In der Scharte steht das *Ristorante Graziani* (1620 m), zu Füßen des Monte Altissimo di Nago, an der »Strada Generale Graziani«. Vom Parkplatz knapp 2 Stunden.

Rückweg: Südlich der Graziani-Straße folgen. Nach 5 Minuten, in Höhe der *Malga Canalece* (1517 m), wird die Straße beim Wegweiser links verlassen, auf dem ehemaligen Militärweg, der uns wieder zur vertrauten Route bringt.

Sollten Sie sich den gesicherten Abstieg hinter der Malga Bes nicht zutrauen: Vor der Malga Bes rechts mit dem breiten Almgüterfahrweg in 20 Minuten zur Autostraße. Auf ihr links in weiteren 20 Minuten zum Parkplatz.

Nützliche Informationen

Ausgangspunkt: Rastplatz San Valentino (1325 m), oberhalb der Feriensiedlung San Valentino (1314 m), die zur Gemeinde Brentonico gehört; 550 m westlich vom Passo San Valentino (1315 m), an dem die Straße von Mori über Brentonico (18 km) und von Avio (16 km) mündet.

Parkplatz: Beim Rastplatz San Valentino.

Ein kleiner Auszug der Monte-Baldo-Flora: Knabenkraut (oben links), Schopfige Rapunzel bzw. Schopf-Teufelskralle (Phyteuma comosum, rechts oben), Feuerlilie (Lilium bulbiferum, links unten), Pfingstrose (Paeonia officinalis, rechts unten).

Gehzeiten: Insgesamt rund 3 Stunden. Aufstieg zur Corna Piana nicht ganz 1½ Stunden. Corna Piana–Ristorante Graziani ½ Stunde. Rückweg etwa 1 Stunde.

Unterkunft und Verpflegung: Beim Passo San Valentino das *Albergo Valentino,* 150 m vorher die *Bar La Baita.* Außerdem *Camping Cicliamo,* neben dem Hotel Bucaneve, ganzjährig geöffnet, außer: 1. April bis 14. Juni und 16. September bis 30. November, Tel. 0464/86510. *Camping-Caravan Polsa di Brentonico,* wegen Öffnungszeiten: Tel. 0464/87042. – *Ristorante Graziani,* Berggasthaus, 5 Zimmer, geöffnet von Mai bis Anfang November, Tel. 0464/87005.

Auskunft: Azienda Autonoma di Soggiorno e Turismo, I-38060 Brentonico, Tel. 0464/95149.

Sehenswürdigkeiten: *Fossilienmuseum (Museo del fossile)* in Brentonico, Anfragen Tel. 0464/95059 beim Centro Culturale.

Karte: Carta dei Sentieri Monte Baldo 1:25000, Blatt 1.

14 Die Monte-Baldo-Überschreitung

Standardtour am Hauptkamm

Größtenteils unschwierige, stellenweise luftige Wanderung; eine Passage I– (leichte Kletterei), Trittsicherheit und Schwindelfreiheit notwendig. Bei Nässe unangenehm und gefährlich.

Beste Jahreszeit: Ende Juni bis Spätherbst bzw. sobald die Kammlagen schneefrei sind.

Reine Gehzeit: Von der Bergstation etwa 4 Stunden bis zur Hütte am Monte Maggiore, inklusive Cima Valdritta 4½ Stunden. Rückweg zur Seilbahn etwa 3½ Stunden.

Monte Baldo ist geographisch ein ziemlich weitläufiger Begriff. Er meint nämlich nicht nur die östliche Einfriedung des Gardasees von Torbole bis San Vigilio, sondern das Gesamtgebiet zwischen dem Passo San Giovanni im Norden an der Staatsstraße 240 (Mori–Torbole) und Costermano im Süden sowie zwischen See und Val Lagarina, dem Tal der Etsch im Osten. Das sind in der Längsausdehnung 34 Kilometer, in der Breite zwischen 10 und 13 Kilometer. Einen Monte Baldo als Gipfel gibt es nicht, wohl den Monte-Baldo-Kamm, und zwar vom Monte Altissimo di Nago (»Tridentinischer Baldo«) durch die Bocca di Navene und in schwach südwestlicher Richtung über mehrere Kalkspitzen des sogenannten »Veronesischen Baldo« zum Monte Maggiore (»Punta Telegrafo«). Ab hier neigt sich dieser Zentralkamm und findet im Monte Belpo seinen südlichen Eckpfeiler.

Als Folge des zentralalpinen Gletscherschubes durch das Sarcatal ins Schluchttal, aus dem die Eiszeit bis in eine Tiefe von 281 Meter unter dem Meeresspiegel einen »Fjord« schürfte und den See hinterließ, wurden die Monte-Baldo-Westflanken stellenweise »abgehobelt« und gebrochen durch den in Höhe von Riva etwa 1200 Meter mächtigen Gletscher. Diese Marke gilt auch für das Etschtal. Bei Sirmione war der Gletscher immerhin noch 200 Meter stark. Alles was höher als 1200 Meter lag, blieb also eisfrei. Nicht nur Ödland, auch Fruchtbares wie das östliche Monte-Baldo-Gebiet. Darin gründet das Geheimnis des weltweit geschätzten Pflanzenreichtums: rund 60 Arten, manche voreiszeitlich, aus dem Tertiär, der »Erdneuzeit«, die vor 65 Millionen begann. Mit dem Zurückweichen der Gletscher (vor etwa 15000 Jahren) wanderten überdies Pflanzen zu, beispielsweise aus Skandinavien, Afrika, Innerasien, und bereicherten die Flora am »Mons Baldus«, so ein deutscher Reisender im Jahre 1640.

Das Tertiär endete vor rund zwei Millionen Jahren. Seine Epoche war tektonisch gekennzeichnet durch die von starkem Vulkanismus begleitete Entstehung der Faltengebirge. Diese Auffaltungen hinterließen, jenseits einer »Verwerfungslinie«, im südlichen Alpenvorland eine relativ labile Erdkruste. Folge der Empfindlichkeit sind tektonische (keine vulkanischen!) Erdbeben, hervorgerufen durch unterirdische Verschiebungen mehr oder weniger großer Bruchschollen. Darunter hat Verona im 11. und 12. Jahrhundert katastrophal gelitten, Salò 1901, Friaul 1976.

»Man erschrecke nicht, wenn am Gardasee einmal zufällig die Erde beben sollte!«, baut

Gegenüber von Campione liegt Malcesine zu Füßen des nördlichen Monte-Baldo-Kammes. Die beschriebene Tour beginnt am rechten oberen Bildrand.

Dr. Gustav Haber wohlweislich vor. »Nach allen bisherigen Erfahrungen wird es kaum schlimm ausgehen und verheerend wirken.« Beruhigend! Durchschnittlich »alle paar Jahre« bebt die Erde am Gardasee, spricht der Geologe aus Erfahrung. Jüngster Vorfall: 15. September 1989, nachts! Das Epizentrum lag um den Monte Baldo. Kein Wunder, wenn in Malcesine die Heiligen Benignus und Carus seit Menschengedenken als Beschützer vor Erdbeben angerufen werden! Sie hausten dort im frühen 9. Jahrhundert in einer Felshöhle; ihre Gebeine ruhen in der Pfarrkirche Santo Stefano, im zweiten Altar auf der rechten Seite.

Ein Aufstieg zum Monte Baldo bedeutet den Sprung vom belebenden Element des Weines, von typisch südländischen Gefilden zur kalten Erstarrtheit des Felsgebirges: unglaubliche Kontraste! Als wir über die Gipfel der weltalten Majestät gingen, riß das Grau nur selten auf. Es klammerte sich geradezu an die Zacken, schlich in dünnen Fetzen durch die Latschengürtel, brodelte aus urweltlichen Karen, raste durch Scharten, versprach bei

scheinbar guter Laune ein Stück vom Himmel. Doch jedesmal schloß sich der Vorhang wieder. An der Cima Valdritta schienen die Wolken zu fauchen. Im Nebel nimmt eine bärtige Gestalt Formen an. »Adriano – buon giorno«, Handschlag. Er verbringt seinen Urlaub am Gipfel in einer Felskaverne, einem zugigen Ausguck des Ersten Weltkrieges. Baden? Der Eisenbahner aus Verona schüttelt verständnislos den Kopf. Sein Kartuschenkocher zischt: Espresso, dazu ein Schuß Grappa. Wir frösteln. Plötzlich geschieht das Wunderbare: ein Fenster im Gewölk. Mehr als 2000 Meter tiefer das Wasser, verschwommen ohne Ufer im Dunst des heißen Tages. Wir verspüren ein unbeschreibliches Gefühl des Schwebens...

Der Wegverlauf

Von der *Seilbahn-Bergstation* (1752 m) mit *Wegnummer 651* südlich abwärts in die *Bocca di Tratto Spino* (1720 m), im Dialekt »Tre des Pin«. Beim Wegweiser beginnt der Gegenanstieg, vorerst auf dem grasigen, felsbe-

Wer den Monte-Baldo-Kamm überschreitet, läuft über lange Strecken in seinen Ostflanken in Höhe der Latschenregion, stets auf deutlichen Pfaden.

setzten Rücken, dann rechts in seiner Flanke nach *Bel Vedere* (1838 m), der Bergstation eines Sesselliftes am »Baldensischen Grat«. Von der Seilbahn eine halbe Stunde.

Im Vorblick zeigen sich die schroffen Abstürze der Cima delle Pozzette. In dieser Richtung über Wiesen. Knapp 1 Stunde nach der Seilbahn schnürt sich der rückenähnliche Kamm zusammen. Legföhren kriechen am schwarzerdigen Boden. Man gewinnt die erste Depression am eigentlichen Grat. Derartige Strukturen auch weiterhin: Einschartungen über Geröllkaren. Ungefähr nach 1¼ Stunden sieht man das erste Mal auf Malcesine. Eine Kuppe (2005 m) überschreiten zum kleinen Steinmann auf der *Cima delle Pozzette* (2132 m). Von der Seilbahn 1½ Stunden.

Erneut abwärts, durch Latschengassen und auf gutgestuftem Fels in einer Viertelstunde zur Schneide des tiefsten Punktes (2027 m)

der Verbindung zur Cima del Longino, wo sich rechts das riesige Kar des Valle d'Angual auftut. Anschließend wieder von Latschengassen dirigiert. Man traversiert den Osthang der Cima del Longino, begleitet von umfassenden Blicken über die östlichen Monte-Baldo-Anhöhen. Zunächst eben, dann wieder bergan. Die Spur ist sogar bei Nebel nicht zu verfehlen! Zwischendurch felsig, in die Gardaseeflanke überwechselnd. Dann das gewaltige Kar im Val Finestra. Ein Augenschmaus in der Gardaseeperspektive. Etwas später verlangen links etliche Meter leichte Kletterei (I−). Sie bringt uns wieder in die Ostflanke. Einige kurze plattige Traversen (rutschig) erfordern uneingeschränkte Aufmerksamkeit. Anschließend hinauf zu einem Felstor und in Richtung Gipfelaufbau der Cima Valdritta. Ab der Seilbahn 3 Stunden.

Beim Wegweiser rechts. Am felsigen Weg blühen Edelweiß. Er führt an zwei Kavernen vorbei. Gleich danach scharf links zum Kreuz der *Cima Valdritta* (2218 m) – Kulminationspunkt des gesamten Monte Baldo. Von keinem anderen Platz ist die Ansicht des Gardasees hinreißender!

Wer die Cima Valdritta ausklammert (hin und zurück eine halbe Stunde), läuft vom Wegweiser direkt in die nahe *Forcella Valdritta* (2107 m). Hier ist auf Nummer 5 ein Abstieg zum Gardasee möglich: durch das eiszeitliche Valdritta, über den Wiesensattel der Guardiola (1850 m) und den Col di Piombi (1164 m, Forsthaus) zur Seilbahn-Mittelstation San Michele (563 m); insgesamt 3 Stunden.

Die Tafel »*Rif. Telegrafo*« treibt uns parallel zum Grat weiter, jetzt auf kommodem Militärweg. Nach einer Viertelstunde mündet links Wegnummer 66 (von Novezza, siehe Tour 15). Erneut die Aussicht auf den See. Ungefähr 10 Minuten später schenken wir uns den beschilderten Stichpfad rechts zur Punta Pettorina (2192 m). Auch der Hinweis zur Punta Telegrafo bleibt unbeachtet. Danach mündet links *Wegnummer 652* (von Novezza, siehe Tour 15). An der folgenden Gabelung halbrechts ansteigen (geradeaus mit Markierung 658 in knapp 1½ Stunden zum Rifugio Chierego, 1911 m) in 10 Minuten zu einem Sattel. Von hier entweder rechts zum großen Eisenkreuz auf dem *Monte Maggiore* (2200 m) bzw. der *Punta Telegrafo* oder jenseits hinab zu dem nun sichtbar werdenden *Rifugio Gaetano Barana* (2147 m). So lautet der offizielle Name des 1897 erbauten, inzwischen öfters erweiterten und modernisierten Schutzhauses der CAI-Sektion Verona. Unter Bergsteigern heißt es *Rifugio Telegrafo*. Neben der Hütte steht die Chiesa di Santa Rosa.

Rückweg: Am günstigsten ist der Rückweg zur Seilbahn-Bergstation. Eine Alternative bietet der erwähnte *Weg Nummer 5* ab der Forcella Valdritta zur Seilbahn-Mittelstation. Indes ist die noch auf den Karten eingezeichnete Wegnummer 659 nach Malcesine nicht mehr begehbar! Die Lifte vom Rifugio Cornetto westseitig waren 1990 bis auf weiteres im Sommer eingestellt. Und die Abstiege nach Novezza haben einen zeitraubenden Umweg (Novezza–Ferrara di Monte Baldo keine Busverbindung) im Schlepptau!

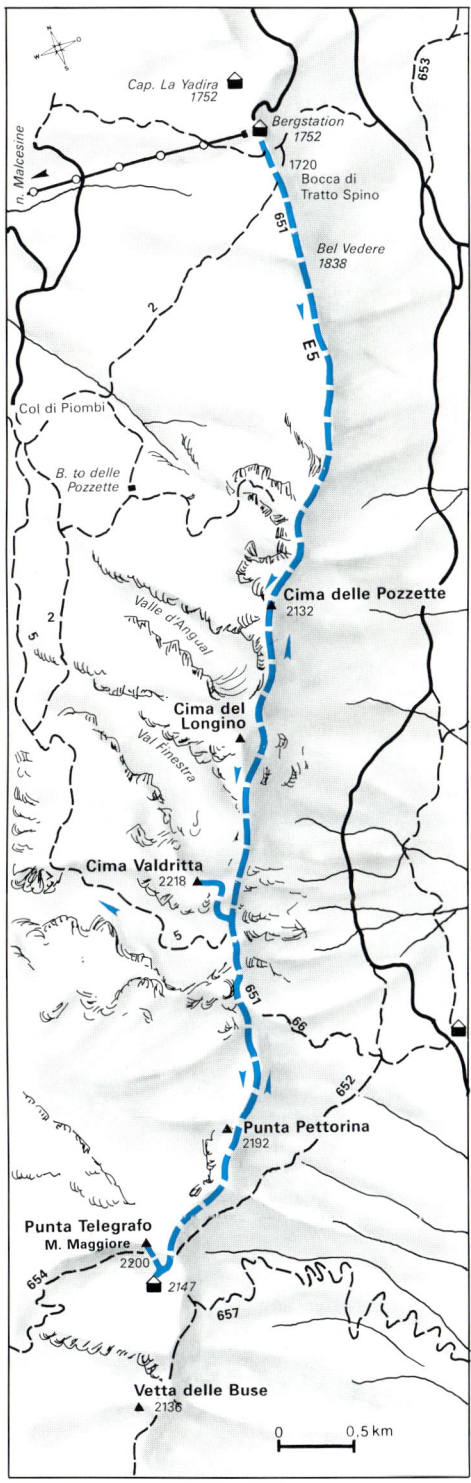

Hinter der Cima Valdritta ist der Höhenweg identisch mit einem italienischen Kriegspfad, der sich unmittelbar an den Felskamm hält.

Nützliche Informationen

Ausgangspunkt: Bergstation (1752 m) der Seilbahn von Malcesine in zwei Sektionen auf den Monte-Baldo-Kamm. Betriebszeiten: In den Sommermonaten (bis 23. September) von 8.00 bis 19.00 Uhr; letzte Talfahrt von der Mittelstation San Michele 18.45 Uhr. Zufahrt mit dem Pkw ab Autobahnausfahrt Affi −Garda Sud an der Ostseite des Monte-Baldo-Kammes über Caprino−Ferrara di Monte Baldo 40 km; das abschließende schmale Natursträßchen zweigt vor der Bocca di Navene spitzwinkelig links ab (beschildert). Bei der Bergstation meist überfüllte Parkplätze!
Parkplatz: In Malcesine (siehe Tour 16) an der Seilbahn-Talstation, gebührenpflichtig und bewacht.
Gehzeiten: Insgesamt 8 Stunden. Von der Bergstation zur Hütte am Monte Maggiore 4 Stunden, bei Besteigung der Cima Valdritta 4½ Stunden. Rückweg etwa 3½ Stunden.
Unterkunft und Verpflegung: In Malcesine, siehe Tour 16. Restaurant an der Bergstation. − *Rifugio Barana,* CAI, am Monte Maggiore, 40 Schlafplätze; Tel. 045/7 73 17 97, siehe Tour 15. In der Chiesa di Santa Rosa im Juli und August jeden Sonntag 11.30 Uhr Messe.
Karten: Freytag & Berndt-Wanderkarte 1:50 000, Blatt 20 (Gardasee−Lago di Garda). Kompass-Wanderkarte 1:50 000, Blatt 102 (Lago di Garda−Monte Baldo).

15 Ein Hauptgipfel des Monte Baldo

Monte Maggiore oder Punta Telegrafo

> Unschwierige Rundwanderung. An einigen Stellen im Abstieg Trittsicherheit notwendig; bei Nässe unangenehm.
> *Beste Jahreszeit:* Frühsommer bis Spätherbst.
> *Reine Gehzeit:* Aufstieg zum Monte Maggiore etwa 2 Stunden.

Monte Maggiore–Punta Telegrafo? Die Karten nennen zwei Namen. Maggiore, was soviel wie »der Größte« bzw. »Hauptgipfel« bedeutet, hat insofern Gültigkeit, weil es sich um den höchsten, vollkommen auf dem Boden der Provinz Verona stehenden Berg handelt – »Patrone Monte dei Veronesi« –, den meistbestiegenen im Zentralkamm des Monte Baldo. In der Höhenrangliste nimmt er aber nur den dritten Platz ein.

Der Name »Telegrafo« geht auf die napoleonische Zeit zurück. Damals, Ende des 18. Jahrhunderts, funkte auf der Punta ein »Telegraph« optische Signale für die in der Umgebung operierenden französischen Revolutionstruppen.

Bei der Monte-Baldo-Überschreitung (siehe Tour 14) stellt die Spitze das vielzitierte Tüpfelchen aufs i dar. Häufiger wird sie jedoch von Osten erstiegen, was bereits früh im Jahr möglich ist, wenn in den zum Gardasee hin geneigten Riesenkaren noch weite Schneefelder lagern. Zur Popularität der Ostflanke hat außerdem zweifellos die durchgehende Asphaltierung der »Strada Generale Graziani« beigetragen: Hauptschlagader des Monte-Baldo-Verkehrs von Süden, über Caprino–Spiazzi–Ferrara. Auf dem Militärsträßchen

Die Punta Telegrafo – höchster veronesischer Monte-Baldo-Gipfel – von Nordosten mit der Mulde des Vallone Osanna, die bis zur Punta hinaufreicht.

71

Höhentrasse der Wanderung am Monte-Baldo-Kamm zwischen Cima Valdritta (im Bild) und Punta Telegrafo. Auch hier wandert man auf alten Militärwegen.

des Ersten Weltkrieges erreicht man nämlich mit dem Pkw mühelos die Höhe von 1552 Meter, den idealen Startplatz.

Der Wegverlauf

Die Zeitangabe (1 Stunde) auf dem Wegweiser »Forc. Val Fontanella« taugt nicht für Normalverbraucher, denn von der Scharte trennen uns hier genau 558 Höhenmeter. Also: besser 1½ Stunden einkalkulieren. Schließlich sind wir im Urlaub und nicht auf der Flucht!

Vom *Parkplatz* (1552 m) oberhalb des Albergo–Ristorante Novezza mit dem von Avio im Val Lagarina hochkommenden *Sentiero Bovi* bzw. seiner *Markierungsnummer 652* linkshaltend hoch, über den Bach, durch eine Wiesenmulde und der deutlichen Spur folgend. Den Latschen schließt sich schattiger Laubwald an. Etwa 20 Minuten nach dem Parkplatz entscheiden wir uns an der Wegeteilung (1690 m) für den rechts abzweigenden Steig Nummer 66 (links führt der Sentiero Bovi direkt zum Ziel). Abermals das Rinnsal des Val Campione querend geht die Route in Kehren über: eine Viertelstunde Zickzack durch den bei Sonnenschein quälenden Latschenhang. Danach links über den Bachlauf. Nun strebt man nordwestlich der »Cornetta« zu, einem Felsvorsprung. Das Hochkar weitet sich trichterförmig. Derartige schluchtähnliche Mulden sind verhältnismäßig steil, geröllerfüllt und ein Charakteristikum des Monte Baldo. Durch sie gehen die Lawinen ab, im Frühjahr sammeln sich hier die Schmelzwässer.

Diese höchste Mulde des Val Campione wird nördlich von der *Cornetta* gesäumt. Über ihren steinig-schrofigen Rücken gewinnt man die querverlaufende »Grande traversata« *(Nummer 651)* des Baldokammes. Hier verläßt die Provinzgrenze den Hauptkamm in Ostrichtung.

Der breite Maultierpfad wurde von italienischen Pionieren im Ersten Weltkrieg aus dem Fels gesprengt. Er leitet zu den Guckposten an der Cima Valdritta. Von ihrem Gipfelaufbau trennt uns lediglich eine Viertelstunde; weitere 20 Minuten wären es zum Kreuz des höchsten Baldogipfels (2218 m). Er findet bei Tour 14 ausführliche Würdigung.

Unsere Wanderung führt links (südwärts) am Kamm entlang. Nach 100 Metern bietet die *Forcella Val Fontanella* (2110 m) unverhofft ein herrliches Schaufenster zum Gardasee. Jenseits des Grates lagert das weitläufige Valle Larga, eines der Mammutkare am Baldokamm. Ungefähr 10 Minuten später kann die *Punta Pettorina* (2192 m) rechts auf einem Schrofensteig »mitgenommen« werden.

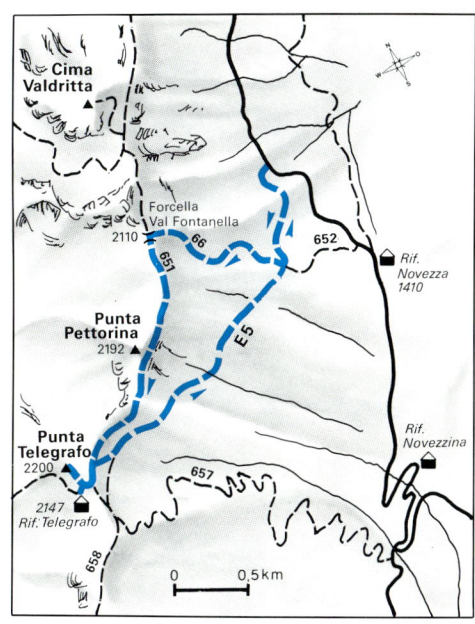

Auch weiterhin angenehme Steigung! Am Weg sprießen auf kleinstem Lebensraum Blumen. Salut durch Edelweiß! Der Hinweis des unmittelbaren Zustieges halbrechts auf den Monte Maggiore erscheint nicht verlockend!

Nach 5 Minuten mündet links der Sentiero Bovi, den man sich für den Rückweg merkt. Dann teilt sich die Trasse. Geradeaus mit Nummer 658 in knapp 1½ Stunden zum Rifugio Chierego (1911 m) hieße am Ziel vorbeischießen, im übertragenen Wortsinn.

Wir nehmen halbrechts den felsigen Steig und erreichen in 10 Minuten einen aussichtsreichen Kammsattel. Vorgeschmack auf noch intensivere Genüsse. Zum Beispiel vom nahen Kreuz des *Monte Maggiore* (2200 m), der *Punta Telegrafo*. Der Gardasee wirkt, als hätte ihn einer aus Norwegen entführt, um ebenso im Süden die Großartigkeit eines Fjordes vorweisen zu können. Nördlich die Parade der hintereinander gestaffelten Kammzacken und -gipfel, durch die täuschende Wirkung der Draufsicht nicht genau lokalisierbar. Westlich ruhen gigantische, menschenfeindliche Schluchten. Traurige Berühmtheit erlangte der Monte Maggiore durch waidmännischen Schwachsinn: 1957 erlegte ein Jäger den letzten Königsadler am Gardasee.

Auf der Terrasse des *Rifugio Gaetano Barana* (2147 m) verspürt man erst richtig das Glück der Stunde, des Tages, des Seins. Barana sei der aktuelle und endgültige Name, wird mir versichert, nachdem das 1897 erbaute Schutzhaus auch schon Giovanni Pona gewidmet war. Indes sprechen die Einheimischen nur vom »Rifugio Telegrafo«.

Abstieg: Von der Hütte auf dem Herweg 10 Minuten zurück, dann halbrechts in den schmalen *Sentiero Bova (Nr. 652)* einschwenken. Schräg abwärts die Hänge traversieren. Nach 10 Minuten folgt eine etwas heikle Querung, aber nur etliche Meter, wor-

auf man in Latschen eintaucht. Am *Sasso del Diavolo* (1850 m) liegen zwei felsige Aussichtskanzeln am Weg. Etwa eine Viertelstunde später müssen beim Abstieg in einen Tobel (1781 m) kurz die Hände zu Hilfe genommen werden. Dann zieht der Weg durch einen herrlichen Wiesenhang. Schließlich betritt man wieder die Aufstiegsroute und trifft nach einer Viertelstunde bei der Graziani-Straße ein.

Nützliche Informationen

Ausgangspunkt: Albergo–Ristorante Novezza (1410 m), schwach nordöstlich des Monte Maggiore an der Strada Generale Graziani. Das Berggasthaus gehört zum Gemeindebereich von Ferrare di Monte Baldo (7,5 km; nächste Bushaltestelle, von Verona bzw. Garda). Ab Autobahnausfahrt Affi–Garda Sud über Caprino 35,5 km.

Parkplatz: Von Novezza der Graziani-Straße noch 1,5 km folgen zur Bachschlucht (1552 m); links einige Plätze. Hier wird die Tour üblicherweise angetreten! Etwa 600 m vor der Bachschlucht ist ebenfalls Parkraum.

Gehzeiten: Insgesamt 3¼ bis 3½ Stunden. Aufstieg zum Monte Maggiore etwa 2 Stunden. Abstieg etwa 1¼ Stunden.

Unterkunft und Verpflegung: *Albergo–Ristorante Novezza* an der Strada Generale Graziani. 40 Zimmer. Geöffnet vom 1. Juni bis Ende Oktober, Tel. 045/7220126.—*Rifugio Gaetano Barana* (2147 m), CAI, etwas unterhalb des Monte Maggiore: 40 Schlafplätze, bewirtschaftet von Mitte Juni bis Mitte September, danach nur an Wochenenden bis Mitte Oktober; Tel. 045/7731797. Neben der Hütte die Chiesa di Santa Rosa, im Juli und August jeden Sonntag um 11.30 Uhr Messe.

Karten: Freytag & Berndt-Wanderkarte 1:50 000, Blatt 20 (Gardasee–Lago di Garda). Kompass-Wanderkarte 1:50 000, Blatt 102 (Lago di Garda–Monte Baldo).

16 Almen über Malcesine

Zur »Märchenwiese« am Monte Baldo

> Unschwierige Rundwanderung.
> *Beste Jahreszeit:* Frühjahr und Herbst, auch im Winter. Im Sommer sehr heiß.
> *Reine Gehzeit:* 3½ Stunden; kürzere Route 1 Stunde weniger.

Malcesine liegt eingebettet in bukolischer Gardaseeatmosphäre. Im Landschaftsgemälde leuchten Farbtupfer über Farbtupfer – reiche südliche Vegetation, blühende Sträucher, Oleander entlang der Straßen. Am Uferstreifen werfen Palmen, Zedern und Zypressen Schatten. Viel Raum ist nicht zwischen dem See, der »Gardesana orientale« und den aufstrebenden Monte-Baldo-Hängen mit Villen und terrassenförmig angelegten Weingärten und Olivenhainen. Trotzdem hatten Siedler Fuß gefaßt, zumindest erwähnt bereits der langobardische Geschichtsschreiber Paulus Diaconus im 8. Jahrhundert »Malsesene, was genau mit der heutigen mundartlichen Bezeichnung Malsesen für den Ort und Malsesene für die Bewohner übereinstimmt«, fand der Linguist Karl Felix Wolf (1879–1966) heraus. Er gliedert Malcesine in indogermanische Wortstämme -»mal« und -»ziz« für Felsenburg.

Der in Verona residierende Langobardenkönig Alboin soll 568 die erste Burg errichtet haben. Ihre hauptsächlich unter den Scaligern entstandene romantische Silhouette mit dem 33 Meter hohen, fünfeckigen Turm prägt das Bild von »Maltzein«, wie die Franken unter Karl dem Großen bzw. seinem ältesten Sohn Pippin im frühen 9. Jahrhundert den eroberten festen Platz im Schutze der kühn auf steilen, 35 Meter hohen Kalkfelsen über dem See hochragenden Burg nannten. An ihre Basis schmiegt sich die Ortschaft. Verschlungene Gäßchen, vollgestopft mit Ladengeschäften und Gaststätten, bilden eine organische Synthese zu den bunten, enggedrängten Häusern am Hafen.

Dort erinnert der um 1470 venezianisch-gotisch neu gestaltete imposante Palazzo dei Capitani del Lago an die Kapitäne des Ostufers. Gleichzeitig Gouverneure der Republik Venedig, residierten sie von 1405 bis 1797 abwechselnd hier, in Torri del Benaco und in Garda bzw. führten den Vorsitz in der »Gardesana dell'Acqua«, einer Föderation und Selbstverwaltungskörperschaft von zehn Gemeinden am veronesischen Ufer.

Am Hotel San Marco kündet eine Tafel vom Aufenthalt Goethes. Sozusagen als Visitenkarte steht seine Bronzebüste im Burghof. Dort hätte man den Italienreisenden am 13. September 1786 beinahe verhaftet, als er die Burg zeichnete. Ein Übereifriger verdächtige ihn der Spionage für Österreich und bereitete »mir ein gefährliches Abenteuer, welches ich mit gutem Humor überstand und in der Erinnerung lustig finde«. Goethe hatte an diesem Tag geplant, von Torbole nach Bardolino zu segeln. Als jedoch der Nordwind (Tramontana) umschlug, trieb die Ora das Boot in den Hafen von Malcesine, »der erste venezianische Ort an der Morgenseite des Sees«. Eine Straße von Torbole nach Malcesine existierte damals noch nicht. Auf halbem Weg verlief die Staatsgrenze Österreich–Venedig (heute Provinzgrenze Trento–Verona). Erst als Österreich nach dem Ersten Weltkrieg das

Der Jachthafen von Malcesine an der Ostküste des Gardasees: Ausblick nordwestlich über den See zur Bucht von Limone, überragt von der Cima Mughera, rechts davon der Monte Guil und der Monte Palaer.

Das Wahrzeichen von Malcesine ist die Scaligerburg auf steilem Fels 35 Meter über dem Wasserspiegel. Sie birgt ein besuchenswertes Museum.

Trentino verlassen mußte, zog man eine Landverbindung ins Kalkül. Ihre Realisierung dauerte aber noch bis 1929.

Der Wegverlauf

Beim *Ideal-Hotel Holiday* (gegenüber der ERG-Tankstelle) wird die Durchgangsstraße bergwärts verlassen auf der Panoramastraße. Etwa eine Viertelstunde zwischen Hotels und Pensionen ansteigen bis zur Linkskurve bei *Haus Nummer 2.* Hier rechts mit den rot-weiß-roten Markierungen von Wegnummer *652* (6½ Stunden auf den Monte Maggiore). *Tafel: Locanda Colombere.* Nach 50 Metern zweigt unsere Wanderung gegenüber von *Haus Nummer 1* rechts ab auf steingepflastertem Weg. Etwa 5 Minuten später an der Gabelung *geradeaus*, eben dahin auf einer mit Ölbäumen bestandenen Terrasse.

Links oben sieht man bügeleisenförmige Felsgriffe des Baldokammes. Es sind sogenannte *»Pale«*, dreieckige Zacken, entstanden durch Erosionsprozesse. Direkt gegenüber am anderen Ufer liegt Campione, darüber das weiträumige Tremosine.

Nach insgesamt 1 Stunde erreichen wir die Örtlichkeit *Pozzo Barchet*. Eine 40 Meter hohe graue Felswand riegelt den Hang ab. Rechts leitet Wegnummer 9 in 45 Minuten direkt hinunter nach Cassone. Unsere Route indes führt bei der Wegeteilung links weiter, ist ein Stück überwachsen, dann ein breiter schattiger Weg, der der Felsbarriere links ausweicht und in Schleifen übergeht. Von der Wegeteilung dauert es eine halbe Stunde, ehe uns die *Malga Fiabo* erlöst von der Düsternis – hin zur sonnenüberfluteten satten *»Märchenwiese des Monte Baldo«*. Ein traumhaft schöner Erdenfleck – scheinbar weltentfernt von allen irdischen Nöten! Ab Malcesine 1½ Stunden.

Rechts weglos zu einem Gebäude (704 m). Daran links vorbei, schwach linkshaltend ohne Weg am oberen Rand der Hangstufe, wobei das Höhenniveau beibehalten wird, geleitet von rot angestrichenen Grenzsteinen. In etwa 10 Minuten sind wir am Ende der Wiese bei einer gelben Jagdverbot-Tafel (Divieto di caccia). Nun halblinks wieder in den Waldschatten. Anschließend die Mulde des *Valle Perrara* ausgehen. Bald senkt sich der

Isola dell'Olivo, südlich von Malcesine, etwa 300 Meter vom Ufer entfernt. Jenseits des Sees die Hochflächen von Tremosine, links unten Campione.

Weg in leichtem Gefälle. Ungefähr eine halbe Stunde nach der »Märchenwiese« zeigt sich der See aufs neue. Gleißende Helle über dem blanken Spiegel blendet das Auge. Plötzlich haben wir Gletscherschliffplatten unter den Sohlen. Jetzt wäre eine Rast willkommen.

Etwa 400 Meter vom Ufer entfernt schwimmt die Isola di Trimelone (190×31 m). Sie war schon vor einem Jahrtausend befestigt, aus Furcht vor den Einfällen der Ungarn. Die heutigen Mauern sind Reste von Militärmagazinen aus der ersten Hälfte des 20. Jahrhunderts. Weit südwestlich sticht der Monte Pizzocolo heraus. Im Nordwesten dominiert die Cima della Marogna, hinter der der blumenreiche Monte Tremalzo hervorspitzt.

Den Abstieg fortsetzen. Nördlich winkt die Burg von Malcesine. Bei der Gabelung am *Wasserbunker* halblinks. Die obersten Häuser von Cassone begegnen uns: turmartig, bewohnt und leerstehend, am Saum der Olivengärten. Steil hinab zur ersten Querstraße von *Cassone* (85 m). Von Malcesine 2¾ Stunden.

Unten, bei der Bushaltestelle neben der Stra-ße entspringt (gefaßtes Becken) der Aril – und fließt nach 100 Metern in den See: kürzester Fluß der Welt, heißt es! Das Kuppelfresko der achteckigen Pfarrkirche erzählt eine Legende (Überführung der Gebeine des hl. Zeno nach Verona) von den lokalen »Erdbeben-Heiligen« Benignus und Carus.

Auf der erwähnten Querstraße rechts; kurz danach mündet *Wegnummer 9*. Wir stoßen auf die »Gardesana Montebaldina«, wie die »Orientale« (Staatsstraße 249) auch genannt wird. Der Uferweg bringt uns in die Bucht *Val di Sogno* – Tal des Traumes. Hotel neben Hotel, Badeplätze in Reih und Glied. Deutlich hebt sich in der Verlängerung der Landzunge Dosso del Pis die Isola Val di Sogno ab.

Das Sträßchen wendet sich vom See zur Staatsstraße. Unmittelbar vor der *Orthopädischen Klinik* geht es links wieder ans Ufer. Jetzt sieht man draußen die winzige Isola dell'Olivo. Weil dort die Konturen eines Baumes (mit viel Phantasie) hahnähnlich erscheinen, heißt sie auch Isola del Gallo.

Lido Sopri: Herumliegende starren den Wanderer an wie einen Marsmenschen! Fin

Spießrutenlaufen, ehe man eintaucht in die während der heißen Mittagszeit menschenleeren Winkel von *Malcesine.*

Nützliche Informationen

Ausgangsort: Malcesine (90 m), zu Füßen des Monte-Baldo-Kammes an der Staatsstraße 249 (Gardesana Orientale), 14 km von Torbole, 29 km von Garda; regelmäßige Busverbindungen mit sämtlichen Orten am Ostufer. Schiffsanleger. Talstation der Monte-Baldo-Seilbahn (siehe auch Tour 14).
Parkplätze: Der Beschilderung folgen, u. a. am nördlichen Ortsrand sowie an der Seilbahn-Talstation (gebührenpflichtig, bewacht).
Gehzeiten: Insgesamt 3½ Stunden. Von Malcesine zur »Märchenwiese« 1½ Stunden. Abstieg nach Cassone 1¼ Stunden. Rückweg nach Malcesine 45 Minuten.
Unterkunft und Verpflegung: Zahlreiche Hotels, Pensionen, Ferienwohnungen in Malcesine. Zwei Campingplätze: *Martora,*

Tel. 045/7 400345; *Claudia,* Tel. 045/7 40078 6. Geöffnet von Ostern bis September bzw. vom 1. April bis 31. Oktober.
Auskunft: Azienda di Soggiorno, I-37018 Malcesine, Via Capitanato del Lago 8, Tel. 045/7 40004 4.
Sehenswürdigkeiten: *Skaligerburg* mit museal ausgestatteten Räumen; vom Bergfried schöne Aussicht. Geöffnet im Sommer täglich von 9.00 bis 20.00 Uhr. — *Pfarrkirche Santo Stefano,* ursprünglich 8. Jahrhundert, einschiffiger Barockbau von 1729–1749. Am ersten Seitenaltar rechts eine Kreuzabnahme vor bewegtem Landschafts-Hintergrund, gemalt von dem Veroneser Girolamo dai Libri (frühes 16. Jahrhundert). Im zweiten Seitenaltar Reliquien (Schädel, Knochen) der »Erdbeben-Heiligen« Benignus und Carus, die auch beiderseits in den oberen Glasfenstern vertreten sind.
Karten: Freytag & Berndt-Wanderkarte 1:50000, Blatt 20 (Gardasee—Lago di Garda). Kompass-Wanderkarte 1:50000, Blatt 102 (Lago di Garda—Monte Baldo).

17 Von Marniga nach Le Ca

Verlassenes Bauernland

> Unschwierige Rundwanderung.
> *Beste Jahreszeit:* Frühjahr und Herbst, auch im Winter. Im Sommer sehr heiß.
> *Reine Gehzeit:* 3¼ Stunden.

Von der Riviera di Brenzone, am Gardasee-Ostufer zwischen Cassone und Castelletto, steigen unmittelbar die Westflanken des Monte-Baldo-Stockes an. Sie sind in den unteren Lagen geprägt von üppigster Vegetation: Zypressen und Ölbäume. Die immergrüne Steineiche, robusteste aller mediterranen Holzpflanzen, in flaumigem Gesträuch, das sich zu einem Waldgürtel entwickelt. Unterbrochen wird der dichte Pelz von Inseln eiszeitlicher Gletscherschliffe des grauen Kalkgesteins. Schwarze Hainbuchen, hier Hagebuchen (ital. *carbine*) genannt. Eschen, Weißbuchen; manchenorts die roten Früchte der Kornelkirsche. Ab rund 600 Metern wurzeln Edelkastanien. Darüber liegen »maggenghi«, die Weiden auf halber Höhe des Berges. Von dort holte man früher beim Almabtrieb Ende September den Heuvorrat – das Gras wurde zweimal geschnitten – für die Winterszeit, zusammen mit Kastanienfrüchten und Brennholz aus dem Schlagwald. Für den Transport dienten hölzerne, von Maultieren gezogene Schlitten, die »barossole«. Die Schleifspuren ihrer Kufen sind auf den steingepflasterten Wegen nicht zu übersehen.

Durch die Ösen der an den Steilstellen einzementierten Eisenhaken wurden Seile geschlungen, deren Zug die Schlitten abwärts bremste. Die »barossola« hat ausgedient. Die Bauern sind wegen des fehlenden Gleichgewichts zwischen notwendigen und vorhandenen Ertragsquellen (Ölgewinnung, Viehzucht, Waldnutzung) im späten 19. Jahrhundert, wegen unbrauchbarer Zufahrten und der dadurch voraussehbaren wirtschaftlichen Isolierung sowie mangelnder sozialer Einrichtungen vollends nach dem letzten Weltkrieg bis in die fünfziger Jahre abgewandert. Sie suchten neue Existenzen und Arbeitsplätze, am Ufer und anderswo, vielfach im Ausland. Das Gebiet gehört politisch zum Luftkurort Brenzone mit insgesamt 2400 Einwohnern, verwaltet in Magugnano, während Castelletto als touristisches Zentrum gilt.

Der Wegverlauf

In *Marniga* (70 m) von der kleinen Piazza etwa 20 Meter in Richtung Albergo Pace. Dann rechts (Wegweiser), auf der steingepflasterten *Via San Pietro*, bergan zwischen altersgrauen Häusern. Links steckt der erste Haken für die »barossole«; links am Weg liegt ein solcher flacher Schlitten. Dann umfängt uns silbergrauer Glanz der Olivengärten, aus dem im Juni die hellen Sternenblüten leuchten. Manche alten Stämme zeigen abstrakte Formen: gespalten, geteilt, ausgehöhlt. Sie sind teilweise bedingt durch die Narben häufiger »Operationen«. Dabei wurden kranke Stellen mit scharfen Geräten bis zum gesunden Kernholz entfernt, sonst wäre der Baum abgestorben.

Nach insgesamt 10 Minuten die Linkskurve ausgehen, an einem Haus vorbei und rechts halten. Blicke über den See sorgen für Abwechslung. Etwa 20 Minuten nach Marniga sind wir im verschlafenen Weiler *Campo* (222 m). Er stammt aus dem Mittelalter. Dschungelähnlicher Pflanzenbewuchs wuchert über die kaum noch erkennbare Burgruine. Von den dicken Natursteinmauern der Häuser bröckelt der Kalkverputz. Moderiger Geruch schleicht aus Torgängen und Gewölben; im Halbdunkel liegen Mahlsteine von Olivenpressen. Aber es gibt elektrisches Licht in ein paar bewohnten Häusern, für das knappe Dutzend an Verbliebenen.

Mit *Wegnummer 34* zur *romanischen Kirche,* deren verblichene Fresken dem 15. Jahrhundert angehören. Geradeaus, begleitet von Trockensteinmäuerchen, die überwachsen sind mit verfilztem Efeu, aus dem das Rascheln flinker Eidechsen erschreckt. Unsere Route durchzieht stattliche Gletscherschliffpartien. Im Rückblick erscheint der Burgturm von Malcesine.

Nach insgesamt 45 Minuten wendet sich der markierte Pflasterweg scharf links (zur Hochebene Prada Alta). An dieser Stelle, bei der *Betonsäule,* hält man sich rechts. Wenig später an der Gabelung halblinks und durch Laubwald in einer Viertelstunde zu einem *Marien-Bildstock* (500 m). Von Marniga 1 Stunde.

In dieser Zone, dem »ostrieto«, sind Hainbuchen, Eschen und Eichen nur als Gestrüpp ausgebildet. Erneut eindrucksvolle Gletscherschliffe. Dann wieder Laubwald, durchsetzt von Steineichenbüschen und Mäuerchen. Links klafft die enge, feuchte Schlucht einer Trockenklamm im *Valle di Senaga*. Und schon 5 Minuten später erwartet uns der aufgelassene Bauernhof *Vicari* (534 m) bei einer gewaltigen Gletscherschliffplatte. Dieser Platz ist für den Abstieg von Bedeutung!

Am Gehöft links vorbei, auf dem unteren Weg mäßig bergan. Wie man sieht, holt sich der Wald allmählich die Rodungsflächen zurück. Ungefähr 10 Minuten hinter dem Gehöft dringt wohltuende Kühle aus der in den Fels gehauenen, 1893 gefaßten Fontanella Coperta.

Bei der nächsten Wegeteilung (nach 5 Minuten) links, dem Pflasterweg folgend in 5 Minuten hinauf zum Gardaseebalkon *Le Ca*

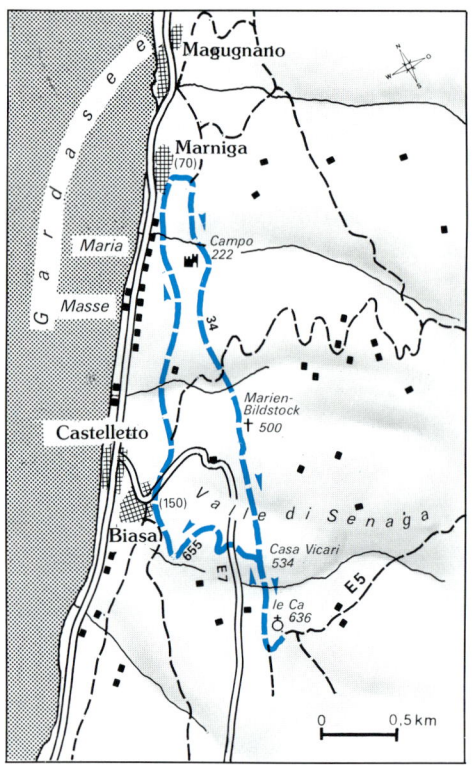

nach *Biasa* (150 m), das sich um die Reste einer Burg der Grafen von Brenzone und das spätromanische Kirchlein Sant'Antonio schart, sondern halbrechts. Wegzeiger: *Fasor,* 5 Minuten. Von Le Ca 45 Minuten.

Auf der Straße etliche Minuten bergan, bis gegenüber von Haus Nummer 13 halblinks der *Sentiero della natura* abzweigt. Er entfaltet sich zu einer genußvollen Promenade über den »Dächern« von Castelletto. Ölbäume werfen lichten Schatten. Im Mai sind die Bauern mit dem Schnitt der Bäume beschäftigt. In 20 Minuten zu einem *Bildstock.* Auch weiterhin geradeaus (halbrechts ging es rotweiß-rot bezeichnet in einer Viertelstunde nach Campo), erneut Gletscherschliffe passieren. Anschließend ein tektonisch beachtenswertes Tälchen ausgehen und zu einem verführerischen Rast- und Aussichtsplatz *(Holzkreuz).* Wenig später stößt man auf einen markierten Querweg. Er führt links zum Portikus des Kapellchens *Madonna dell'Aiuto* (Maria Hilf), worauf uns in *Marniga* wieder die kleine Piazza in Empfang nimmt.

Nützliche Informationen

Ausgangsort: Marniga (70 m), Fraktion der Gemeinde Brenzone. Der alte Ortsteil liegt etwas oberhalb der »Gardesana orientale« (Staatsstraße 249), zwischen Malcesine (9 km) und Torri del Benaco (12 km), von Garda 20 km. Gute Busverbindungen mit allen Orten am Ostufer; Haltestelle an der Uferstraße, von dort Aufgang ins Zentrum.

Parkplatz: Auf der kleinen Piazza; Übersichtstafel der Wanderwege.

Gehzeiten: Insgesamt 3¼ Stunden. Von Marniga nach Le Ca 1¾ Stunden. Abstieg nach Fasor 45 Minuten. Zurück nach Marniga 45 Minuten.

Unterkunft und Verpflegung: In Marniga *Gasthof-Pension Pace* (Mittwoch Ruhetag), Tel. 045/7 42 00 75. An der Uferstraße *Camping Primavera* (Tel. 045/7 42 04 21) sowie

(636 m) mit einem halben Dutzend Häuser, von denen einige als Feriendomizile renoviert sind. Die übrige Zeit ist das Nest ausgestorben. Früher lebten und arbeiteten hier im Sommer ganze Bauernfamilien. Bienengesumme. Irgendwo ruft ein Kuckuck. Rasten und schauen auf der Bank am Kirchlein. Davor ist ein Haken für die »barossole« fixiert. Am jenseitigen Ufer erkennt man Gargnano sowie das Sträßchen hinauf zum Lago di Valvestino. Von Marniga 1¾ Stunden.

Rückweg: In einer Viertelstunde wieder zur *Casa Vicari* (534 m). Jetzt links abwärts, mit der Wegnummer *655.* Nach 5 Minuten wird bei einer Rastbank die Straße Castelletto – San Zeno in Montagna gekreuzt. Der steile und grob gepflasterte Weg ist mit »E 7« markiert: Teilstück des Europäischen Fernwanderweges 7 von Lissabon über 3500 Kilometer nach Slowenien.

Castelletto und Biasa treten ins Blickfeld. Hinunter zum betonierten *Wasserreservoir* (links Hahn). Hier mündet Wegnummer 31 von Pai. Kurz danach nicht links vollends

Inmitten dichter Vegetation liegt, von Ölbäumen umgeben, der nur mehr teilweise bewohnte Weiler Campo am Aufstieg von Marniga nach Le Ca. Hier erobert sich die Natur langsam das einst kultivierte Gelände zurück.

im Gemeindegebiet Brenzone weitere Campingplätze und Hotels. In Marniga ein Lebensmittelgeschäft.

Auskunft: Azienda Autonoma di Soggiorno, I-37010 Brenzone, Via Colombo 4, Tel. 045/7420076.

Sehenswürdigkeiten: Am Südrand (1 km) von Castelletto in stimmungsvoller Umgebung die romanische Kirche *San Zeno* auf antiken Grundmauern. Das zweischiffige (jedoch dreiapsidiale), asymmetrische Innere birgt spätbyzantinische Fresken (u. a. Johannes der Täufer, Kain und Abel, Apostel) aus dem 15. Jahrhundert.

Karten: Freytag & Berndt-Wanderkarte 1:50000, Blatt 20 (Gardasee–Lago di Garda). Kompass-Wanderkarte 1:50000, Blatt 102 (Lago di Garda–Monte Baldo).

18 An der Riviera degli Olivi

Von Crero über die »Rocca dei Graffiti« nach Albisano

> Unschwierige Rundwanderung. Die Felszeichnungen sind am besten bei schräg einfallendem Licht früh am Vormittag zu erkennen.
> *Beste Jahreszeit:* Frühjahr und Herbst, auch im Winter. Im Sommer sehr heiß.
> *Reine Gehzeit:* 2¼ Stunden.

Seit 6000 Jahren kennt der Mittelmeerraum den Ölbaum – seit dem 8. Jahrhundert ist er am Gardasee heimisch und hat hier seine nördlichste Verbreitungsgrenze. Maximalen Ertrag liefert er nach zehnjährigem Wachstum – bis ins biblische Alter von 300 Jahren. Die fleischige, harte und bittere Frucht – zuerst grün, später schwarzblau – und das daraus gewonnene Öl sind für italienische Feinschmecker eine ähnliche »Wissenschaft« wie der Wein in seiner ganzen Vielfalt. Denn: »Olio di oliva« ist nicht gleich Olivenöl. Die feinen Nuancen machen es, Sorten wie beispielsweise Moraiola oder Correggiola. Früh geerntete, das heißt fingernagelgroße, Ende Oktober oder Anfang November handgepflückte Früchte sind nach der Pressung zwar im Ertrag um etwa 20 Prozent geringer als die im vollen Reifestadium (Januar/Februar) abgeschüttelten, haben aber einen niedrigeren Fettsäuregehalt und schmecken konzentrierter. Eine Faustformel: 10 Kilogramm handgepflückter Oliven ergeben höchstens 1,5 Liter »olio extra vergine di oliva« – Öl der ersten Qualitätskategorie, von insgesamt sieben des italienischen Lebensmittelgesetzes. Trotz des für den Ölbaum verheerenden Frostes 1984/85, durch den hunderttausende Bäume erfroren sind, und obwohl sich viele Bauern resigniert schnelleren wachsenden Kulturen wie dem Tabak zuwandten, spricht die italienische Landwirtschaft mittlerweile von Überproduktion. Oberhalb der Riviera degli Olivi, ab Torri del Benaco nordwärts, ruht silberne Stille über den Olivenhainen. Die Terrassenkulturen unterbrechen großflächig den Mischwaldgürtel aus immergrünem Steineichen-Strauchwerk, aus Hainbuchen und Kastanien. Zwischendrin Judasbäume *(Cercis siliquastrum)*, südeuropäische und orientalische Mimosengewächse. Die Wärme hält sich bis in den Winter. Der Wasserspiegel reflektiert sie wie ein Parabolspiegel.

Noch vor einem Jahrhundert streiften Wölfe und Bären durch die unwegsamen Flanken des Baldostockes und lieferten erregten Gesprächsstoff in den Spinnstuben, wo fleißige Frauen aus den Kokongespinsten des Maulbeerspinners *(bombyx mori)* Seide gewannen. Die Weibchen dieses ostasiatischen Falters hinterlassen in wenigen Tagen 300 bis 700 Eier an den Zweigen des Maulbeerbaumes. In der Seidenraupenzucht läßt man die Tiere ihre einen Millimeter langen Eier in kleinen Pappkäfigen ablegen. Nach 10 bis 15 Tagen schlüpfen die Raupen. Sie werden in temperierten Zuchtkästen gehalten, mit frischen Blättern des Maulbeerbaumes gefüttert und sind in etwa vier Wochen verpuppungsreif. Nach dem Verpuppen tötet man die Tiere durch heißen Dampf und wickelt den Kokon ab. Die Auswanderungswelle Ende des 19. Jahrhunderts brachte diesen Erwerbszweig vollkommen zum Erliegen. Das Haupteinkommen lag vor dem Einsetzen des Tourismus in den späten fünfziger Jahren – abgesehen vom Fischfang – in den Olivengärten. Auch das ist Geschichte!

Felszeichnungen auf der »Pietra Grande« bzw. der »Rocca dei Graffiti«, wobei die »Strichmännchen« vermutlich schon aus geschichtlicher Zeit stammen.

Der Wegverlauf

Tafeln erklären den »Einstieg« der Wege Nummer 40 (Albisano) und 41 (Punta San Vigilio) sowie den damit verbundenen Zugang zur »Rocca dei Graffiti«: Neben der *Trattoria Panoramica* ansteigen, den rot-weiß-roten Farbzeichen gehorchend. Die Linksabzweigung wenig später bleibt unbeachtet. Auf schönem Hangweg, der trotz hohen seitlichen Bewuchses immer wieder überraschende Ausblicke erlaubt, vorerst etwa 10 Minuten dahin. Aufpassen! Links führen Pfadspuren zu der von Eiszeitgletschern geschmirgelten »Pietra Grande«, der »Rocca dei Graffiti« mit den Ende der siebziger Jahre freigelegten, in den Fels gravierten Zeichnungen – Kreuz,

Leiter, Mühle, schematische Menschenformen – aus teilweise vorgeschichtlichen Epochen. Es handelt sich um eine kleine Kostprobe der insgesamt 3000 bisher entdeckten Zeichnungen auf rund 250 Felsen im Gebiet des Monte-Baldo-Stockes (siehe auch Tour 19). Das häufig als Motiv abgebildete Mühlespiel – es heißt am Gardasee »Merler« – definiert Ausilio Priuli, der eine Dissertation über urgeschichtliche Kunst verfaßte, so: »Gewöhnlich aus geschichtlicher Zeit stammende Darstellungen, die als Spiel eingeführt und später als Labyrinth verstanden wurden; in der Zeit der Kreuzzüge sah man darin ein Symbol für den idealen Weg ins Heilige Land.« Die Leiter könnte »den Aufstieg zum Himmel, die Vereinigung zwischen der irdi-

*Morgenstimmung bei der Kirche San Siro in Crero. Über dem Westufer erhebt
sich der Monte Pizzocolo.*

schen und der himmlischen Welt« (Priuli)
darstellen. Die sogenannten »Strichmänn-
chen« dürften aus dem Mittelalter stammen.
Weiter auf dem Hangweg, nach den Fels-
zeichnungen zu schließen sicher eine uralte
Verbindungstrasse. Etwa 5 Minuten später an
der Gabelung halblinks (Wegnummer 40).
Bachmulden werden traversiert, u. a. das *Val
della Frage* und das *Val San Felice,* dann das
Vallone. Jenseits des Sees grüßt der markante
Monte Pizzocolo, links unterhalb liegt die
Halbinsel Toscolano-Maderno. Unsere Rou-
te mündet bei den Villen von *Fittanze* in die
Asphaltstraße. Auf ihr rechts nach *Albisano*
(309 m), einer Fraktion von Torri del Benaco.
Von Crero 1 Stunde.
Der Name Albisano, Siedlungsareal römi-
scher Veteranen, wird von einem römischen
Adeligen namens Albucius abgeleitet. Der
Ort erscheint erstmals 1184 als »Albisanum«,
schreibt M. Franzoni 1964 in »Toponomasti-
ca veronese«. Eine Kirche gab es urkundlich

belegt bereits im 13. Jahrhundert in der Kura-
tie von Torri del Benaco; ab 1571 selbständige Pfarrei. San Martino stammt aus dem 18.
Jahrhundert. Das Gotteshaus bewahrt als
Schatz ein Bild des hl. Martin von dem Vene-
zianer Jacopo Palma d. J. (1544–1628), den
Tizian und Tintoretto in seiner Kunst beeinflußten.
Von der Kirche grandiose Blicke über den
Gardasee, besonders auf Torri del Benaco,
wo man 1978 eine steinzeitliche Wohnstätte
(ca. 2000 v. Chr.) und im See eine Pfahlbausiedlung entdeckte.
Rückweg: An der Westseite der Kirche abwärts, zwischen den Häusern durch, wenige
Minuten danach auf schmalem Weg zu drei
nebeneinanderstehenden Häusern. Von dort
dem Fahrweg etwa 5 Minuten folgen. Beim
hölzernen *Leitungsmast* spitzwinkelig rechts.
Am verlassenen Haus übernehmen uns wieder rote Farbzeichen. Mit *Wegnummer 41*
rechts und geradeaus auf dem angenehmen

Tiefblick von Albisano auf Torri del Benaco: links die Scaligerburg, rechts der Kirchturm von San Pietro e Paolo. Vom anderen Ufer grüßt die charakteristische Silhouette des Monte Pizzocolo.

Hangpfad durch die Terrassen der Olivengärten. Unbestellte Ölbäume wuchern breit aus, andere sind beschnitten, was im April und Mai geschieht.

Gletscherschliffe passierend, geht es nach einer Weile bergan. In Crero wird der Turm der 1713 erbauten Kirche San Siro sichtbar. Und 1 Stunde nach Albisano stößt man auf den Anstiegsweg. Links, abermals an den Felszeichnungen vorbei, zurück ins Dorf.

Nützliche Informationen

Ausgangsort: Crero (207 m), Fraktion von Torri del Benaco in beeindruckender, kanzelartiger Lage über dem Gardasee-Ostufer. Das schmale, asphaltierte Zufahrtssträßchen (1,6 km) zweigt 3 km nördlich von Torri del Benaco (200 m nach dem Campingplatz Spiaggia d'Oro) von der »Gardesana orientale« rechts ab.

Parkplatz: Bei der Trattoria Panoramica.

Gehzeiten: Insgesamt 2¼ Stunden. Nach Albisano etwa 1 Stunde. Rückweg 1¼ Stunden.

Unterkunft und Verpflegung: In *Crero Trattoria Panoramica* (Mittwoch Ruhetag). – In *Albisano* Hotels und Gasthöfe; Lebensmittelgeschäft an der zentralen Piazza Garibaldi bei der Kirche. Hotels und Campingplätze im Gemeindegebiet von *Torri del Benaco.*

Auskunft: Azienda Autonoma di Soggiorno e Turismo, I-37010 Torri del Benaco, Via Fratelli Lavanda 1, Tel. 045/7 22 51 20.

Anmerkungen: Die Wanderung kann auch in Albisano angetreten werden, regelmäßige Busverbindungen mit Torri del Benaco. – Von Torri del Benaco Autofähre ans Westufer nach Maderno.

Sehenswürdigkeiten: In Torri del Benaco eine *Scaligerburg,* erbaut 1883 von dem letzten Scaliger, Antonio della Scala. Ein *Museum,* dessen thematisch gegliederte Ausstellungssäle (Olivenverarbeitung, Fischerei, Schiffahrt) und dessen Dokumentation der

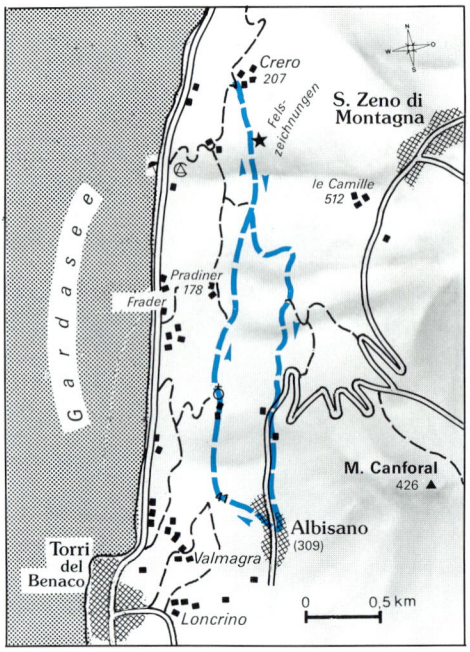

19 Prähistorie am Monte Luppia

Geheimnisvolle Felszeichnungen

Unschwierige Rundwanderung. Bei Nässe sollte das letzte Stück des Rückweges auf dem Hinweg gegangen werden. Die Felszeichnungen erkennt man am besten im schräg einfallenden Licht des Vormittags.
Beste Jahreszeit: Frühjahr und Herbst, auch im Winter möglich. Im Sommer sehr heiß.
Reine Gehzeit: 2¾ Stunden.

Die zum Teil prähistorischen Felszeichnungen nordwestlich von Garda, oberhalb von Brancolino in den Westflanken des Monte Luppia – er beschirmt die Bucht von Garda –, gehören nach denen im Val Camonica (nördlich des Lago d'Iseo) und am Monte Bego in den französischen Seealpen zu den bedeutendsten im Alpenraum. Sie wurden von Professor Mario Pasotti entdeckt und durch ihn ab 1964 systematisch und methodisch erforscht, was jedoch die elementaren Rätsel dieser Zeichen nicht löste. Zusammen registrierten Wissenschaftler bisher zwischen Malcesine und Marciaga bei Costermano in einem Gebiet von etwa 40 Quadratkilometern auf mehr als 250 Felsen rund 3000 Gravuren. Das ist zwar wenig, gemessen an den 100 000 im Val Camonica und den 40 000 am Monte Bego, indes sind die Motive der »Pietra dei Cavalieri« und der »Pietra delle Griselle« in ihrer Gestaltung einmalig.

Vor 3000 Jahren haben uns Menschen verschiedenartige Zeichen im Stein hinterlassen, auf grauen Kalkfelsen, die von dem Eiszeitgletscher – er hatte hier eine Mächtigkeit von 500 Metern – in der Gardaseefurche abgehobelt wurden. Sind es Mitteilungen, Botschaften, Nachrichten? Im Zusammenhang mit ihrem Glauben? Entsprangen die Bilder dem ewig menschlichen Drang nach Unsterblichkeit? In jedem Falle sind es Zeugnisse einer Kultur: älteste Kunstwerke der Menschheit am Gardasee. Eine Datierung ist nur annähernd möglich. Man weiß allerdings, daß in der Jungsteinzeit – sie endete gegen 1800 v. Chr. – »ein größerer Zustrom von Bevölke-

Felszeichnungen eine wertvolle Ergänzung des an Ort und Stelle Erlebten sind. Außerdem eine »Limonaia«, eines der ganz wenigen, noch intakten Gewächshäuser für Zitrusfrüchte am Gardasee; Besichtigungszeiten: Mai bis Ende Oktober 9.30 bis 13.00 Uhr, 16.30 bis 20.00 Uhr. – *Torre di Berengario* (Berengar-Turm) aus dem 10. Jahrhundert, in Ufernähe (Parkplätze) gegenüber der Bar Berengario. Daneben die 1723 geweihte, barocke Pfarrkiche *San Pietro e Paolo:* herausragend das prächtige Orgelgehäuse von Meister Angelo Bonatti aus Desenzano und die Rosenkranz-Madonna (zweiter Altar rechts) des Veronesers Felice Cignaroli (1723–1795). Am Hafen das 1452 im venezianischen Stil errichtete Gebäude des Hotels Gardesana, früher Sitz der »Capitani del Lago« bzw. der »Gardesana dell'Acqua« (siehe Tour 16), die im heutigen Speisesaal tagte.

Karten: Freytag & Berndt-Wanderkarte 1:50 000, Blatt 20 (Gardasee – Lago di Garda). Kompass-Wanderkarte 1:50 000, Blatt 102 (Lago di Garda – Monte Baldo).
Literatur: Vedovelli/Girardi, Torri del Benaco. Geschichte – Kunst – Umgebung. Erhältlich im örtlichen Buchhandel.

»Pietra dei Cavalieri« – eine der interessantesten Felszeichnungen am Monte Baldo, entstanden vor rund 3000 Jahren.

rungselementen« in das Gardaseegebiet kam, meint Dr. Fabio Gaggia, Mitarbeiter der Sektion Urgeschichte des Naturwissenschaftlichen Museums Verona. In diese Periode fällt zum Beispiel die Gründung von Torri del Benaco, von Malcesine und der »Rocca« bei Garda. In der darauf folgenden Bronzezeit – bis etwa 700 v. Chr. – »erleben wir eine wahre Bevölkerungsexplosion mit einer Vielzahl von mindestens hundert Siedlungsplätzen im Umkreis des Sees«. Torri del Benaco soll der Hauptort der Tulliassi (Tullier) gewesen sein, die Kaiser Claudius 46 n. Chr. auf der in Cles im Nonstal gefundenen »Tavola Clesiana« erwähnt. Ein Volk, das eventuell verwandt war mit den Etruskern und sich spätestens 100 v. Chr. dem Imperium gebeugt haben dürfte.

Der Wegverlauf

Zunächst im *Parco San Vigilio* auf breitem Weg zwischen den Ölbäumen. An der Wegekreuzung links, kurz danach erneut links, jetzt auf einem Pfad hinauf zum rotweiß-rot markierten Fahrweg: Wanderroute *Nummer 41* San Vigilio–Crero. Links weiter. Es öffnet sich ein anziehender Blick in die paradiesische, sagenumwobene Baia delle Sirene am Kap von San Vigilio und auf die Villa der gräflichen Familie Guarienti. Wir sind auf der *Strada dei Castei,* der alten Verkehrsader Garda–Torri del Benaco. Die Uferstraße bis Malcesine wurde 1839 eröffnet.

Nach insgesamt 10 Minuten geht es geradeaus auf dem steingepflasterten *Castei-Sträßchen.* Halblinks mündet ein Zugang von Brancolino an der »Gardesana orientale«. Die Eisenschranke passieren und in einer Art Hohlweg bergauf zu einem Querweg. Links durch die dschungelartige Vegetation einer Mulde. Wo sich die Markierung senkt, steigen wir halbrechts an. Aber nur etliche Schritte! Dann rechts (geradeaus direkt in 5 Minuten zur »Pietra delle Griselle«). Auf der kleinen Lichtung linkshaltend einem Pfad folgen, nun spürbar steiler. Abermals ergeben sich Tiefblicke auf San Vigilio. Wir erreichen eine *Aussichtskanzel* (Grenzstein). Vom Parkplatz eine halbe Stunde.

Ab hier links über den zypressenbestandenen Rücken parallel zu Grenzsteinen. Genußvoller Spaziergang über den Kamm, der im schwach gewölbten *Monte Bre* (303 m) gipfelt. Hundegebell führt uns zur *Casera Bre.* Vom Parkplatz 45 Minuten.

»Pietra delle Griselle«. Felszeichnungen mit Schiffsmotiven sind hauptsächlich in Skandinavien verbreitet, lassen sich hier aber durch den See erklären.

Wir nehmen den Fahrweg ostwärts, etwa 200 Meter. An der Linkskurve biegt unsere Route rechts ab. Einige Schritte hernach geht es links, zum Rand der 300 Meter hohen Abstürze über der glänzenden Bucht von Garda. Weiter schwach linkshaltend. Die unvergleichlichen Ausblicke halten an – bis auf die grasige Kuppe des *Monte Luppia* (416 m). Vom Parkplatz 1 Stunde.

Wir bleiben auf dem freien Kammrücken. Der Pfad trifft auf einen breiten Weg. Mit ihm links, geradeaus abwärts. Erst auf dem folgenden Querweg rechts. Bald sieht man links in der Tiefe die Dächer von Torri del Benaco. Vorbei an einem kleinen Viehstall in 10 Minuten nach *Le Sorte,* einem Ortsteil von Albisano. »La sorta« war das Los, das ausgediente römische Legionäre zogen, um ein Stück Land zu erhalten. Wir befinden uns auf antikem Siedlungsboden! Vom Parkplatz 1½ Stunden.

Scharf links einschwenken. Das Fahrsträßchen wird vom Hangmischwald aufgenommen. Die Ruinen der *Ca' Ezechiele* und ein Brunnen bleiben zurück. Etwa eine halbe Stunde nach Le Sorte, ab der *Ca' Bianca,* verschmälert sich der Weg. Und schon knapp 10 Minuten später erkennt man links auf dem von Wasserrillen perforierten Fels die Zeichnung eines Schiffes. Auch auf dem nächsten Fels ist ein Schiff eingemeißelt: links unten. Rechts davon die erste Attraktion: 12 berittene, lanzentragende Krieger in Kavalkade – entstanden vor beiläufig 3000 Jahren. Dieses

Motiv verlieh dem Fels seinen Namen: »Pietra dei Cavalieri«.

Die Schiffe des nächsten Felsens links am Weg sind leider kaum noch sichtbar. Motive von Wasserfahrzeugen besitzen Seltenheitswert im Alpenraum. Fällt Ihnen auf, daß sich sämtliche Segelschiffe – auch die »Kavallerie« – in Südrichtung orientieren?

Links erwartet uns die verhältnismäßig schmale, jedoch äußerst interessante »Pietra delle Griselle«. »Griselle« nennt man am Gardasee die Schiffs-Strickleitern (unterer Plattenrand). Oben, am rechten Rand, sind mehrere Stoßlanzen graviert, die größte ist 50 Zentimeter lang. Dazu gesellen sich menschliche Figuren, eine davon ohne Arme und Beine. Der Kreis, meint Dr. Gaggia, »stellt vielleicht einen Schild dar«. Er fährt fort: »Die hier dargestellten Stoßlanzen haben Ähnlichkeit mit bronzezeitlichen Lanzen aus dem Balkan und dem Donauraum« und schreibt die Bilder der Bronzezeit zu. »Unklar bleibt, ob die Darstellungen gleichzeitig entstanden sind.«

Weiter auf dem Hangpfad in wenigen Minuten zum vertrauten Herweg. Wo sich dieser rechts wendet (im Sinne der Rückkehr), läuft man geradeaus. An der Wegeteilung rechts. Wieder erwartet uns ein Aussichtsfleckerl über dem Golf von Garda. Der dem Gras entragende, glatte Höcker trug ebenfalls Felszeichnungen: einen prähistorischen Reiter, vergleichbar mit denen der »Pietra dei Cavalieri«, und eine »Mühle«, wovon aber die Verwitterung nichts mehr übriggelassen hat. Rechtshaltend senkt sich ein steiles Weglein. Wir kreuzen den Fahrweg (Strada dei Castei) und wenden uns jenseits rechts; durch den Parco San Vigilio zum Ausgangspunkt.

Nützliche Informationen

Ausgangspunkt: Parkplatz des Parco San Vigilio (80 m), 150 Meter nördlich der Einfahrt von San Vigilio (dort im Sommer gebührenpflichtiger, bewachter Parkplatz) an der »Gardesana orientale« zwischen Garda und Torri del Benaco. Bushaltestelle, gute Verbindungen.

Gehzeiten: Insgesamt 2¾ Stunden. Aufstieg zum Monte Luppia 1 Stunde. Abstieg und Rückweg 1¾ Stunden.

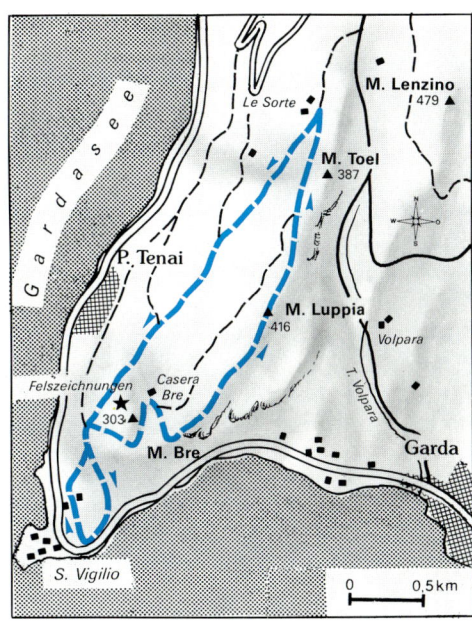

Unterkunft und Verpflegung: Exklusives Hotel in San Vigilio. Hotels und Alberghi in Torri del Benaco und Garda, ebenso Campingplätze. Nächster Campingplatz: San Vigilio, geöffnet von Ostern bis 20. Oktober, Tel. 045/7 25 51 93.

Auskunft: Azienda Autonoma di Soggiorno e Turismo, I-37010 Torri del Benaco, Via Fratelli Lavanda 1, Tel. 045/7 22 51 20.

Sehenswürdigkeiten: San Vigilio, einer der romantischsten Plätze am See. Prächtige Zypressenallee. Schloßähnliche Villa der Gräfin Guarienti (die mit dem Königshaus Savoyen verwandt ist), erbaut 1540 durch den Veroneser Architekten Michele Sanmicheli. Dazu gehört auf der Südseite eine »Limonaia« (Gewächshaus für Zitrusfrüchte). Malerischer kleiner Hafen, davor der Scoglio della Stella. Sehenswürdigkeiten im benachbarten Torri del Benaco siehe Tour 18, in Garda siehe Tour 20.

Karten: Freytag & Berndt-Wanderkarte 1:50000, Blatt 20 (Gardasee–Lago di Garda). Kompass-Wanderkarte 1:50000, Blatt 102 (Lago di Garda–Monte Baldo).

Literatur: Fabio Gaggia, Felsbilder am Monte Baldo. Selbstverlag der Cooperativa Archeonatura, Verona 1983. Erhältlich im örtlichen Buchhandel.

20 In der Bucht von Garda

Über die »Rocca« zu den Eremiten

Unschwierige Rundwanderung mit
Badegelegenheit.
Beste Jahreszeit: Frühling und Herbst,
auch ganzjährig.
Reine Gehzeit: 3¼ Stunden.

Südöstlich der anmutigen Bucht von Garda
schnellt über mediterraner Vegetation die
felsgegürtete »Rocca« empor – 250 Meter
höher. Sie markiert die westlichste Kuppe des
Monte-Sairo-Vorgebirges, eines Geländerie-
gels, dessen Nordflanken bewaldet sind. Von
diesen Höhen stieg der Name Garda hinunter ans Ufer. Vielleicht stand auf der Warte
schon im 5. Jahrhundert die Burg Hilde-
brands, des sagenhaften Heerführers des Ost-
gotenkönigs Theoderich: »Hiltbrant bin ich
geheißen und bin von Garten auch geborn«,
liest man in der Heldensage des »Dietrich
von Bern« (= Theoderich).
Die Annahme, »Garten« habe sich aus dem
Germanischen »wardon« (beobachten) entwickelt, findet zahlreiche Befürworter. Karl
Felix Wolff hingegen schreibt, Garda bedeu-
te »Einfriedung, Garten, Grundstück« und ist
»sicher indogermanisch«. Oder spielt bei der
Namensgebung die schöne, blauhaarige
Wasserfee »Engardina« eine Rolle?
Verzichten wir auf eine gründliche Etymolo-
gie! Bewiesen sind ein keltisches Heiligtum
sowie eine langobardische Burg auf der
»Rocca« und zu ihren Füßen ein Pfahlbaudorf, dem eine antike Siedlung folgte. Der
Langobardenkönig Luitprand erwähnt in der
ersten Hälfte des 8. Jahrhunderts eine »civitas
gardensis«, dem das »territorio gardense« unterstand, das Land zwischen Etsch und See.
Karl der Große, Eroberer des Langobardenreiches (773–774), erkor Garda zum Sitz einer von der Mark Verona unabhängigen
Grafschaft, nach welcher der See seinen end-
gültigen Namen erhielt. Die Befestigungen
der »Rocca« griffen bis ans Ufer, schlossen
die Kirche ein, an deren Stelle die Burgkapel-
le vermutet wird.
Nur 500 Meter Luftlinie östlich der von Waf-
fenlärm und Gewalt geprägten »Rocca«, auf
dem Monte San Giorgio, dem höchsten
Punkt (305 m) des Vorgebirges, herrscht seit
1663 fromme Stille: Camaldolenser leben
dort getreu den benediktinischen Regeln des
hl. Romuald, ihres Ordensgründers im Jahre
1012. Ein Besuch der Eremiten führt uns eine
ganz andere Welt vor Augen als die am See,
eine Welt ohne Phrasen und Oberflächlich-
keit, bar jeglicher Gewinn- und Konsum-
sucht, eine Ruhe, die jedem zu denken geben müßte. Eremo Monte Giorgio gehört zu
den nachhaltigsten Erinnerungen am Gardasee!

Der Wegverlauf

Vom *Piazzale Roma* geht es links von der
Pfarrkirche durch die *Via San Bernardo*. Bei
der Straßengabelung vor dem Friedhof
rechts, etwa 150 Meter danach abermals
rechts (Via degli Alpini). Ein Stichpfad führt
rechts in 5 Minuten zur *Madonna del Pign* in
kanzelartiger Lage über Garda.
Anschließend weiter auf der *Via Rocca* in
den Paßsattel zwischen Monte San Giorgio
(links) und der »Rocca«; von Garda 35 Minuten. Aus dem Sattel rechts. Im Fels gähnen
zwei Höhlen, »*Canevini*« genannt, wo früher
Wein lagerte. Sie sind miteinander verbunden, dienten im letzten Weltkrieg deutschen
Truppen als Luftschutzbunker und weisen
ein Guckloch nach Süden auf.
Dem breiten felsigen Weg folgen. Die Tor-
burg ist seit den dreißiger Jahren verschwunden. Zwischendurch sind Wagenrillen erkennbar. Mauerreste zeugen von der einstigen Burg, wahrscheinlich die größte am See.
Dort trutzte Graf Turrisendo dei Turrisendi
heroisch fast fünf Jahre lang, von 1158 bis
1162, der Belagerung des deutschen Kaisers
Barbarossa im Kampf um die Lombardei.
Rechter Hand ist der Hang künstlich in
schmale Terrassen gestuft.
Wir schlendern zum südlichen Saum, den
Schützengräben durchziehen. Ein Fels erweckt Interesse. Der ausgemeißelte Absatz
heißt bei den Einheimischen »Sitz der Adelheid«, Gattin von König Lothar, der 950 in
Turin eines rätselhaften Todes starb. Es hieß,
er sei auf Anordnung Berengars II. vergiftet
worden. Der Markgraf von Ivrea, Enkel des
915 zum Kaiser gekrönten, 923 durch Rudolf

Die in der Theoderich-Sage eine Rolle spielende Rocca von Garda. Links davon, nach der Einsattelung, folgt der Monte San Giorgio mit dem Eremitenkloster.

II. von Burgund besiegten Berengar I., versuchte hemmungslos die Herrschaft des Großvaters zurückzugewinnen, was ihm nach dem Tode Lothars auch gelang. Um dessen Witwe als königliche Nachfolgerin auszuschalten, ließ er sie entführen, zwecks Ehe mit seinem Sohn Adalbert. Doch Adelheid widersetzte sich: unvorstellbar für das Mittelalter! Berengar ließ die Gefangene am 19. April 951 auf die starkbefestigte »Rocca« bringen. Trotzdem gelang der Zwanzigjährigen die Flucht nach Canossa, mit Hilfe eines vom Papst geschickten Mönches, so die Überlieferung. Und schon Ende des Jahres heiratete sie Otto I., der, wie der Kulturhistoriker Ferdinand Gregorovius (1821–1891) schwärmt, »von Schlachtenruhm glänzend, durch königliche Herrschaft und Weisheit ein zweiter Karl der Große, mit Waffengewalt von Deutschland« nach Italien gezogen war. Das Ehepaar empfing am 2. Februar 962 in Rom die Kaiserkrone.

Die Kuppe der »Rocca« (294 m) ist mit Eichen besetzt. Hier und dort stößt man noch auf altes Mauerwerk der im 16. Jahrhundert geschleiften und dem Verfall überlassenen Burg.

Wieder unten im Paßsattel, nimmt man nun die Ostrichtung: halblinks dem rot-blau-rot markierten Hangweg folgen. Rechts oben steht im Wald eine Turmruine. Selbst im Februar blüht es hier: Schneeglöckchen, Märzenbecher, Leberblümchen, Primeln. Wir gelangen zum kleinen, von Zypressen bewachten *Friedhof* der Eremiten. Etliche der Verstorbenen waren Polen. Das massive Steinkreuz kennzeichnete früher unumstößlich die klösterliche »Bannmeile« für weibliche Wesen. Der Sage nach soll weiland eine Gräfin in Jünglingskleidern ertappt worden sein, worauf sie der Papst exkommunizierte... Mittlerweile dürfen Frauen bis zur Pforte im überdachten Torbau, dürfen sich auf die abgewetzte Steinbank setzen. Eintreten in den *Eremo della Rocca* dürfen nur männliche Personen: Dienstag, Donnerstag, Samstag zwischen 8.30 und 11.30 sowie 14.30 und 16.30 Uhr. Von der »Rocca« 20 Minuten.

Auf mein Klingeln öffnet ein Camaldolense, in blauer Arbeitsmontur, mit Gummistiefeln und gestrickter Mütze. Wortlos führt er mich zur Doppeltreppe: »Madonna con Rosario« – die Marienstatue in der Nische. Die alte Georgskirche wurde 1532 zerstört. Auf ihren Ruinen entstand im 17. Jahrhundert der heutige Bau, einschiffig, ausgestattet mit 24 Nußbaumstühlen, die dem Raum etwas Wärme verleihen. Hier knien die acht Einsiedler, von der Morgenglocke gerufen, um 4.00 Uhr früh zum ersten Gebet, von 6.00 bis 7.00 Uhr nach Meditation in der Zelle, zur hl. Messe. Das Altarbild zeigt den hl. Georg im siegreichen Drachenkampf, flankiert von Skulpturen des hl. Romuald und des hl. Benedikt. Die rechte, dem Ordensvater geweihte Kapelle wird »Del Capitolo« genannt: Besprechungsraum wichtiger Klosterangelegenheiten vor dem Bild San Romualdos, den Palma d. J. malte. Hinter der Kirche reihen sich beiderseits einer Wiese jeweils vier Häuschen, spartanisch eingerichtet mit dem, was ein Mensch braucht zum Leben... Um 8.00 Uhr wird das Frühstück vom diensthabenden Koch gereicht, nach dem Kirchgang um 12.00 Uhr das Mittagessen, nach dem Gebet um 19.30 Uhr der Abendimbiß – alles fleischlos. Zwischen den Mahlzeiten und Gebeten, außer der Mittagsruhe bis 14.00 Uhr, geht jeder seiner Arbeit nach, hauptsächlich landwirtschaftlicher Tätigkeit an den Rebkulturen und Ölbäumen. Fragen beantwortet mein Begleiter mit Nicken oder Kopfschütteln. »Che bello«, entschlüpft es mir am gemauerten Aussichtsplatz. Er schaut auf Garda, als gäbe es den Ort gar nicht.

Das große Gebäude birgt die Küche, einen Speisesaal für besondere Festtage, eine Badeanlage und die Bibliothek. Der Verbindungsgang zum Empfangssaal stammt aus der Zeit (1962–1972), als das Bistum Verona die Anlage für ein Priester- und Laienseminar benutzte, weil die Mönche wegen Nachwuchsmangel ausgezogen waren. Abgesehen von dieser Unterbrechung und dem durch Napoleon 1797 verursachten Exodus bzw. dem Wiedereinzug 1885, ist die »Rocca Nuova« seit 1663 von den weißgekleideten Camaldolensern besetzt.

Beim Hinausgehen darf ich noch ins Pförtnerstübchen gucken, bekomme ein deutschsprachiges Faltblatt und zwei Romualdo-Heiligenbildchen in die Hand gedrückt, eins für meine Frau, die draußen wartet. Und da fragt der Bärtige sogar, wo ich herkomme. Augsburg kennt er nicht. Als ich ihm erkläre, daß es 60 Kilometer von München entfernt ist, huscht der Anflug eines verstehenden Lächelns über die strenge Miene. Hat er dabei gar ans Oktoberfest gedacht...?

Abstieg: Auf dem Fahrweg (Strada dell'Eremo) östlich, begleitet von herrlichen Ausblicken. Nach einer Viertelstunde einen Bauernhof passieren. Noch 200 Meter auf dem Schottersträßchen, dann scharf rechts ab, zwischen Weinpergolen und Buschwerk. Nordwestlich spitzt hinter strengen Zypressenkonturen der Kirchturm des Eremo hervor. Etwa 5 Minuten später linkshaltend. Der betonierte Weg senkt sich zu einem aufgelassenen Bauernhof. Von dort zur nahen *Asphaltstraße* (Strada di Sem) und zum Komplex des Istituto Salesiano Tusini am Rand der Häusergruppe von *Rocca*. Vor Haus Nr. 3 links und abwärts. Bei einer steingefaßten *Quelle* (Rastbänke) erneut links, zu einem dreiflügeligen Gebäude. Auf dem Fahrsträßchen rechts, wenig später links mit der *Strada di Mure*, vorbei am gleichnamigen Haus (Ca' Mure). Die rechtsabzweigende Strada dell'Arca führt direkt zum See, wir indes schlendern geradeaus auf schönem Höhenweg und erreichen die *Via San Colombano*. Vor dem *Friedhof* rechts zur *SS 249* am nördlichen Rand des weinberühmten *Bardolino*. Vom Kloster 1¼ Stunden.

Jenseits der Uferstraße zum See. Hier lohnt sich links der Abstecher ins Zentrum des 807 erstmals als »Bardulino« erwähnten Ortes. Von der Scaligerburg ist kaum noch etwas zu erkennen, dafür bietet die romanisch-lombardische Kirche *San Severo* Außergewöhnliches, u.a. Fresken des 12./13. Jahrhunderts. Hinter dem Hochaltar liegt die langobardi-

Eremo della Rocca. Nur Männer dürfen die Doppeltreppe zur Kirche des Eremitenklosters hochsteigen und die Baulichkeiten in Begleitung eines Camaldolenser-Mönches besichtigen. Acht Einsiedler leben hier nach strengen Regeln.

sche Krypta aus dem 8. Jahrhundert. Den karolingischen Gegenpart von San Severo bildet *San Zeno,* etwa 200 Meter auf der Durchgangsstraße südlich, links im Gebäudekomplex Nr. 13 und 15. Die äußerlich unscheinbare, turmlose, ab dem 14. Jahrhundert lange Zeit aufgelassene, ursprünglich freskierte Kirche gilt als einziger erhaltener karolingischer, also vorromanischer Sakralbau der Provinz, als ältester Italiens! Der Grundriß entspricht dem eines lateinischen Kreuzes; Länge 16,60 Meter. Das Tonnengewölbe ruht auf sechs roten Sandsteinsäulen. Die Altartafel stellt San Zeno dar. Dreimal im Jahr findet in dem 1863 neu gesegneten Gotteshaus ein Hochamt statt: 12. April (San Zeno), 21. Mai (Ordinationsfest von San Zeno), 9. Dezember.

Rückweg: Vor dem Ufer rechts mit der *Passeggiata Rivalunga* entlang der Strände und Campingplätze in 20 Minuten zum *Hotel Sportsman.* Anschließend in weiteren 20 Minuten auf genußvollem Uferweg nach *Garda.*

Nützliche Informationen

Ausgangsort: Garda (67 m), 3500 Einwohner, an einer weitläufigen Bucht des Ostufers. Von der Autobahnausfahrt Affi−Garda Sud 10 km, von Torbole 46,5 km, von Peschiera (nächster Bahnhof) 17 km. Gute Busverbindungen. Schiffsanleger.
Parkplatz: An der Durchgangsstraße beim Busbahnhof oder gegenüber der Pfarrkiche.
Gehzeiten: Insgesamt etwa 3¼ Stunden. Ab Garda auf die »Rocca« knapp 1 Stunde. Von der »Rocca« zum Eremo della Rocca 20 Minuten. Abstieg und Rückweg etwa 2 Stunden.
Unterkunft und Verpflegung: Hotels, Gasthöfe, Ferienwohnungen in Garda und Bardolino. Zwischen Garda und Bardolino vier Campingplätze. Beim Rückweg am Ufer drei Kioske sowie Hotels.
Auskunft: Azienda Autonoma di Soggiorno, I-37016 Garda, Lungolago Regina Adelaide, Tel. 045/7 25 51 94.
Sehenswürdigkeiten: In Garda barockisierte Pfarrkirche *Santa Maria Maggiore,* rechts noch zwei Hälften eines Kreuzganges (14. Jahrhundert) erhalten. Am alten, zugeschütteten Hafen der venezianisch-gotische *Palazzo del Capitano* (15. Jahrhundert). Nahebei

Palazzo Carlotti (einstige Herren von Garda) mit fünfteiliger Loggia, dem Veroneser Architekt Sanmicheli zugeschrieben. Malerisches *»centro storico«* mit zwei Stadttoren.
Sehenswürdigkeiten der Umgebung: *Costermano* (4 km östlich): *deutscher Soldatenfriedhof* des Zweiten Weltkrieges mit 21 920 Gräbern, überführt aus 3000 Friedhöfen Oberitaliens. − *Punta San Vigilio,* siehe Tour 19. − *Cisano, Pfarrkiche Santa Maria,* ursprünglich romanisch (um 1130), neoklassizistisch verändert, u. a. an der Westfassade, über dem Biforienfenster rätselhafte langobardisch-karolingische Reliefplatten (9./10. Jahrhundert). − *Lazise,* besterhaltenes mittelalterliches Ortsbild am See, vollständig von Mauern umgeben (um 1370); Scaliger-Kastell. Am Hafen das ehemalige, 1990 restaurierte Zollhaus *(Vecchia Dogana Veneta)* sowie das romanische Kirchlein San Nicolo, mit beachtenswerten Fresken des 13./14. Jahrhunderts. Vor Lazise wurde im Frühjahr 1990 ein venezianisches Handelsschiff aus der zweiten Hälfte des 15. Jahrhunderts mit einem Kostenaufwand von 200 Millionen Lire gehoben.
Karten: Freytag & Berndt-Wanderkarte 1:50 000, Blatt 20 (Gardasee−Lago di Garda). Kompass-Wanderkarte 1:50 000, Blatt 102 (Lago di Garda−Monte Baldo).

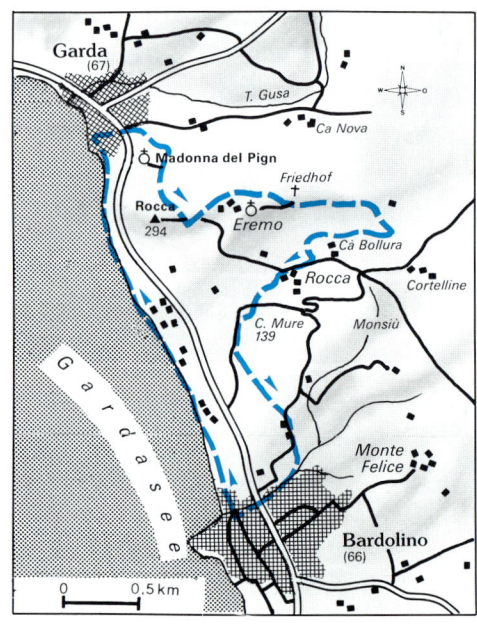

Der polychromierte Gebäudegiebel und die kunstvollen Freskofragmente im kleinen Museum des Archäologischen Parkes von Sirmione lassen den einstigen Prunk der »Grotten« anklingen.

21 Am Ende des Sees: Sirmione

Die »Grotten des Catull«

Unschwieriger Rundweg. Badegelegenheit.
Beste Jahreszeit: Ganzjährig, in den Sommermonaten starker Andrang.
Reine Gehzeit: Etwa 1 Stunde.

Der Name tönt wie verführerischer Sirenengesang im Zauber stimmungsvoller Gestade. Sirmione scheint in blauen Fluten zu schwimmen, märchenhaft, aus Frühnebeln wie eine homerische Szenerie auftauchend – »Kleinod unter den Inseln, gebettet durch Neptun in die klaren Wasser des Sees aber auch in die Weite des Meeres, wie gerne und mit welchem Wohlbehagen sehe ich dich wieder«, klingt es bei Catull für die Unvergleichliche am Kopf einer in den südlichen Gardasee ragenden, schlanken Halbinsel, »vom Wind des Südens frei, vom Sturm des Nordens und vom Frost im Mai...«

Gaius Valerius Catullus erblickte um 84

v. Chr. in Verona als Sproß einer wohlhabenden Familie das Licht der Welt. Auf Sirmione, wo sein Vater ein Landhaus besaß – dort soll einmal Julius Cäsar (100–44 v. Chr.) als Gast geweilt haben –, gab er sich dem Sonnenglast des Sees hin, so träumerisch wie seiner Liebe zu »Lesbia«: Konsul-Gattin oder Kurtisane?

In Rom huldigte der Zwanzigjährige hellenistischer Dichtung, wurde offenbar aufgezehrt vom leidenschaftlichen Sturm seiner Sinne und Gefühle, so daß ihm Sirmione eine Oase frei von Lust und Verzweiflung bedeuten haben könnte: »Sei gegrüßt, o wunderschönes Sirmione, und heiße den Herrn willkommen, und ihr, o lydische Wellen des Sees, freut euch, lächelt und laßt das Haus von Freudenschreien erschallen.«

Catull starb im Alter von 30 Jahren. Er hinterließ fast 120 Gedichte. Etliche sind in Sirmione entstanden. Doch allein daraus kann nicht gefolgert werden – wie es Humanisten zu tun pflegten –, die Baulichkeiten an der Halbinsel-Spitze seien Reste der Villa des Catull, zumal das Vorhandene in der Kaiserzeit mehrfach erweitert wurde. Die phantasievolle

Umschreibung »Grotte di Catullo« geht auf den venezianischen Chronisten Marino Sanudo zurück, der im »Itinerario per la terraferma veneta«, verfaßt 1483, Sirmione »Land des Catull« nannte und die Ruinen »Grotte«.

Das Rätsel konnte weder der französische Offizier Melliny lösen, dem wir den ersten Grundriß verdanken (1801), noch der veronesische Gelehrte Giovanni Girolamo Orti Manara, der 1856 mit Grabungen begann, noch die »Soprintendenza alle Antichità della Lombardia«, die ab 1941 unter ihrem verdienstvollen Chef Nevio Degrassi und dessen Nachfolgern die Grabungen fortsetzte. Die Arbeiten wurden 1972 abgeschlossen.

In jedem Falle handelt es sich um römische Zeugnisse. Die Professorin Mirabella Roberti bringt es auf folgenden Nenner: »Überreste eines großen römischen Landhauses, des größten, organischsten Norditaliens.«

Rundgang

Am Eingang des Städtchens, an Stelle des römischen Osthafens, wird Macht repräsentiert in Form des gotischen *Castello degli Scaligeri*, erbaut von 1260 bis 1387; der Markus-Löwe über dem Eingang erinnert an die Erneuerung im 15. Jahrhundert unter venezianischer Herrschaft (1405–1797). Mustergültiges Beispiel einer Wasserburg, zusammen mit dem in Italien einzigartigen Hafen: ein ummauertes Becken (50×56 m), größer als die Grundfläche der eigentlichen Festung, was von der Turmplattform zu erkennen ist. Das Kastell, üblicherweise mit zwei Dutzend Waffenknechten besetzt und Teil des veronesischen Abwehrsystems gegen Mailand, besteht aus einem viereckigen Mauermantel mit drei Ecktürmen, vierstöckigem Palas an der Nordmauer und 30 Meter hohem Bergfried, dem »Mastio«. Die Zugbrücken über die 10 bis 12 Meter breiten Gräben wurden durch kettenähnliche »Schwungruten« bedient. Der trapezförmige Hof mißt in der Länge 40 Meter.

Die Wasserburg der Scaliger in Sirmione, erbaut von 1260 bis 1387, mit ihren typischen Schwalbenschwanzzinnen bewacht den Eingang in das »centro storico« von Sirmione. Früher war sie durch Zugbrücken gesichert.

Im innen offenen Südwestturm liegen Stein-kugeln, Geschosse für die Katapulte. Die Burg macht einen finsteren Eindruck. Mög-licherweise aber nur Gefühlssache, wenn man weiß, daß von hier aus Alberto della Scala am 7. November 1276 unter Androhung des Kirchenbannes von Papst Johannes XX. ein Massaker unter der Bevölkerung Sirmiones veranstaltete. Getötet wurden die sogenann-ten »Patarener«, die der Bischof Bernardo Olibo für seine Lehre gewonnen hatte. Diese religiöse Gemeinschaft verdammte die Ver-weltlichung des Klerus, Priesterehe und Äm-terkauf, d.h. das herrschende System der Amtskirche. Die in Sirmione überlebenden 177 Männer und Frauen wurden am 13. Fe-bruar 1278 in der Arena zu Verona öffentlich verbrannt, auf Wunsch von Papst Nikolaus III. Burg-Besichtigungszeiten: 9.00 bis 18.00 Uhr, Montag geschlossen; vom 31. Oktober bis 1. März von 9.00 bis 13.00 Uhr.

Die feste Brücke über den Kanaldurchstich, der den alten Borgo im 13. Jahrhundert zur Insel machte, entstand erst 1870. Gleich da-nach steht links das einstige Garnisonskirch-lein *Sant'Anna della Rocca*, rechts die Burg. Wir schwenken rechts in die *Via Dante* ein. Nach 50 Meter links, zur spätgotischen *Pfarr-kirche Santa Maria Maggiore* mit Portikusvor-bau; die linke Säule ist ein römischer Meilen-stein des 4. Jahrhunderts. Den Saalbau glie-dern innen drei Spitzbogenarkaden. Fresken schmücken die Wände.

An der »*Parrocchiale*« rechts vorbei und das mauernbewehrte »*castrum sermionense*« verlassen. Am *Strand* entlang. Im Nordosten grüßt der Monte Baldo. Schwefelgeruch steigt in die Nase, wie faule Eier. Neben dem Ufer sprudelt 69 Grad heißes Wasser, umge-ben von schwefelgelbem Schlamm. Benet-zen Sie vorsichtig Gesicht und Hände! Es verspricht ewige Jugend und Schönheit... Man sieht die Leitungsrohre zur 300 Meter entfernten, 19 Meter unter dem Seespiegel hervortretenden Schwefelquelle »*Boiola*«. Sie wird in etwa 2000 Meter Tiefe vulkanisch erhitzt, ist schriftlich seit 1546 nachgewiesen

Die sogenannten »Grotten des Catull« sind die Re-ste einer geradezu fürstlichen römischen Villa an dem aussichtsreichsten Platz der Halbinsel Sirmio-ne direkt am felsigen Ufer des Gardasees.

und wurde 1898 durch Überstülpen einer Glocke neu gefaßt. Mit Hilfe des Überdruk-kes von drei Atmosphären gelangt das Schwefelwasser hydraulisch an Land und zu den Badehäusern. Die »Boiola« dürfte bereits von den Römern genutzt worden sein, zu-mindest lassen dies Anfang des 19. Jahrhun-derts entdeckte Bleirohre vermuten.

Vor dem Restaurant linkshaltend durch einen Olivengarten hinauf zur Straße (Via Catullo) und rechts zum Eingang der *Grotte di Catul-lo*. Öffnungszeiten (außer Montag): April, Mai, Juni, September 9.00 bis 18.45, Kassen-schluß 18.00 Uhr; Juli und August 9.00 bis 19.45 Uhr, Kassenschluß 19.00 Uhr, sonst 9.00 bis 17.00 Uhr, Kassenschluß 16.00 Uhr. Vom Parkplatz eine halbe Stunde.

Rechts vom Tor sind im *Antiquarium* Fund-gegenstände zu besichtigen sowie ein Grundriß des bisher freigelegten Areals, »vielleicht Catulls Villa mit einschließend«, formuliert der kanadische Universitätsprofes-sor Alexander McKay zurückhaltend. Neue-ste Erkenntnisse weisen den ursprünglichen, auf der Südseite gelegenen Bau der Zeit zwi-schen 30 v. Chr. und 68 n. Chr. zu. Der Ge-samtkomplex, »eine umfängliche Peristylvil-la aus dem 2. Jahrhundert n. Chr.« (McKay), ist insgesamt 240,90 Meter lang und 105,40 Meter breit, insgesamt 20345 Quadratmeter gedeckter Fläche. An den Schmalseiten nörd-lich und südlich des symmetrischen Kernes (167,44×105,40 m) treten zwei rechteckige Baublöcke hervor. »Die Villa selbst scheint den üblichen Wohnbereich zu umfassen, der auf einen großen Gartenhof ausgerichtet war; der nördliche Baublock enthielt wahr-scheinlich einen zentralen Eßbereich mit ei-ner Pergola und beidseitig angrenzenden ›diaetae‹ [Wohnräume, Aufenthaltsräume]. Angesichts der julisch-claudischen und flavi-schen Neuerungen ist das Schema außeror-dentlich altmodisch und mag dem Ge-schmack eines hohen Militärs oder Senatsan-gehörigen jener Zeit, möglicherweise auch dem eines Kaisers in seinen alten Tagen ent-sprochen haben.« Als erstes begegnet uns an der Westfront der 159 Meter lange, auf 64 Arkadenpfeilern ruhende gedeckte Wandel-gang, bestehend aus zwei je 4,20 Meter brei-ten Gängen, für »Spaziergänge an schwülen Tagen«, so Mirabella Roberti, laut Reclam

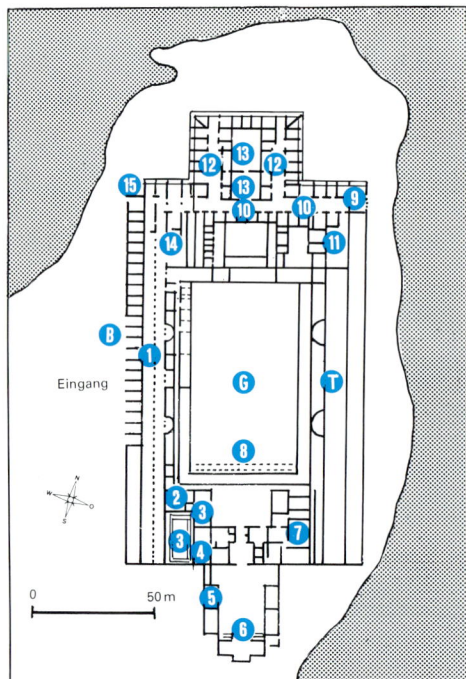

Eingang

0   50 m

1 Criptoportico (gedeckter Wandelgang), 2 Zisternen, 3 Bad, 4 Criptoportico degli stucchi (stuckierte Säulenhalle), 5 Bad-Zisterne (»Bagno«), 6 Villa-Eingang mit Brunnennischen, 7 Mosaikfußböden, 8 Ziegelfußboden über der großen, unterirdischen Zisterne, 9 Triforo del paradiso (dreibogiges Fenster), 10 Lungo corridoio (langer Gang), 11 Aula a tre pilastri (Raum der drei Säulen), 12 Corridoi (Gänge), 13 Aula dei giganti (Raum der Riesen), 14 Grotta del cavallo (Höhle des Pferdes), 15 Grande pilone (großer Pfeiler), B Botthege (Läden?), G Gartenhof, T Terrasse mit Kolonnaden

Kunstführer ein »Vorratskeller«. Die außenseitigen, kammerähnlichen Räumlichkeiten werden als »Botteghe« (Läden) gedeutet. Hinweisschilder bezeichnen die anderen Räume (siehe Plan).

Naturnähe und Augenweiden vermittelt das olivenbestandene Plateau, die Plattform der Villa: 97 Meter über der Brandung, die sich an den Felsen bricht.

Rückweg: Kurz der *Via Catullo* folgen, dann rechts und durch die *Via San Pietro* zur gleichnamigen Kirche auf dem höchsten Inselpunkt (103 m), als langobardisches Gotteshaus anno 765 geweiht. *San Pietro in Mavine* entstand Anfang des 11. Jahrhunderts: es ist der älteste Sakralbau Sirmiones. Im Inneren treten sofort die Ende des 13. Jahrhunderts spätromanisch-frühgotisch ausgemalten

drei Apsiden – thronende Madonna, Jüngstes Gericht und Majestas Domini, Kreuzigung – ins Auge. Weitere Fresken, einfacherer Art, lassen teilweise vier verschiedene Schichten erkennen, bis in die Spätgotik (1525). Neben der Kirche erinnert die 44 Zentner schwere, 1955 aufgestellte *Glocke »Julia«* an die Gefallenen Italiens. Ihr Geläute erklingt an Nationalfeiertagen und bei Sturmgefahr.

Von hier abwärts, und links zum *Thermalkurhaus* mit seinen schwefel-, salz-, brom- und jodhaltigen Quellen für Erkrankungen der Atemwege und der Haut, Arthrose, Rheuma, Frauenleiden. Gegenüber befindet sich die Heilstätte für rhinogene Taubheit, hervorgerufen durch Nasen- und Rachenerkrankung; übrigens das erste (1948) und einzige derartige Zentrum Italiens.

Abschließend auf der *Via Vittorio Emanuele* durch die malerische Altstadt.

Nützliche Informationen

Ausgangsort: Sirmione (68 m), Provinz Brescia, 4800 Einwohner. Von der Autobahn 13 km, von Desenzano 9 km (nächster Bahnhof), von Verona 35 km, von Brescia 40 km. Gute Busverbindungen. Schiffsanleger.
Parkplätze: Vor der Altstadt.
Gehzeit: Hin und zurück etwa 1 Stunde.
Unterkunft und Verpflegung: Insgesamt 70 Hotels und Alberghi mit rund 3000 Betten. *Camping Sirmione,* im Ortsteil Colombare, geöffnet 1. April bis 30. September, Tel. 0 30/9 11 02 45. Weitere Campingplätze um Peschiera und Desenzano.
Auskunft: Azienda di Cura e Soggiorno, I-25019 Sirmione, Viale Marconi 2, Tel. 0 30/91 62 45 oder 91 62 22.
Sehenswürdigkeiten der Umgebung: *Desenzano,* neben dem Postamt die *Zona archeologica della Villa Roma,* Museum sowie Grundmauern und berühmte Bodenmosaiken (240 m^2) einer römischen Peristyl-Villa aus der Zeit zwischen 286 und Mitte des 5. Jahrhunderts; 1991 Ausgrabungen noch im Gange. An der Kasse erhält man einen Grundrißplan mit italienischen Erläuterungen. Geöffnet April bis September 9.00 bis 18.30 Uhr, März und Oktober 9.00 bis 17.30 Uhr, sonst 9.00 bis 16.00 Uhr, Montag geschlossen. – *San Martino della Battaglia,* süd-

»Notte di Fiaba«: Märchennacht in der Altstadt von Riva, bewundert von der Bastion am Aufstieg zur Cappella Santa Barbara bzw. zum Einstieg der Via dell'Amicizia auf die Cima SAT.

lich von Sirmione bei der Autobahn-Anschlußstelle, 74 Meter hoher Turm (490 Stufen) als Ehrenmal der siegreichen franko-piemontesischen Truppen gegen Österreich 1859; Dienstag geschlossen. – In *Solferino* (17 km) ebenfalls Gedenkstätte der Doppelschlacht vom 24. Juni 1859, in der Österreich entscheidend geschlagen wurde und danach auf die Lombardei verzichten mußte. Insgesamt forderten die Kämpfe, grauenvoll wie nie zuvor, etwa 25000 Tote. Kriegsmuseum. Unweit davon das 1959 errichtete Rote-Kreuz-Denkmal. Öffnungszeiten San Martino und Solferino (außer Dienstag): 9.00 bis 13.00 Uhr, 14.30 bis 18.30 Uhr, Januar/Februar Samstag und Sonntag 9.30 bis 12.30 Uhr, 13.30 bis 17.00 Uhr.
Karte: Für den Rundgang nicht erforderlich.
Literatur: Attilio Mazza, Sirmione und der Gardasee. Edizioni Poiatti, Brescia. Im Ort erhältlich.

22 Riva del Garda: Im Schutz der Rocchetta

Zur Bastion und zur
Cappella Santa Barbara

Unschwierige Wanderung.
Beste Jahreszeit: Frühjahr, Frühsommer und Herbst, aber auch ganzjährig möglich. Im Sommer sehr heiß.
Reine Gehzeit: Aufstieg 1½ Stunden.

Mildes Klima, die windgeschützte Lage in der nordwestlichen Bucht des Gardasees, nachmittags der Schatten der scheinbar himmelhohen Rocchetta sowie günstige Verkehrsverhältnisse haben Riva zu einem beliebten Ferienort erhoben.
Man liest, der Name leite sich vom lateinischen »ripa« (Ufer) ab, weil die Römer hier

eine Nautik-Schule unterhalten haben sollen. Fest steht, daß Riva in deutschen Veröffentlichungen des 16. und 17. Jahrhunderts »Reif« heißt. Die achtunggebietende, viertürmige »Rocca« ist nach Sirmione die einzige Wasserburg am See. Sie wurde um 1370 unter den Scaligern errichtet, Herren in Riva von 1299 bis 1302 und 1349 bis 1387. Im Mittelalter wollte man den »portus a ponale« (einen der drei Hafensektoren) sichern. So entstand gegen 1200 der Torre Apponale, der 1555 auf 34 Meter erhöht wurde.

Im Türmerstübchen hätte der Philosoph Friedrich Nietzsche (1844–1900) gerne als Eremit gelebt, wie er sagte. Der Deutsche nächtigte im Albergo al Sole, an der Piazza 3 Novembre, wo heute fahrende Händler »billige« Lederjacken feilbieten, und Bus-Pauschalreisende den mit Schnellgaststätten und Souvenirläden gespickten Altstadtgäßchen zueilen. Früher schwadronierten hier Soldaten der Mailänder Visconti (ab 1388), Venedigs (ab 1440), später Österreicher, Franzosen, Bayern, Italiener und wiederum Österreicher – bis am 3. November 1918 italienische Truppen landeten und Riva endgültig zu Italien kam.

Franco Pasolli wirft als letzter aktiver Fischer noch seine Netze aus. Karpfen, Blaufelchen, Hecht, Barsch bereichern die Speisenkarte des Feinschmeckerlokals »Ristorante Bastione«: Il pesce di Franco Pasolli – Fisch aus Tagesfang, köstlich zubereitet von Anna Tonelli Dossi, der Mutter des Inhabers.

Legt man den Kopf in den Nacken und starrt empor zu den Abstürzen des Rocchetta-Massives, sind am schroffen Fels die hellen Mauern der Barbara-Kapelle auszumachen. Links davon durchreißen drei dicke Rohre der sechs Kilometer langen Druckleitung den Hangwald. Sie bringen Wasser vom 586 Meter höher gelegenen Ledrosee in das von 1925 bis 18. März 1928 erbaute Ponale-Kraftwerk an der Via Giacomo Cis. Es liefert 80 Millionen Kilowatt Energie. In Monaten geringen Strombedarfes pumpen die Turbinen des Elektrizitätswerkes das Wasser in den Ledrosee zurück. »Durch diese ständige Wasserentnahme und -zufuhr werden jedoch die Morphologie und das biologische Gleichgewicht des Ledrosees bedroht«, warnt Italo Gretter.

Der Wegverlauf

An der Westumfahrung Rivas, gegenüber dem Hotel Miravalle, zeigt ein Schild (»Passeggiata al bastione e Santa Maria Maddalena«) den Aufstieg durch die Via Bastione.

Mit dem asphaltierten Serpentinenweg bergan. Nach 10 Minuten an der Bar Pinetta vorbei, 5 Minuten später einen Aussichtsplatz (Kreuz) passieren. Kurz danach links weiter, auf Weg Nummer 404 in leichter Steigung zur Bastion (212 m). Erster umfassender Schauplatz. Von Riva 20 Minuten.

Den stattlichen Rundturm ließ Venedig 1508 errichten. Die »Serenissima« hatte 1439 durch den spektakulären Schiffstransport von der Etsch nach Torbole (siehe bei Tour 11) den Grundstein militärischer Herrschaft gelegt, mußte aber 1509 den Truppen des Triester Fürstbischofs Georg von Neydeck weichen. 1703 ließ Marschall Vendôme im Spanisch-Französischen Erbfolgekrieg die Bastion schleifen. Sie ist innen zugänglich. Hier wird am letzten August-Sonntag ein Feuerwerk abgebrannt: »Notte di Fiaba« – Nacht der Märchen. Es taucht Riva und den See, über den geschmückte Boote gleiten, in illusionistisches Licht und lockt alljährlich Tausende an. Der Sessellift von Riva zur Bastion ist längst demontiert, geistert aber immer noch durch das Schrifttum!

Hinter dem Turm weiter bergan im felsdurchsetzten Hang. Etwa 20 Minuten nach der Bastion betritt man einen breiten Weg. Auf ihm links. Nach wenigen Minuten zweigt unweit der Druckrohrleitung der »Sentiero Fausto Susatti« zur Cima Capi ab, an dem bereits 5 Minuten später Drahtseile den Klettersteig ankündigen. Wir indes gehen halbrechts zu einer Rückhaltemauer für Geröll. Am späten Nachmittag schläft Riva schon im Schatten des Berges.

Nach insgesamt 1¼ Stunden erfreut uns die zweite Aussichtskanzel in Form der Capanna Santa Barbara (560 m). Und als Krönung schon eine Viertelstunde später das Kapell-

Der Torre Apponale, zu dessen Füßen sich einst Salz- und Getreidemagazine und Wechselstuben Florentiner Banken befanden, beherrscht die Szenerie am Hafen von Riva.

*Der Jachthafen von Riva liegt etwas östlich der Altstadt, an der Straße nach Torbole.
Blick ins Hinterland.*

chen *Santa Barbara* (625 m), umgeben von im Boden aufgepflanzten Artilleriegeschossen aus dem Ersten Weltkrieg, als um die Rocchetta gerungen wurde. Die Kapelle verdankt ihre Entstehung den Abschlußarbeiten zum Ponale-Kraftwerk. Die Einweihung des Röhrentunnels 1925 hatte der zweiundsechzigjährige, in Gardona residierende Dichterfürst Gabriele d'Annunzio vorgenommen, bekannt auch wegen seiner Liaison mit der Schauspielerin Eleonora Duse, der besten Charakterdarstellerin ihrer Zeit.

Der Bergwanderer richtet sein Augenmerk südöstlich auf den Monte Baldo, nordöstlich zum Monte Stivo hin oder nordwärts auf den Monte Misone.

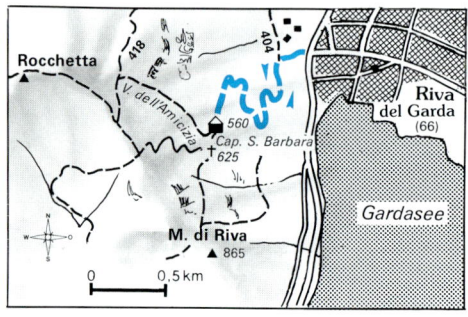

Nützliche Informationen

Ausgangsort: Riva del Garda (66 m), 8500 Einwohner, am nordwestlichen Ende des Sees. Von Trient 42 km, von Torbole 4 km, von Salò 43 km, von Brescia 74 km, von Bozen 94 km. Busbahnhof (Piazza Stazione) an der Ausfahrt nach Arco, gute Verbindungen mit allen Orten am Westufer, mit Torbole, Trient, Rovereto, Brescia. Schiffsanleger.

Parkplätze: An der Westumfahrung entlang der Straße. Am Hafen. Östlich der Altstadt beim Kongreßpalast (Palazzo dei Congressi) bzw. Parco Lido.

Gehzeiten: Insgesamt etwa 2½ Stunden. Aufstieg 1½ Stunden. Abstieg knapp 1 Stunde.

Unterkunft und Verpflegung: Zahlreiche Hotels, Gasthöfe und Ferienwohnungen. Jugendherberge *(Ostello Benacus):* Piazza Cavour 9, geöffnet vom 1. März bis 31. Oktober, Tel. 0464/554911. Zwei Campingplätze: *Bavaria,* Tel. 0464/552524 (keine Reservierung möglich); *Al Lago,* Tel. 0464/553186. Beide Plätze am Viale Rovereto in Richtung Torbole.

Unter den Speisegaststätten lobt Italiens Feinschmeckerpapst Luigi Veronelli die Restau-

rants *Al Volt* und *Bastione*. In der Via Maset-
to 6 (großer Parkplatz) das *Spaghetti-Haus*. In
der Via Maffei 7 die *Birreria Spaten* (bayeri-
sches Weißbier, Leberkäs). – Einkehr am
Wanderweg: *Bar Pinetta* (1. Mai bis Herbst);
Bastion (Ostern bis November); *Capanna
Santa Barbara* (Ostern bis Herbst an Sonn-
und Feiertagen, Quelle etwas oberhalb, siehe
den Hinweis »*sorgente*«).
Auskunft: Azienda Autonoma di Soggiorno e
Turismo, I-38066 Riva del Garda, Palazzo
dei Congressi, Tel. 0464/55 44 44.
Sehenswürdigkeiten: *Wasserburg (»Rocca«)*
mit Städtischem Museum (Museo Civico), geöffnet von Juni bis Oktober 10.00 bis 12.00
Uhr, 14.30 bis 18.00 Uhr; Montag geschlossen. Der kleine, sich nach dem Wind drehen-
de Blech-Engel – »*anzolim*« – auf dem Torre
Apponale ist das Symbol Rivas. Pfarrkirche
Santa Maria dell' Assunta (Piazza Cavour),
einschiffiger Barockbau von 1728, Hauptaltar aus Carrara-Marmor mit Lapislazuli-Intar-
sien. Dahinter das große Gemälde »Mariä
Himmelfahrt« von Giuseppe Craffonara aus
Riva, einem Hauptmeister des Klassizismus
im Trentino, der auch mit einer »Schmerzensmutter« vertreten ist. Rechts an die Kirche angebaut auf achteckigem Grundriß die
»Cappella del Suffragio«, stuckiert und fres-
kiert von Giuseppe Alberti. Neben der Kirche
(Piazzetta Craffonara) eine Büste des Malers
sowie ein antikes Becken (2. Jahrhundert).
Durch die Porta San Michele (13. Jahrhundert) gelangt man auf dem Viale Roma zum
bedeutendsten Barockbau des Trentino:
Chiesa dell'Inviolata, äußerlich schmucklos,
im achteckigen Innenraum prunkvoll ausgestattet und dekoriert; fünf Altäre. Werk eines
portugiesischen Architekten im Auftrag
(1603) des Gouverneurs von Riva-Arco,
Gaudenzio Graf Madruzzo.
Sehenswürdigkeiten der Umgebung: »*Cas-
cata del Varone*«, 2 km außerhalb im Ortsteil
Varone (Wegweiser in Riva: Molveno e Tenno), Bushaltestelle. Der 87 m hohe, beleuch-
tete und durch Steiganlagen zugängliche
Wasserfall im weichen Mergelgestein wurde
1876 für den Tourismus erschlossen.
Karten: Freytag & Berndt-Wanderkarte
1:50 000, Blatt 20 (Gardasee–Lago di Garda). Kompass-Wanderkarte 1:50 000, Blatt
101 (Rovereto–Monte Pasubio).

23 Beliebter Klettersteig an der Cima SAT

Auf der Via dell'Amicizia

Mittelschwierige »Via ferrata«. Vergleichbar mit dem Pisciadù-Klettersteig (Sella-
Gruppe), weniger anstrengend als die
»Via Attrezzata Rino Pisetta« am Monte
Garzolet (siehe Tour 7). Ausrüstung: doppelte Selbstsicherung mit Karabinern,
eventuell Seilsicherung, Steinschlaghelm,
Lederhandschuhe empfehlenswert. Vor-
ausgehende können Steinschlag auslö-
sen! Wandhöhe des Klettersteiges: knapp
700 Meter. An Wochenenden stark frequentiert. Rundtour.
Beste Jahreszeit: Frühjahr und Herbst,
praktisch ganzjährig. Im Winter kann
nordseitig Schnee liegen, dann muß östlich auf Weg Nummer 404 über die Cappella Santa Barbara abgestiegen werden.
Reine Gehzeit: Zum Gipfel etwa 3½ bis 4
Stunden.

Fragt man am Hafen einen Rivaner nach dem
»Sentiero dei Chiodi«, deutet er unmißverständlich hoch zur Rocchetta, in Richtung
der gut sichtbaren Cappella Santa Barbara.
Rechts der Kapelle zieht nämlich der Klettersteig durch die Wand der Rocchetta zur Cima SAT: östlicher Vorgipfel der Rocchetta
(1521 m) in den Ledro-Voralpen der Gardaseeberge. SAT ist die Abkürzung für »Società
degli Alpinisti Tridentini«, einer Sektion des
Club Alpino Italiano (CAI, siehe auch Tour
1). Als die SAT 1972 ihren hundertsten Geburtstag feierte, eröffnete sie zum Jubiläum
die »Ferrata Centenario SAT – Via dell'Amicizia« nach zweijähriger Bauzeit durch Mitglieder der SAT-Gruppe Riva. Gleichzeitig
taufte man den Gipfelpunkt des Steiges Cima
SAT, was ohne weiteres vertretbar ist im Hin-
blick auf die Verdienste um die Erschließung
und Pflege der regionalen Bergwelt. Der
»Freundschaftsweg« genießt unter den Klet-
tersteigen am Gardasee die größte Beliebtheit, nicht zuletzt infolge der stellenweise
atemberaubenden Steilheit und der rausch-
haften Sogwirkung der Tiefe. Vor dem Gip-
felglück warten allerdings 1200 Höhenmeter, die einen Vergleich mit westalpinen Di-

Als reizvollsten Effekt der Via dell'Amicizia empfindet man die dauernden schwindelnden Tiefblicke, in diesem Falle östlich über die Buchten des Gardasee-Nordufers nach Torbole…

mensionen zulassen – besonders bei Gluthitze, sofern man es nicht vorzieht, nachmittags einzusteigen, im kühlen Hauch der Ora. Selbst während der Winterszeit finden die »Himmelsleitern« regen Zuspruch!

Der Wegverlauf

Ab *Riva* (66 m) wie bei Tour 22 in 1¼ Stunden zur *Capanna Santa Barbara* (560 m). Anschließend auf Weg Nummer 404 noch 5 Minuten, dann rechts ab, eben dahin zu den gutgestuften *Einstiegsfelsen* (Gedenktafel). Vorher anseilen!

An Drahtseilen schräg links in felsiges, latschenbewachsenes Gelände. Markierte Pfadspuren schlängeln sich im Geröll hinauf zur ersten Leiter: 45 Meter, beinahe senkrecht, im zweiten Teil nach links versetzt, dort unterbrochen von einem Podest mit den Emblemen des SAT und CAI. Die Eisenkonstruktion scheint im Nichts zu enden – unter dem Himmel.

Die zweite Leiter mißt etwa 70 Meter. Sie wurde an die linke Seitenwand einer Verschneidung fixiert. Überhängend? Das Gefühl täuscht! Aber an manchen Stellen doch spürbar abdrängend! Den Rest des Anstieges sichern Drahtseile und vier kurze Leitern. Die letzte mündet bei der Stange mit der italienischen Fahne auf dem nur einige Quadratmeter umfassenden Fels der Cima SAT (1260 m). Vom Einstieg 2 bis 2½ Stunden.

Empfehlenswerter Abstieg und Rückweg: In

…und natürlich auf die dichtgedrängte Altstadt, die Wasserburg und den Hafen von Riva, das sich sozusagen unter den Sohlen des Kletternden ausbreitet.

wenigen Minuten hinunter (Drahtseil) in den westlich gelegenen Sattel. Dort sich rechts (nördlich) dem *»Sentiero Crazidei« (Nr. 418)* anvertrauen. Seine überwachsene Spur bringt uns zum aufgelassenen kleinen österreichischen *Kriegerfriedhof* des Ersten Weltkrieges. Danach senkt sich ein streckenweise ausgesetzter Serpentinenpfad durch den Wald in ungefähr 50 Minuten zum querverlaufenden, gepflasterten Weg *(Nr. 402)*. Es ist die alte Verkehrsroute Riva–Campi bzw. der historische Übergang Bocca di Trat–Valle dei Conzei–Ledrotal.

Rechts zur Ruine des mittelalterlichen *Torrione di San Giovanni* (440 m, im Inneren Freskoreste). Er bewachte den erwähnten Weg. In der Kaverne arbeitete eine österreichische Feldbäckerei für die Versorgung der Front an der Rocchetta und Cima Pari.

Weg Nummer 402 zieht nach einer Weile etwas oberhalb des Ristorante Santa Maria Maddalena vorbei, steil auf zementiertem Fahrweg. Wenige Minuten nachher halb rechts durch den Hangwald zum Asphaltweg, den man unterhalb der Bastion betritt. Abschließend in 10 Minuten nach *Riva*. Vom Gipfel 1½ bis 2 Stunden.

Ostseitiger Abstieg: Vom Gipfel hinunter (Drahtseil) in den westlichen Sattel. Jetzt links (südwärts) ansteigen auf dem *»Sentiero Crazidei«* (Nr. 418) zum Querpfad *Nummer 413*. Mit ihm links. Wenig später Rückblick zur Cima SAT. Vorbei an den Resten der *»Chiesa di Guerra«* (österreichische Frontka-

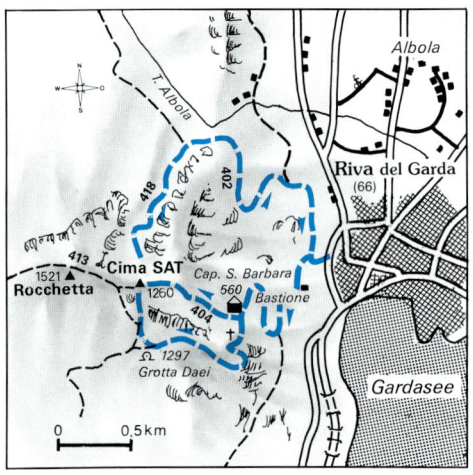

Spuren des Ersten Weltkrieges

Unschwierige, markierte Rundtour. Streckenweise (Bocca di Saval–Bocca di Trat, ein Stück drahtseilgesichert) Trittsicherheit und Schwindelfreiheit ratsam. Bei Altschneeresten gefährlich.
Beste Jahreszeit: Anfang Juni bis Herbst.
Reine Gehzeit: 3½ Stunden.

pelle) und in die mächtige Schlucht der *Grotta Daei* (1297 m). Kurz an Drahtseilen hinauf zur Weggabelung vor einem Felsdurchlaß. Hier links mit *Steig Nummer 404* zur Scharte vor dem Monte Riva. Abermals links (östlich). Die steile, schmale Trasse bringt uns in ein Schärtchen und dahinter (Leiter) zur *Cappella Santa Barbara* (625 m). In 10 Minuten zur *Capanna Santa Barbara* (560 m), von der es in flotter Gangart noch 45 Minuten nach *Riva* sind. Vom Gipfel 1¾ bis 2 Stunden.

Nützliche Informationen

Ausgangsort: Riva (66 m), siehe Tour 23.
Gehzeiten: Insgesamt gut 6 Stunden. Riva –Capanna Santa Barbara–Einstieg knapp 1½ Stunden. Einstieg–Gipfel 2 bis 2½ Stunden. Gipfel–Torrione di San Giovanni knapp 1¼ Stunden. Torrione di San Giovanni–Riva etwa 50 Minuten. Beim ostseitigen Abstieg etwa gleiche Gesamtzeit.
Verpflegung: *Bar Pinetta* (1. Mai bis Herbst), *Bastion* (Ostern bis November), *Capanna Santa Barbara* (Ostern bis Herbst an Sonn- und Feiertagen, »sorgente« etwas oberhalb), *Ristorante Santa Maria Maddalena.*
Bergrettung: In Riva, Tel. 520333.
Karten: Kompass-Wanderkarte 1:50000, Blatt 101 (Rovereto–Monte Pasubio).
Literatur: Höfler/Werner, Klettersteigführer Dolomiten (mit Brenta, Mendelkamm und Gardaseeberge). Bergverlag Rudolf Rother, München 1989.

Nordwestlich von Riva und Campi breitet sich ein vom Torrente Gamella durchflossenes Hochtal aus, das den schönsten Talschluß in der Umgebung des Gardasees bildet, abgeriegelt von der kühnen Felszackenreihe der Corni di Pichea. Die Hufeisenform der vielfach bis an die Kammränder dichtbewaldeten Mulde ist nach Südosten offen. Der südwestliche Kamm gehörte im Ersten Weltkrieg zur Südgrenze der k.u.k. Monarchie, nachdem die Strategen das Val di Ledro evakuiert und freiwillig Italien überlassen hatten. Blumenfreunde werden gewiß die Ohren spitzen und sicherlich auch neugierig werden, wenn sie vernehmen, daß dieser Kamm an Pflanzenschätzen sogar noch reicher ist als der namhaftere Monte Baldo! Mit dem Bau des Almgüterfahrweges in den sechziger Jahren und seiner weitgehenden Asphaltierung 1982 erschloß man das Gamellatal zaghaft für den Tourismus. Bei dieser Gelegenheit übernahm Campi die Capanna Grassi des SAT Riva. Sie war 1915 von österreichischen Soldaten gebaut worden, denn Campi diente als Nachschub-Stützpunkt für die Front zwischen Rocchetta und Bocca di Trat. Von Campi aus marschierten die ersten Verteidiger, das 348 Mann starke, aus drei Kompanien bestehende Standschützen-Bataillon Bozen unter Major Alois Oberrauch, am 22. Mai 1915 – einen Tag vor der Kriegserklärung Italiens – in ihre Stellungen oberhalb der Malga Grassi.

Das Tal hatte aber schon lange vorher eine geschichtliche Bedeutung, die wir uns nur noch schwer vorstellen können. Es war nämlich Teilstück der von prähistorischer Zeit bis 1851 (Fertigstellung der Ponale-Straße von

Nordwestlich des Rifugio Nino Pernici schließen die Corni di Pichea das vom Torrente Gamella durch-
flossene Hochtal ab. Hier ist ein anregendes Tourengebiet zu entdecken.

Riva ins Ledrotal) wichtigsten Verkehrs- und Kommunikationsader aus dem Ledrotal über die ab 1357 von Riva wehrhaft befestigte Bocca di Trat, bei der Wegzoll erhoben wurde, und über Campi–San Giovanni an den Gardasee, aber auch über den Passo Ballino nach Judikarien. Es ist nicht auszuschließen, daß die Kultstätte von San Martino damit zusammenhängt, denn Campi reicht als Siedlung in römischc Zcit zurück.

Der geschilderte Höhenpfad folgt einer Etappe des »Sentiero della Pace«. Dieser kriegshistorische, 1991 in seiner Gesamtheit durch Mittel des regionalen Arbeitsbeschaffungsprogrammes vollendete Weg verbindet das Stilfser Joch über 360 Kilometer mit der Marmolada. Wer dabei die *Cima Pari* (1991 m) in seine persönliche Gipfelsammlung aufnehmen möchte, muß sich auf einen mühsamen

Anstieg gefaßt machen: Ab der Baita Saval ostwärts etwa 10 Minuten mit *Weg Nummer 413* zu einem Rücken. Dort zweigen beim Markierungsfelsblock rechts Pfadspuren ab. Sie verlieren sich aber schon nach einer Viertelstunde gänzlich. Den Gipfelaufbau durch Gestrüpp und Buschwerk anpeilen. Die punktierte Route auf der Kompass-Karte entspricht nicht den tatsächlichen Gegebenheiten!

Der Wegverlauf

Von der *Capanna Grassi* (1050 m) südlich auf breitem Weg bergwärts – links im Tal die Malga Pranzo –, rechts an der *Malga Grassi* (1055 m) vorbei. Nach 10 Minuten an der Weggabelung halb rechts, bei der nächsten Teilung geradeaus und im Laubwald dem gut beschilderten Karrenweg folgen zu den Wiesen der *Bocca di Saval* (1740 m). Von der Capanna Grassi 1¾ Stunden.

Der kleine Tümpel, einst eine Viehtränke, trocknet im Sommer aus. Jenseits sieht man die Gebäude der Malga Saval (1692 m) am Weg von Pieve di Ledro. Nördlich des Sattels steigt der Dos da Trat (1840 m) an. Von der Kuppe senkt sich ein Rücken über den kreuzgeschmückten Monte Caret (1769 m) zum Monte Tomeabrù (1732 m): österreichische Frontlinie. Sie zog aus der Bocca di Saval auf dem Grat südöstlich zur Rocchetta, nördlich in die Bocca di Trat.

Etwa 5 Minuten vor dem Erreichen der *Bocca di Saval,* wo in einer Mulde das Mauerwerk österreichischer Kriegsbauten verfällt, gelangt man von den Wegzeigern links zur *Baita Saval* (1710 m), die zur Not Unterstand gewährt. Sie ging aus einer der Mannschaftsunterkünfte hervor, deren Reste erhalten sind, gefolgt von drei tiefen, 1916 ausgesprengten Felskavernen.

Bei den genannten Wegweisern sind wir auf den *»Sentiero della Pace«* (Nr. 413) gestoßen. Mit ihm setzt man die Tour nordwärts fort — nun als ausgesprochener Höhenweg. Um die felsige Ecke des Dos da Trat herum. Und schon wird die Trasse ausgesetzt, einige Minuten lang. Drahtseile sind vorhanden. Das Auge schweift nordöstlich zum markanten Monte Misone. Im Rückblick erscheinen Cima Pari und Cima Sclapa, als Abschluß des Kammes die Rocchetta.

Auf dem Höhenweg vergehen 25 Minuten, ehe hinter dem Rücken des Doss dei Seaoi eine ganz andere Szenerie erscheint: Corni di Pichea, auch »Guglie di Pichea« genannt, eine zerrissene, grasig-schrofige Riffbarriere. Links außen ist die Mazza di Pichea (Kreuz), am rechten Rand markiert der Corno di Pichea die höchste Erhebung.

Am Weg sind Kavernen aus dem Fels gesprengt. Unversehens taucht das *Rifugio Nino Pernici* (1600 m) auf, wo sich ebenfalls im Ersten Weltkrieg Unterkünfte befanden. An

Die Capanna Grassi, über ein asphaltiertes Sträßchen von Campi erreichbar, ist der ideale Ausgangspunkt für Unternehmungen in diesem Teil des Gardaseeraumes.

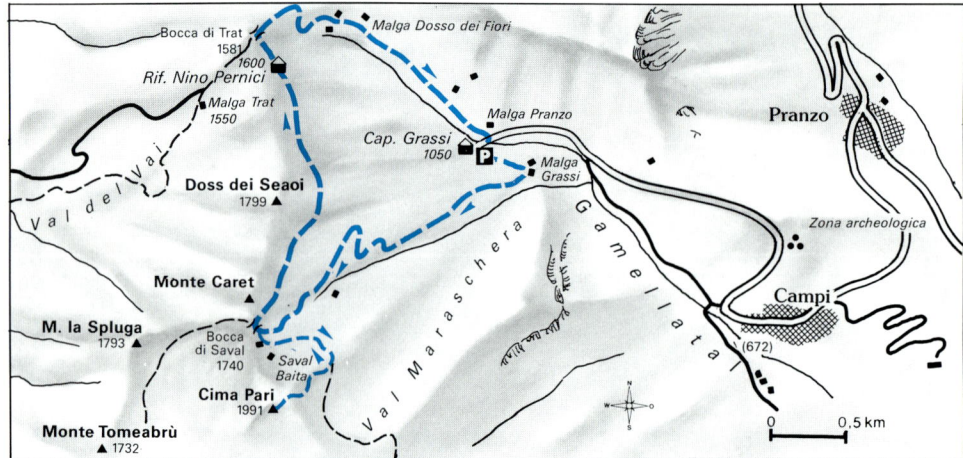

Wochenenden herrscht reger Betrieb, denn aus dem Valle dei Concei im Südwesten führt ein überwiegend asphaltiertes Sträßchen bis zur Malga Trat (1550 m). Die Hütte wurde 1989 vollkommen neu ausgebaut, erklärt uns der Wirt Rodolfo Corraini stolz. Die Speisenkarte könnte für die meisten Talgasthöfe ein Vorbild sein an landestypischen Gerichten: Polenta in den Variationen »capriolo«, »coniglio«, »selvaggina«. Das schmackhafte »Carne salada e fasoi« bedeutet: marinierte, gegrillte Rindfleischscheiben mit braunen Bohnen, die im Dialekt »fasoi« genannt werden. Außerdem »trippa« (Kutteln), Kraut, Gulasch, heimische Pilze. Von der Bocca di Saval 40 Minuten.

Abstieg: Kurz auf dem Fahrweg, dann halb links mit dem Pfad in die *Bocca di Trat* (1581 m). Drunten, bei der Malga Trat, besiegte Venedigs Condottiere Roberto da Sanseverino im Jahre 1440 mit 400 Infanteristen und 200 Reitern jene mailändische Streitmacht unter Francesco Piccinino, die zum Entsatz der von den Venezianern eingenommenen Stadt Riva anrückte. Die Kampfstätte heißt heute noch Valle dei Morti – Tal der Toten.

Wir dringen östlich ins Gamellatal ein, auf den Spuren des französischen Generals Medavi im Spanischen Erbfolgekrieg 1703. 1866 erschien hier ein Vorkommando von Garibaldi, um das »Risorgimento«, die italienischen Einigungsbestrebungen, bzw. die »Italianità« in dem von Österreich besetzten

Gebiet anzuheizen. In Campi warteten sehnsüchtig die »liberi falchi«, eine Patriotengruppe, die sich heimlich in den Farben Italiens kleidete.

Die Gebäude der einstigen *Malga Dosso dei Fiori* (1355 m, Unterstand) bleiben nach 15 Minuten zurück. Schließlich läuft der breite Weg aus auf den lieblichen Wiesenböden, bei denen uns der Fahrweg rechts zur *Capanna Grassi* zurückleitet.

Nützliche Informationen

Ausgangsort: Campi (672 m), 321 Einwohner, Fraktion der Gemeinde Riva. Von Riva über Pranzo 11 km, von Tenno 4 km. Busverbindungen mit Riva und Tenno. An der Hauptstraße alte malerische Häuser mit den hier typischen Holzbalkonen.

Ausgangspunkt und Parkplatz: *Capanna Grassi* (1050 m), Berggasthaus im Hochtal des Torrente Gamella. Bewirtschaftet von April bis Ende Oktober, im November an Sonntagen. Von Campi Fahrsträßchen (5 km, 3,4 km asphaltiert). Zu Fuß ab Campi etwa 1 Stunde: durch den Ort und 700 Meter taleinwärts. An der Rechtskurve geradeaus weiter, bis man auf das Fahrsträßchen stößt, auf dem es links 10 Minuten zur Hütte sind.

Gehzeiten: Insgesamt etwa 3½ Stunden. Capanna Grassi–Bocca di Saval 1¾ Stunden. Von dort zum Rifugio Pernici 40 Minuten. Abstieg etwa 1 Stunde. Der Abstecher zur Cima Pari dauert hin und zurück 1½ Stunden.

Bergrettung: In Riva, Tel. 52 03 33. Im Rifugio Pernici Meldestelle des Bergrettungsdienstes.
Unterkunft und Verpflegung: In Campi eine Bar. Hotels in Riva (s. Tour 23) und Tenno (s. Tour 25). *Camping Lago di Tenno* (4 km von Campi), geöffnet 1. Mai bis 30. November, Tel. 04 64/50 08 27. – *Rifugio Nino Pernici* (1600 m), SAT, unweit der Bocca di Trat, 30 Schlafplätze, bewirtschaftet vom 20. Juni bis 20. September, vom 1. bis 20. Juni an Wochenenden, Tel. 04 64/50 06 60. – *Capanna Grassi*, siehe Ausgangspunkt.
Auskunft: Azienda Autonoma di Soggiorno e Turismo, I-38066 Riva del Garda, Palazzo dei Congressi, Tel. 04 64/55 44 44.
Sehenswürdigkeit der Umgebung: »Zona archeologica« (850 m) nordöstlich von Campi, am Südosthang des Monte di San Martino. Zufahrt: auf dem Asphaltsträßchen 1,3 km in Richtung Malga Grassi zum Parkplatz. Von dort (Tafel) auf fast ebenem Hangpfad in 10 Minuten zu den Ausgrabungen. Informationstafel, u. a. Abbildungen der Funde. Auf der Kuppe Rastplatz, schöner Blick zum Tenno.
Das Mauerwerk, 1977 rekonstruiert, wird der Zeit zwischen dem 1. und 4. Jahrhundert n. Chr. zugeschrieben und gehört »mit größter Wahrscheinlichkeit einem Opferplatz« an, referierte Enrico Cavada anläßlich der Historikertagung der Arbeitsgemeinschaft Alpenländer (Arge Alp) 1986 in Salzburg. Die terrassenförmig auf zwei Seiten des Bühels verteilte Anlage »überlagert eine ältere Kulturschicht aus der jüngeren Eisenzeit und besteht aus mehreren länglichen Räumen, die eine zentrale erhöhte und nicht überdeckte Zone begrenzen«. Man erreicht sie von der Informationstafel über eine Treppe aus Granitplatten.
»Die Entdeckung zweier Plätze innerhalb dieses Komplexes, die auf Opfer hinweisen, mehrerer Votivtafeln aus Ton und Metall und einer erlesenen materiellen Hinterlassenschaft (Münzen, Anm. des Verf.), scheinen die Hypothese eines Kultplatzes zu unterstützen«, fährt Cavada fort, unter Berufung auf die 1983 publizierten Erkenntnisse des Archäologen Bruno Tibiletti.
Karte: Kompass-Wanderkarte 1:50 000, Blatt 101 (Rovereto–Monte Pasubio).

25 Auf sonniger Terrasse: Tenno

Über den Lago di Tenno nach Ballino

Unschwierige Wanderung. Badegelegenheit im Tennosee.
Beste Jahreszeit: Frühjahr bis Spätherbst, ansonsten ganzjährig.
Reine Gehzeit: 2½ Stunden.

Die Gemeinde Tenno, wo rund 1600 Menschen leben, liegt nördlich von Riva auf sonnigen Moränenterrassen, vegetationsreich und verwöhnt durch mildes Klima, beherrscht vom Monte Misone. Als erste Siedler werden im 6. Jahrhundert Langobarden angenommen. Kleinere prähistorische Wohnstätten der Umgebung könnten auf gallische Cenomanen hinweisen. Schließlich fand man in Varone einen Altar ihrer Gottheit Bergimus. Seit dem 12. Jahrhundert wacht die Burg Tenno am Verkehrsweg Gardasee – Passo Ballino – Judikarien.
Ein Ortsteil Tennos ist Ville del Monte, das wiederum in vier Fraktionen – San Antonio, Pastoedo, Calvola, Canale – zerfällt. Von diesen verdient Canale besondere Beachtung: malerisch gestaffelt am Hang, Urbild humaner, Nestwärme ausströmender Architektur. Häuser mit Torbögen und marmorgefaßten Portalen, schmale Steintreppen im Winkelwerk bilden das romantische Ambiente im »Borgo medioevale di Canale« – ein zauberhaftes ethnographisches Freilichtmuseum voll morbidem Flair, an der Nahtstelle zwischen mediterraner und alpiner Region.

Der Wegverlauf

Neben dem Waschbrunnentrog in *Canale* zu dem 1986 von einem Porzellankünstler eingerichteten Haus (50 Meter rechts die »Nuova Pinacoteca Europa«). Vor dem Haus links zur kleinen *Piazza Francesco Baraco*. Einige Schritte rechts, dann links und noch kurz dem *Weg Nummer 406* folgen. Anschließend geradeaus durch den Torbogen (Haus Nr. 23) und nun auf entzückendem Hangweg talein.

An der Wegeteilung gerade. Wenig später abwärts durch Strauchwerk und Gebüsch. Das Grün des Lago di Tenno springt ins Auge. Etwa eine Viertelstunde nach Canale gehen wir an der Gabelung halb rechts (gerade hinunter zum Rastplatz am Südostzipfel des Sees), begleitet von Natursteinmäuerchen, an denen rote Farbzeichen aufgepinselt sind.

Immer wieder Durchblicke auf den *Lago di Tenno* (570 m) und die kleine, baumbestandene Insel. Der vom Rio Secco genährte, 270 Meter lange, maximal 250 Meter breite und 50 Meter tiefe See entstand ungefähr 1400 v. Chr. durch einen Bergsturz. Jetzt beginnt der eigentliche Anstieg, rechts von einer Hochtalwiese. Die herumliegenden Brocken purzelten von den »Dossi«, die das Tal rechts säumen. Sobald man die Anhöhe (810 m) und gleichzeitig den höchsten Punkt der Wanderung gewonnen hat, erweitert sich das Blickfeld. Fünf Minuten später träumen links die *Laghisolli* (774 m), rechts folgt ein Waldarbeiterhüttchen. Von Canale 1 Stunde.

Über eine Kuppe hinweg. Dahinter links von einer Wiese neben dem Waldrand her. Der Fahrweg leitet zum Gebäudekomplex der Ferienkolonie *Castil* (794 m; Brunnentrog). In dieser Lokalität ist eine Burg des 14. Jahrhunderts überliefert, zur Kontrolle und Verteidigung der Grenze nach Judikarien. Darunter versteht man die Landschaft (ital. Giudicarie) nördlich des Passo Ballino an der oberen Sarca und am oberen Chiese mit dem Hauptort Tione di Trento. Sie wurde früher nämlich unter der Oberhoheit der Trienter Fürstbischöfe von einem »Giudice« (Richter) verwaltet, der den Standestitel »Marchese« tragen durfte.

Das Asphaltsträßchen endet bei der Kirche Santa Lucia in *Ballino* (755 m), das aus einer mittelalterlichen Zollstation hervorging. Die Häuser stammen aus dem 17. und 18. Jahrhundert. Hier und dort sind noch gebietstypische Holzbalkone erhalten sowie offene Dachstühle, getragen von Steinsäulen.

Ausblick von Tenno in südliche Richtung über den Monte Tombio zu der alles überragenden Roccchetta. Der nach rechts verlaufende Grat führt in die Bocca di Giumella.

Die winkeligen Gäßchen zwischen alten Häusern und das damit verbundene heimelige Ambiente in Canale sind bis heute ein touristischer Geheimtip geblieben.

Nützliche Informationen

Ausgangsort: Canale (590 m), etwa 20 Einwohner, Ortsteil von Ville del Monte. Anfahrt von Riva über Tenno zum Albergo-Ristorante Zanolli (9,6 km) rechts an der Staatsstraße 421. Unweit davon, beim Albergo della Speranza, Bushaltestelle der Linie Riva–Ponte Arche.

Parkplatz: Beim Albergo Zanolli scharf rechts, auf der Straße 600 Meter, dann rechts unterhalb einige Parkplätze.

Gehzeiten: Insgesamt 2½ Stunden. Nach Ballino 80 Minuten, Rückweg 70 Minuten.

Unterkunft und Verpflegung: In Tenno zahlreiche Gasthöfe und Ferienwohnungen. *Camping Lago di Tenno,* geöffnet 1. Mai bis 30. November, Tel. 0464/500827. In Ballino die *Pizzeria da Lucio,* geöffnet 12.00 bis 14.00 Uhr und ab 17.00 Uhr, Dienstag geschlossen; die dazugehörige Bar ist durchgehend geöffnet. *Hotel Corona* (Mittwoch geschlossen). In Cologna di Tenno (links an der Straße Riva–Tenno) empfehlenswert die Trattoria *Piè di Castello,* für Auswärtige ein kulinarischer Geheimtip (»Carne salada e fasoi«). Am Herd steht Signore Benigni, umschwärmt von fleißigen Geistern. Obwohl Giorgio im Grunde genommen nur ein Menü anbietet, ist das Lokal Abend für Abend voll, deshalb unbedingt Tisch reservieren lassen (Tel. 0464/521065, Dienstag Ruhetag).

Auskunft: Pro Loco, I-38060 Tenno; Tel. 0464/500848.

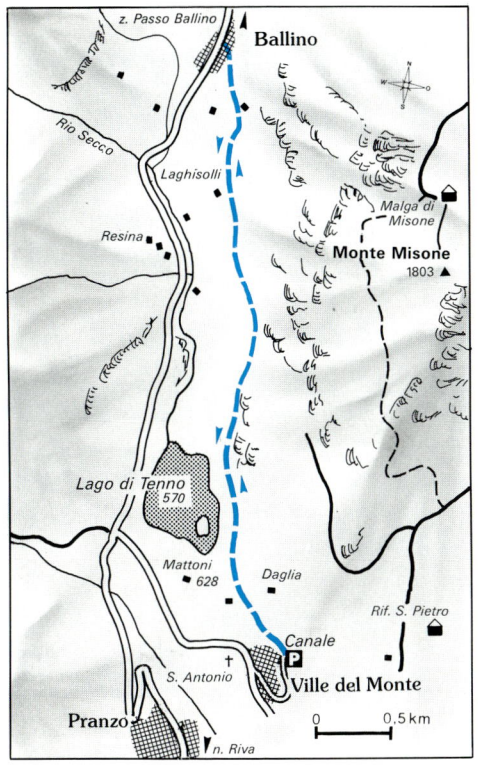

26 Eine Aussichtswarte ersten Ranges

Monte Misone, 1803 Meter

> Unschwierige Rundwanderung. Beim Abstieg stellenweise Trittsicherheit ratsam.
> *Beste Jahreszeit:* Ende Mai bis Spätherbst.
> *Reine Gehzeit:* 5 Stunden.

Von der Straße zwischen Riva und Arco betrachtet, wirkt der Monte Misone fast pyramidenförmig, gepanzert mit felsigen Südostabstürzen über dem Val di San Pietro. Keine Angst! Wir erwandern ihn von der abgewandten, zahmen Seite, vom Passo Ballino. Dieser schwach ausgeprägte Wiesensattel am Verbindungsstück Gardasee—Judikarien, nördlich vom Tennosee, zeigt nur bewaldete Flanken. Darüber wölbt sich der Gipfel in Form einer stumpfen Kuppe.

Seitdem die Comune Fiave den Fahrweg von Torbiera für den öffentlichen Verkehr gesperrt hat, ist wieder Ruhe eingekehrt. Das auf den Karten vermerkte Rifugio Monte Misone, eine Alm, mußte mangels Masse seinen Sommerbetrieb einstellen. Es bietet aber Unterstand, zur Not auch Nächtigung im Obergeschoß, was aber in der Regel nicht in Anspruch genommen wird.

Sehenswürdigkeit: *San Lorenzo* (367 m) im Ortsteil Cologna, rechts an der Straße von Riva (nahebei die Trattoria »Piè di Castello«) in prächtiger Hanglage. Die romanische Kirche lastet auf Grundmauern des 9. Jahrhunderts; von diesem Bau sind Reliefsteine an der Chor-Außenwand eingemauert. Den Apsisschmuck schreibt der Trientiner Kunsthistoriker Niccolò Rasmo dem 11. Jahrhundert zu und wertet ihn als die bisher ältesten bekannten hochmittelalterlichen Fresken des Trentino. Hingegen stammen »Christus in der Mandorla« und »Jüngstes Gericht« (Apsis) aus dem Jahre 1348. – *Burg Tenno,* 12. Jahrhundert. Privatbesitz, keine Innenbesichtigung. – In *San Antonio* an der Staatsstraße 421 die Pfarrkirche von *Ville del Monte:* San Giovanni Battista, 16. Jahrhundert. Vom Friedhof herrlicher Gardaseeblick. – Santa Lucia in *Ballino* siehe Tour 26.

Karte: Kompass-Wanderkarte 1:50000, Blatt 101 (Rovereto—Monte Pasubio). – Der Pro Loco Tenno (Verkehrsverein) verkauft eine brauchbare Wanderkarte 1:20000.

Der Wegverlauf

Am *Passo Ballino* (764 m) vom Parkplatz getreu dem Wegweiser auf einem Forststräßchen ansteigen, wobei sich bald Blicke südwestlich in das Tal des Rio Secco und zum Dosso della Torta über dem Talschluß ergeben.

Nach 45 Minuten die Linkskurve ausgehen. Nicht geradeaus! Wenige Minuten später zweigt rechts beim Wegweiser die rotmarkierte Wanderroute 432 ab, das heißt, sie nimmt oberhalb der Böschung den steilen Pfad. In etwa einer Viertelstunde zur nächsten Wegegabelung; Markierungsfelsblock. Nun in Serpentinen auf schmaler, überwachsener Spur (etwa 45 Minuten), worauf man einen Kahlschlag zu Füßen grauer Kalkwände betritt; Markierungsfelsblock unter einem abgesägten Baumstamm. Hier geht es links hoch, die Farbzeichen an den Bäumen su-

Von zahlreichen Standorten am nördlichen Gardasee erscheint der Monte Misone (links) als die dominierende Berggestalt mit entsprechender Anziehungskraft.

chend, zu der Wand, auf die jemand »*Misone*« in roter Farbe geschrieben hat. Jetzt wieder mit deutlichem Weglein empor zum Kammrücken (1641 m). Vom Parkplatz 2 Stunden.

Südlich erscheint die Kuppe des Monte Misone. Auf dem Querweg rechts die licht bewaldeten Hänge traversieren und über eine Wiese in den Sattel. An dieser Stelle mündet *Weg Nr. 412* vom Rifugio San Pietro (nördlich von Tenno). Linkshaltend durch Gras, vorbei an einem runden Tümpel – einst Viehtränke – zur *Malga di Misone* (1556 m). Vom Passo Ballino 2¼ Stunden.

Auf der Südseite der Alm erläutern rote Farbkleckse auf Steinen den Gipfelgang: offiziell Weg Nummer 412. Zunächst im Hang schräg ansteigen in Südrichtung. Nach 10 Minuten scharf links. Im Frühjahr sprießen Krokusse zwischen schmelzenden Firnfeldern. Im Nordwesten tauchen die Adamellogletscher auf. Streckenweise ohne Weg, aber gut markiert, bringt uns die Route an den verhältnismäßig weiträumigen Gipfel des *Monte Misone* (1803 m). Auf dem höchsten Punkt steht das 1973 geweihte kleine Eisenkreuz. Vom Passo Ballino 2¾ Stunden.

Adamello, Presanella, Cima Brenta heißen die Riesen im Nordwesten. Schwach südöstlich ist Arco zu sehen. Direkt im Osten der Monte Stivo, südöstlich das Rückgrat des Baldokammes. Um jedoch die Schau auf den Gardasee zu genießen, muß man auf die südöstliche Vorkuppe hinunterschlendern.

Abstieg: Auf dem Herweg in 15 Minuten zur *Malga di Misone* und in einer weiteren Viertelstunde zur Linksabzweigung des Aufstieges. Jetzt geradeaus, kurzer Gegenanstieg über einen stumpfen Grasrücken und zu einem 1973 erbauten Ferienhaus am Platz der ehemaligen *Malga di Fiave* (1605 m). Vom Gipfel 40 Minuten.

Nun dem Fahrweg folgen. Nach 5 Minuten mit dem Querweg links, abwärts in langen

Nach dem Steilanstieg vom Passo Ballino aus tritt plötzlich der Gipfelaufbau des Monte Misone ins Blickfeld; im Mittelgrund die stets offene Malga di Misone.

S-Kurven. Etwa 45 Minuten nach der Malga di Fiave ist an einer Rechtskurve links am Fels eine blaue *20* aufgemalt. In dieser Kurve links den Fahrweg verlassen. Auf einstmals breitem, inzwischen teilweise zugewachsenem und an verschiedenen Stellen abgerutschtem Weg läuft man eine halbe Stunde zum bekannten Aufstieg, der die letzten 20 Minuten in den *Passo Ballino* vermittelt.

Nützliche Informationen

Ausgangsort: Ballino (755 m), Fraktion von Fiave, 80 Einwohner. An der Staatsstraße 421 zwischen Riva (14,5 km) und Ponte Arche (24 km); schlechte Busverbindungen. Der Ort mit seinen typischen Häusern (Holzbalkone, offene Dachstühle) ging aus einer mittelalterlichen Zollstation hervor.
Parkplatz: Passo Ballino (764 m), 1,5 km hinter Ballino an der Staatsstraße 421. Wasserhahn vorhanden.

Gehzeiten: Insgesamt rund 5 Stunden. Zum Gipfel 2¾ Stunden. Abstieg über die ehemalige Malga di Fiave (40 Minuten) etwa 2¼ Stunden.
Unterkunft und Verpflegung: Siehe Tour 25.
Auskunft: Consorzio Pro Loco »Terme di Comano – Giudicarie Esteriori«, I-38077 Ponte Arche, Piazza Copere 2, Tel. 0465/72190.
Sehenswürdigkeit: In *Ballino* zweischiffige Kirche *Santa Lucia,* im Türsturz die Jahreszahl 1579. Beiderseits des Portals sowie im Tympanon arg beschädigte Fresken. Innen, an der rechten Altarraumwand ein Bild von 1581: Maria mit Kind und Heiligen, darunter auf der Leiste 12 Märtyrer. Das Bild links im Altarraum zeigt u. a. die hl. Lucia, als Hintergrund die Landschaft der 13 Kilometer nördlich gelegenen Hochfläche von Lomasa, wie sie damals aussah.
Sehenswürdigkeiten der Umgebung: *Dos Gustinacci* (645 m). Zufahrt: ab Passo Ballino 1,8 km in Richtung Fiave; Parkraum. Links

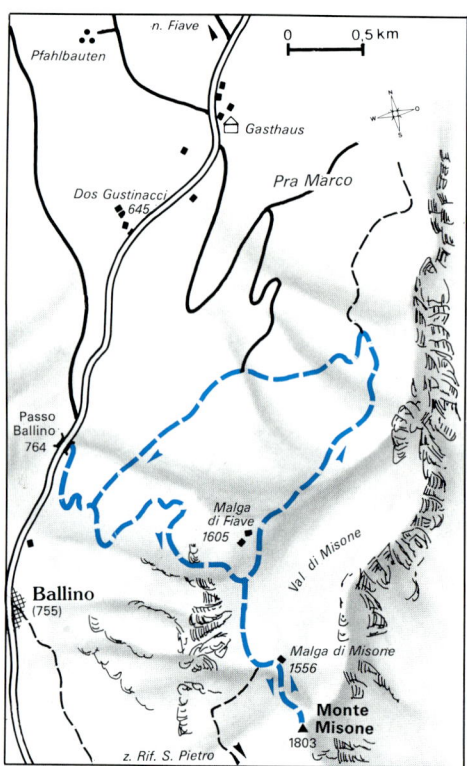

Am Rande des Adamello

> Unschwierige Rundwanderung.
> *Beste Jahreszeit:* Ende Juni bis Spätherbst.
> *Reine Gehzeit:* 3½ Stunden.

Die Adamellogruppe am Westrand der Provinz Trient steigt von eisigen Höhen über 3500 Meter hinab zu den Inneren Judikarien *(Giudicarie Interiori)* in den von Eiszeitgletschern ausgeschürften Talkessel von Tione di Trento, wo sich drei Gebirgstäler treffen: Rendenatal von Norden, Grenze zwischen Brenta und Adamello; Chiesetal von Süden, vom Lago d'Idro; Sarcatal von Osten, gleichbedeutend mit den Äußeren Judikarien *(Giudicarie Esteriori).* Das Sarcatal stellt dort eine periadriatische Naht (»Judikarien-Linie«) dar, das heißt eine geologische Trennungsfuge zwischen den tektonisch unterschiedlichen Zentralalpen und den Südalpen.

Tione, einst Taufort der Judikarien, ist das politische und wirtschaftliche Zentrum, von Touristen geschätzt wegen des milden Klimas und der Steinpilze in den Wäldern. Die Judikarien verdanken ihren Namen dem *»Giudice«* (Richter), der als Rechtspfleger des Fürstbischofes von Trient das große Gebiet im südwestlichen Trentino mit seinen *»sette pievi«* — Lomaso, Banale, Bleggio, Tione, Rendena, Bondo, Condino — von 1027 bis 1803 verwaltete. Ursprünglich gehörte auch das Rendanatal zu den sieben Pfarreien, stellt aber heute ein Gebilde für sich dar, so daß die fruchtbaren, nördlich und nordwestlich des Gardasees gelegenen Valli Giudicarie nur mehr die Talschaften der Chiese und der mittleren Sarca umfassen. Seit der Steinzeit bewohnt, haben die Judikarien ihre Sitten und Bräuche bewahrt. In vielen Dörfern sind althergebrachte Architekturmerkmale erhalten, so die Bauernhöfe mit offenen Dachstühlen, die drei oder fünf gemörtelte Säulen stützen. Aus dem Dialekt der Inneren Judikarien hört man noch immer den lombardischen Einfluß, denn ihre Besiedelung erfolgte aus dem Raum Brescia, während es in den Äußeren Judikarien venetische und Trentiner Elemente sind. »Wer durch die Judikarien reist,

100 m zur Ausgrabung, den kärglichen Resten einer 1970 entdeckten, 1976 teilweise freigelegten rund 3500 Jahre alten Siedlung. Informationstafel. – *»Zona archeologica palafitte«* (646 m). Zufahrt: vom Passo Ballino 2,2 km Richtung Fiave. Kurz nach der Bar La Pineta (Bushaltestelle) links ab, vorbei an einer Forellenzucht (Fischverkauf) 400 m zum Parkplatz. Das Pfahlbaudorf existierte ungefähr zwischen 2000 und 1200 v. Chr. im Lago Carera und fiel dann einem Brand zum Opfer. Zu sehen sind noch zahlreiche der einst insgesamt 9 Meter langen Hartholzpfähle, auf denen die Häuser etwa 4 Meter über dem Seegrund standen. Informationstafel. – *»Centro di documentazione sulle palafitte«* (Dokumentationszentrum) in *Fiave,* Rathaus (Piazza San Sebastiano 24). Anfragen wegen Besichtigung: Tel. 04 65/7 50 29. – *»Museo d'Arte«* (Landeskunstmuseum) in *Stenico, Burg;* Besichtigung 9.00 bis 10.30, 15.00 bis 16.30 Uhr, Montag geschlossen. **Karte:** Kompass-Wanderkarte 1:50 000, Blatt 101 (Rovereto–Monte Pasubio).

Am Lago di Valbona superiore, dem Ziel der Wanderung. Überragt wird die archaische Szenerie vom Tonalitfels des Craper di Stracciola.

wird dort weder das typische Trentino, noch die typische Lombardei, noch das typische Venetien antreffen, sondern er wird ein Stück Trentino, ein Stück Lombardei und ein Stück Venetien kennenlernen« (Dino Pellegrini).

Der Wegverlauf

Vom *Rifugio Zeller* (1378 m) auf dem geteerten Almgüterfahrweg mäßig ansteigend im Schatten des Waldes. Nach 15 Minuten, bei der zweiten Rechtskehre, ist links auf einem Stein der rot-weiße Markierungsfleck: kürzester Zugang zur Malga Cengledina. Gemütlicher erweist sich jedoch die Fortsetzung auf der Teerdecke. Sobald uns der Wald freigibt, sieht man im Nordosten erstmals die Brenta, aus welcher die Cima Tosa hervortritt, der höchste Gipfel des großartigen Felsreiches. Ungefähr 45 Minuten nach dem Aufbruch sind wir bei der *Malga Cengledina* (1667 m)

in freier Hanglage. Südöstlich lagert das Valle Gaverdina. Weiter auf dem Fahrweg, am Brunnentrog vorbei, in wenigen Minuten zum Wegweiser vor einem Waldstück. Hier rechts ab. »*Cima Campantic*«, 1½ Stunden, verrät der Wegweiser. Gemeint ist damit die Cima Cengledina (2137 m): Schreibweise laut Aldo Gorfer, auf der Kompasskarte »M. Cengledino« bzw. »Campo Antico«.
Überdies informiert der Zeiger, daß es zum Carè Alto 8 Stunden sind auf dem »Sentiero Cova«, dessen erstes Etappenziel nach 3½ Stunden das Bivacco Conella (2160 m) ist. So weit müssen wir aber nicht!
Wegnummer 225 führt zunächst über die Wiese, aus der rot-weiße Markierungssteine leuchten. Hinauf zu einem Rücken. Im Vorblick taucht der Craper di Stracciola auf. Zu seinen Füßen liegt unser Ziel. Rechts davon der 3465 Meter hohe Carè Alto, einer der Hauptgipfel des Adamello.

Knapp eine halbe Stunde nach der Malga Cengledina weist ein Wegweiser links zur »Cima Campantic«. Wir gehen jedoch geradeaus – und werden von einer ausgesprochenen Promenade erwartet. Herrliche Brenta-Blicke! Rechts am Weg steht die *Baita del Cacciator* (1910 m). Der Talhintergrund offenbart immer mehr von seiner unberührten Szenerie. Nordöstlich neigen sich die Hänge ins kurze Seitental des Rio Finale.

Fünf Minuten danach sieht man rechts unten einen kleinen, im Herbst meist ausgetrockneten Tümpel: erster der insgesamt vier Laghi di Valbona. Etwa eine Viertelstunde später sind wir in Höhe des *Lago di Valbona inferiore* (2046 m), der rechts unterhalb vor sich hinträumt. Jetzt dauert es nur mehr 15 Minuten bis zur Einsattelung neben der Kuppe (Hubschrauber-Landeplatz), hinter der der *Lago di Valbona superiore* (2195 m) ruht, mit 19 300 Quadratmetern der größte dieser Seen. Daneben der Lago di Valbona medio. Das Halbrund des urzeitlichen Amphitheaters wird beherrscht vom 2542 Meter hohen Craper di Stracciola aus Tonalit, ein dem Granit verwandter Quarzdiorit. An den Ufern des offenbar sehr tiefen Gewässers liegt grauschwarzes magmatisches Ergußgestein her-

Der Lago di Valbona inferiore, fotografiert vom oberen See. Über den Kamm rechts verläuft der »Sentiero Cresta« als längere Alternative zum üblichen Rückweg.

Abstieg: Am besten auf dem Herweg. – Der bei der Kuppe angezeigte »Sentiero Cresta« über die »Cima Campantic« (1¼ Stunden) ist länger, jedoch aussichtsreicher. Die Spur empor zum Gratrücken kann nicht verfehlt werden.

Nützliche Informationen

Ausgangsort: Tione di Trento (565 m), 3176 Einwohner, Gemeinde- und Dekanatssitz. Von Riva del Garda 39 km, von Trient 44 km, von Bozen 120 km, von Brescia 85 km. Busverbindungen mit Trient und Madonna di Campiglio.
Parkplatz und Ausgangspunkt: Rifugio Zeller (1378 m), 10 km von Tione-Zentrum auf asphaltiertem, stellenweise schmalem Sträßchen.
Gehzeiten: Insgesamt etwa 3½ Stunden. Aufstieg 2 Stunden, Abstieg 1½ Stunden.
Bergrettung: Tel. 21054 oder 21016.
Unterkunft und Verpflegung: In *Tione* Gasthöfe und Ferienwohnungen. Das *Rifugio Zel-*

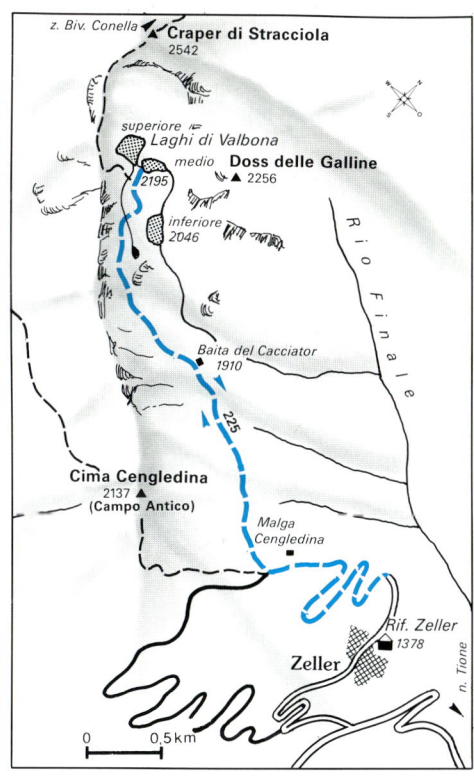

um, Basaltbrocken, als sei der See gerade erst erschaffen worden. Ein plutonisches Gefilde – dem nicht einmal die Sonne lichte Heiterkeit verleihen kann. Heller, aufgelockerter ist die Stimmung am See nebenan. Welcher Kontrast – im Herbst – zu den gelben und roten Heidelbeerblättern während des Anstieges, zu den grellroten Früchten der Vogelbeerbäume bei der Malga Cengledina!

ler ist nur im August bewirtschaftet, gelegentlich an Wochenenden; Tel. 0465/21502. Nächste Campingplätze in *Bondone* (Ortsteil Camarella, Camping Miralago, Tel. 0465/69196), und in *Pinzolo* (3 Plätze).

Auskunft: Consorzio Turistico delle Giudicarie Centrali, I-38079 Tione di Trento, Via Damiano Chiesa, Tel. 0465/23090.

Sehenswürdigkeiten: *Pfarrkirche Santa Maria Assunta* aus der ersten Hälfte des 12. Jahrhunderts, 1496 sowie 1511 bis 1518 gotisch verändert, 1827 durch Brand, 1853 durch Erdbeben stark beschädigt; Restaurierung 1893 bis 1897, wobei die Fassade entstand. Glockenturm 53 Meter hoch. Marmor-Hauptaltar (1854 m). Klassizistische Orgel von Angelo Bonatti aus Desenzano, der auch die Orgel in Torri del Benaco schuf (18. Jahrhundert). In der ersten Seitenkapelle links das weiße Taufbecken aus Marmor (1496). In der dritten Seitenkapelle links, an der rechten Seite, ein Fresko (Maria mit Kind) von Simone Baschenis aus Averara (Bergamasker Alpen), jener Baschenis, der auch 1539 den berühmten »Totentanz« (40 Figuren, Verse in Vulgärsprache) an der Südfassade der Kirche San Vigilio am Nordrand von Pinzolo malte.

Karte: Kompass-Wanderkarte 1:50000, Blatt 71 (Adamello—La Presanella).

28 Berge über dem Ledrotal

Kriegspfade um die Rocchetta

Rundtour, die Trittsicherheit und Schwindelfreiheit voraussetzt. Bei Nässe oder Schneeresten stellenweise gefährlich. *Beste Jahreszeit:* Anfang Juni bis Spätherbst. *Reine Gehzeit:* 5½ Stunden.

Nach der Kriegserklärung Italiens an die k.u.k. Monarchie im Mai 1915 evakuierte Österreich die Einwohner von Biacesa – wie das gesamte Val di Ledro – nach Böhmen und Mähren und überließ die Talschaft aus strategischen Gründen dem Feind, der sie aber erst nach einigen Monaten besetzte. Papierfabrik, Sägewerk, Stromzentrale, Weingärten und Seidenraupenzuchten blieben verwaist. Als die Menschen 1919 nach dem großen Völkerringen wieder in ihren Heimatort kamen, waren 21 Häuser zerstört, 60 Gebäude beschädigt. Neuaufbau! Mittlerweile zählt Biacesa noch 214 Einwohner. Das Ortsgebiet umfaßt 508 Hektar.

Seit Geschichte notiert wird im Ledrotal, sind fremde Herren sozusagen an der Tagesordnung. Es darf allerdings nicht unerwähnt bleiben, daß es den Leuten immer wieder gelang, sich aus dem Abhängigkeitsverhältnis der Lehensherrschaften, vornehmlich des Bistums Trient, zu lösen. Dabei konnte sich eine Art Bauernrepublik konstituieren, später die »Comune Generale«, die ihre Statuten 1535 unter dem Krummstab veröffentlichte, wie aus bischöflichen Dokumenten hervorgeht. Im Val di Ledro hält man vergeblich Ausschau nach Burgen, den Geißeln der Mächtigen. Eine Blüte brachte zweifellos das venezianische Intermezzo (1440–1509). Der Doge förderte nämlich die Wirtschaftsbeziehungen und gewährte Steuerbefreiungen, wodurch das Handwerk gedeihen konnte.

Infolge der beschwerlichen Zugänge aus der Lombardei durch das Val d'Ampola, insbesondere aber vom Gardasee durch die grausige Ponaleschlucht, wo der felsige Saumpfad selbst für Maultiere und Handkarren gefährlich war, stand das Ledrotal lange im Abseits, im erweiterten Sinne bis August 1989, als die Tunnelzufahrt von Riva durch den Felsleib der Rocchetta eröffnet wurde. Vorher wickelte sich das Verkehrsgeschehen auf der von 1847 bis 1851 gebauten, mit österreichischen Geldern finanzierten »Ponalestraße« ab. Sie wies damals nur drei Tunnels auf, die zudem auch militärische Aufgaben erfüllen mußten. Wie mag man im Tal wohl gestaunt haben, als 1891 das erste Automobil hochschnaufte! Jetzt ist die schmale, kurvenreiche Trasse Einbahnstraße, und zwar talaus, was den Verkehr wesentlich reibungsloser fließen läßt, als dies durch die Enge der Fall war. Die Bewohner sprechen untereinander einen lombardisch gefärbten Dialekt: »mare« (im Hochtal »mari«) statt »madre«, »botar« heißt Butter (ital. *burro*), »fame« gleich »famiglia«, »oi« ist Öl, und wer wandert, ist »a pe« unterwegs, zu Fuß, italienisch »a piede«.

Die Rocchetta von Südwesten (Leano). Der Rücken, der sich rechts vom Gipfel senkt, wird überquert. Links vom Gipfel das Val Giumella.

Der Wegverlauf

Gegenüber der *Bar Diaz* in Biacesa mit seinen verhältnismäßig großen Häusern ansteigen. Eine Tafel verspricht: 2 Stunden in die Bochet dei Concoli. Das stimmt! Wegnummer 417 wendet sich rechts und verläßt etwas später Biacesa linkshaltend durch Weingärten. Nach insgesamt 10 Minuten an der Gabelung geradeaus mit dem steingepflasterten *Weg 417*. Etwa eine halbe Stunde später zweigt rechts Route 460 zur Cima Capi ab.

Die Cima Capi (927 m) erhebt sich rechts des Aufstieges, gewappnet mit einer glatten Ostwand, und gehört zu den einprägsamen Abstürzen über dem Gardasee-Westufer zwischen Riva und Ponale. Ihr Körper wird umschlungen von Kriegspfaden. Darin integriert ist der 1977 angelegte Klettersteig »Sentiero Fausto Susatti«.

Den nächsten Cima-Capi-Abstecher zeigt eine Tafel 1½ Stunden nach Biacesa: Rechts, auch zu den »Camminamenti di Guerra« – Laufgräben des Ersten Weltkrieges.

Wir behalten die gerade Linie bei, erfreut von Tiefblicken auf Biacesa und darüber hinweg zur idyllischen Almsiedlung im Val San Antonio (siehe Tour 29). Das Gelände wird steiler. Felsdurchsetzte Stufen erfordern die Zuhilfenahme der Hände. Je höher wir kommen, desto umfangreicher wird die Schau. Das Weglein passiert ausgehöhltes Kalkgestein. Schließlich durch Strauchwerk in die schmale *Bochet dei Concoli* (1221 m). Rechts ziehen sich gut erhaltene Schützen- und Laufgräben hinüber zur befestigten Cima Grotta Daei (1301 m). Von Biacesa 2 Stunden.

Jenseits des Einschnittes abwärts im waldbestandenen Hang. Nach 5 Minuten geht es an

der Wegeteilung links (rechts Nr. 404 auf Kriegspfaden über die Barbarakapelle nach Riva). Aber auch unsere Route ist im Ersten Weltkrieg durch Pioniere entstanden: *Nummer 413* Richtung »Rif. Pernici« bzw. »Sentiero Crazidei«. Es folgt die luftigste Passage, drahtseilgesichert am Fels. Plötzlich ein traumhafter Blick auf den Gardasee. Danach, bei der Felsecke, wird Arco sichtbar. An dieser Ecke links (rechts gleichfalls Nr. 404 zur Barbarakapelle–Riva). Kriegsspuren praktisch auf Schritt und Tritt am luftigen Steig. Hinter dem Felsdurchlaß (Sicherungen) wartet die Schlucht *Grotta Daei* (1297 m). Auch hier wieder Kavernen. Es folgt eine Gegensteigung.

Ungefähr 20 Minuten nach der Bochet dei Concoli sind links die Reste der »*Chiesa di guerra*«, wo für österreichische Soldaten Messen gelesen wurden. Dann zeigt sich die Fahnenstange auf der Spitze der Cima SAT. Beim nächsten Wegweiser wendet sich der »Sentiero Crazidei« rechts (Abstieg nach Riva möglich, siehe Tour 23). Unsere Rundtour – Wegnummer 413 – führt geradeaus, über zementierte Stufen, vorbei an einer geräumigen Höhle. Serpentinen im Waldschatten: 20 Minuten hoch zum Durchlaß am Rocchetta-Nordostrücken. Damit wechseln wir über in die Nordflanke der Rocchetta. Nach 10 Minuten führt rechts ein Stichweg zu einem Bunker in aussichtsreicher Lage: Schöner Blick zum Tennosee und Monte Misone.

Weiter auf dem Hangpfad. An der Gabelung den unteren Weg nehmen, begleitet von erneuten Ausblicken. Stellenweise verschmälert sich die Spur wieder am Steilhang. Im Nordwesten erscheinen die spitzen Corni di Pichea, im Norden die Brentaberge.

Die lange, fast ebene Traverse mündet an der *Bocca di Giumella* (1410 m) unter der Hochspannungsleitung. Von Biacesa 3½ Stunden.

Früher war die Einsattelung neben der Bocca di Trat der wichtigste Übergang von Riva-Campi ins Val di Ledro (Barcesino). Auf den südseitigen Wiesen, links, erkennt man Pfad-

Von den Kriegspfaden um die Rocchetta erscheint, fast zum Greifen nahe, der Gipfelfels der Cima SAT. In der Tiefe das Sarcatal in Richtung Arco.

spuren hoch zur Cima Valdes (1578 m). Rechtshaltend geht es zur nahen *Baita Piero* (1400 m). In aller Ruhe genießen wir die Schau nördlich ins Hochtal von San Antonio, wo sich die Rodungsflächen der Almsiedlung Leano abheben. Südöstlich grüßt der langgestreckte Monte-Baldo-Kamm.

Ab der Baita Piero linkshaltend (rote Farbzeichen) ins *Val Giumella*. Nach 10 Minuten aufpassen an der Wegegabel: halbrechts. Wenig später erneut halbrechts weiter, mit dem schmalen Weg (nicht in dem Hohlweg geradeaus!). Ohne die Markierungen an den Bäumen würde die Orientierung erhebliche Schwierigkeiten bereiten. Rechts am Gittermast vorbei. In der Folge über eine Wiese auf mageren Spuren abwärts zu den zwei gemauerten Hütten der *Malga Giumella inferiore* (1011 m). Von der Bocca di Giumella 35 Minuten.

Gleich nach der ersten Hütte rechts. Der breite Almgüterweg senkt sich in Fallinie durch den Laubwald. Etwa 25 Minuten unterhalb der Malga kommt man an den *Rio delle Buse* heran. Er wird auch »Rio Garibaldi« genannt, zur Erinnerung an den Vorstoß Garibaldis im Juli 1866 durch das Ledrotal gegen die Österreicher. Dem siegreichen Waffengang bei Bezzecca folgte allerdings der Rückzugsbefehl von General Lamarmora. Mit der historischen Antwort »Ich gehorche« (*»obbedisco«*) verzichtete Garibaldi auf weiteren Landgewinn im Trentino zur Errichtung des herbeigesehnten »Risorgimento«.

Im Val di Ledro hatte wieder Österreich das Sagen.

Wir wenden uns links von der Talfurche ab. Hitze am Nachmittag. Als Trost die Gewißheit des kühlen Weißbieres drunten in der Bar Diaz! Ein *Marienbildstock* (677 m) bleibt zurück. Die Talfurche zeigt einen Gardasee-Ausschnitt. In der Tiefe die Dächer von Biacesa. Direkt im Süden die eigenwillig geformte, schluchtendurchrissene Cima Al Bal. Kurz nach der Rechtskurve leiten uns gelbe Pfeile links. Nach 5 Minuten (grüngestrichenes Eisentor) biegt man scharf rechts ab und trifft wieder beim Brunnen in Biacesa ein (1¾ Stunden ab der Bocca di Giumella).

Nützliche Informationen

Ausgangsort: Biacesa (415 m), Ortsteil der Gemeinde Molina di Ledro, an der Staatsstraße 240. Von Riva 8 km, vom Lago di Ledro 4 km; regelmäßige Busverbindungen, Haltestelle an der Bar Diaz.

Parkplatz: An der Durchgangsstraße nahe der Bar Diaz sowie vor der Kirche.

Gehzeiten: Insgesamt etwa 5½ Stunden. In die Bochet dei Concoli 2 Stunden. Von dort zur Bocchetta di Giumella 1½ Stunden. Abstieg 1¾ bis 2 Stunden.

Bergrettung: Tel. 591071 oder 591223.

Unterkunft und Verpflegung: In Biacesa nur die Bar Diaz. Unterwegs kein Wasser! – Gasthöfe in Molina di Ledro bzw. am Lago di Ledro, siehe Tour 29.

Auskunft: Ufficio Turistico Valle di Ledro, I-38060 Pieve di Ledro, Via Nuova 9, Tel. 0464/591222.

Sehenswürdigkeit: *Pfarrkirche San Antonio,* 1521 neugeweiht, 1904 durch Spenden der Einwohner umgestaltet. Im Chorraum Wandmalereien des Piemontesen Ernesto Stornino (von 1921). Das Bild für den Hauptaltar (die Heiligen Antonius und Johannes der Täufer) malte Duilio Corompai 1928.

Sehenswürdigkeiten der Umgebung: Siehe Tour 29.

Karten: Freytag & Berndt-Wanderkarte 1:50000, Blatt 20 (Gardasee–Lago di Garda). – Das Fremdenverkehrsamt (siehe bei Auskunft) gibt kostenlos eine Karte (1:50000) ab, in der sämtliche markierten Wanderwege mit den jeweiligen Nummern vermerkt sind.

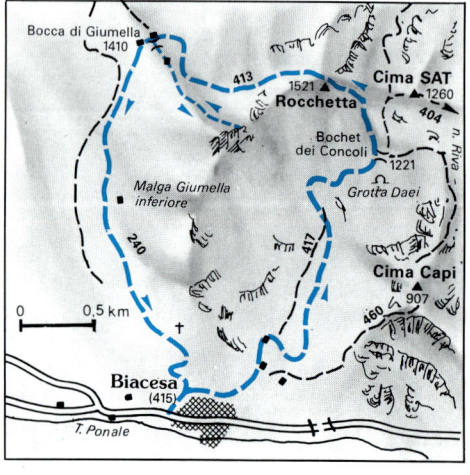

Ehe der Höhenweg wieder in das Val di Ledro einschwenkt, zeigt sich westlich der Corno della Marogna, zu dem eine Kriegsstraße aus dem Valle di Bondo führt.

29 Zu Schaukanzeln über dem Gardasee

Durch das Ledrotal

Unschwierige Rundwanderung; Badegelegenheit im Ledrosee.
Beste Jahreszeit: Ende Juni bis Spätherbst.
Reine Gehzeit: 5½ Stunden.

An Pre di Ledro fließt der Verkehr vorbei, weil es unterhalb der Staatsstraße 240 vom Gardasee zum Ledrosee liegt. Dadurch hat sich in jüngerer Zeit kaum etwas verändert auf der alluvialen Schwemmterrasse über dem Ufer des Ponale. Nacheiszeitliche Relikte sind auch die überall im Tal verstreuten Granitfelsen, sogenannte »Gletscherauswerfungen«, die beim Bau zahlreicher Häuser willkommene Nutzung fanden und aus de-

nen der kleine Brunnen neben der Kirche im 16. Jahrhundert gearbeitet wurde. Die Feuer der Nagelschmiede im 17. Jahrhundert sind längst erloschen, wie in Molina – nur daß dort der Tourismus Einzug gehalten und vielfach Erwerb gebracht hat, während man in Pre zur Arbeit wegfahren muß. Pre lebt ein Schattendasein, im wahrsten Sinne des Wortes. »Tre mes senza sul, tre mes senza luna, 'l rest senza fortuna«, sagt der Volksmund: drei Monate ohne Sonne, drei Monate ohne Mond, der Rest ohne Glück! Vom 11. November nämlich, bis 5. Februar, dem Tag der hl. Agathe aus Catania, lastet Schatten über dem Ort. Dann wird gefeiert. Am 1. Februarsonntag. Von der Staatsstraße, wo die Einwohner das ersehnte Sonnenlicht erwarten, ziehen geschmückte Wagen hinunter ins Dorf. Zum Festtag gibt es die lokale Kuchenspezialität »biota«.

Der südliche Bergkamm, bis zu 1000 Meter über der Talsohle hochragend, verwehrt die Sonne im Winter. Es ist die Provinzgrenze von Trento zu Brescia, im Ersten Weltkrieg italienische Front. Die Italiener sorgten für perfekten Wegebau am Kamm, in seiner dem Gardasee zugekehrten Südflanke. Die Trassen sind heutzutage schöne Wanderpfade und Mountainbiker-Ziele, weit mehr als 1000 Meter über dem gigantischen Amphitheater des Sees.

Der Wegverlauf

Gegenüber dem Geschäft *Famiglia Cooperativa* in das Gäßchen und zwischen Häusern durch zum *Torrente Ponale* (470 m). Am anderen Ufer links, ansteigend auf der *Via Leano:* Streckenweise steingepflastert durch den hauptsächlich mit Laubwald bestandenen Hang, vorbei am *Gonzaga-Bildstock*.
Nach 25 Minuten sind wir bei der »*Madonna del Bivio*« (615 m), einem Marienmarterl an der Rechtsabzweigung des Pflasterweges nach Cadrione. Hier mündet auch der alte, steilere Zugang von Pre. Geradeaus (Nummer 421), begleitet von Blicken auf Biacesa und zur Rocchetta im Nordosten. Die zementierte Fahrbahn ist ein Zugeständnis an das Auto der Almleute. Nur hier und dort sind noch Spurrillen und abgeschliffene Köpfe der Pflastersteine erkennbar. Etwa 20 Minuten nach dem »Bivio« schwenkt man rechts in das *Val San Antonio* ein. Auf betoniertem Steg den Bach überschreiten. Nun wieder gepflastert bergan. Rechts draußen bieten sich von der Wiese belehrende Einsichten in das jenseitige Val Giumella.
An der Wegkreuzung halblinks den weiß-roten Farbzeichen folgend zur weiträumigen Rodungsinsel von *Leano* (888 m). Von Pre 1 Stunde.
Die Wanderung führt am Westrand der Lichtung entlang. Einige Brunnen passieren. Ab dem letzten Haus talein, auf den langen Schleifen des Almgüterfahrweges in einer halben Stunde zu einer klammartigen, romantischen Enge mit natürlichen sowie künstlich erweiterten Höhlen. Enorme Auswaschungen der Felsen künden vom einstigen Bachlauf. Hinter dem Trichtermund öffnet sich das gestreckte Hochtal der *Malga Vil*

(1109 m). Der Stall wurde 1989 neu gedeckt. Ein Brunnen spendet köstliches Trinkwasser. Von Pre 1¾ Stunden.
Nachher ist rechts am Felsblock eine Marmortafel angebracht: »*Sentiero Alpino Maroni Agostino per Carone*«: ein Gedächtnissteig, unterhalb des Weges als Nummer 114 halbrechts abzweigend, zum Monte Carone (1621 m).
Wir wandern geradeaus. Dann erscheint rechts der Monte Carone, durchzogen von Kriegswegen. Durch die Wiesenmulde in den *Passo Guil* (1209 m). Provinzgrenze. Nordfront Italiens von 1915 bis 1918. Von Pre 2 Stunden.
Aus dem Paß etliche Schritte abwärts zum querverlaufenden Militärweg. Rechts, immer noch Routennummer 421. Der Gardasee ist wieder zu sehen. Im Hintergrund die Monte-Baldo-Kette. Westlich sieht man den Corno della Marogna. Die Promenade traversiert in kühner Trasse, streckenweise unter Überhängen, die Felsmauer der Punta di Mois. Links fallen die Hänge ab in das wilde Valle del Singole, das wie man bald sieht, in Limone am See ausläuft. Etwa 20 Minuten nach dem Passo Guil erklärt rechts am Fels eine Marmortafel den Beginnn des grün-weiß-rot markierten »*Sentiero Alpino Elio Bertolotti*« zum Monte Carone (1621 m).
Schon 5 Minuten später »bewirtet« uns die ständig offene *Baita Bonaventura Segala* (1250 m), das heißt Getränke-Selbstbedienung. Aber bitte das Bezahlen nicht vergessen, wenigstens wie im Tal, wenn auch keine Preise vermerkt sind. Es wäre schändlich, das Vertrauen der Alpini-Veteranengruppe Limone zu mißbrauchen! Sogar Kochgelegenheit ist vorhanden. Ganz zu schweigen vom fabelhaften Standpunkt des Hüttchens, von der erquicklichen Rast an den Tischen im Freien. Von Pre 2½ Stunden.
Kaum 5 Minuten vergehen bis zur nächsten Aussichtswarte: *Fortini* (1246 m), vor dem Ersten Weltkrieg Standort einer Finanzerkaserne. Ab hier haben die Limoneser Alpini Ende der siebziger Jahre den Kriegssteig »Sentiero

Landschaftlicher Höhepunkt des Valle di Ledro ist der von ansehnlichen Bergen gesäumte Lago di Ledro, berühmt auch wegen der dort entdeckten Pfahlbausiedlung aus der Zeit um 1700 v. Chr.

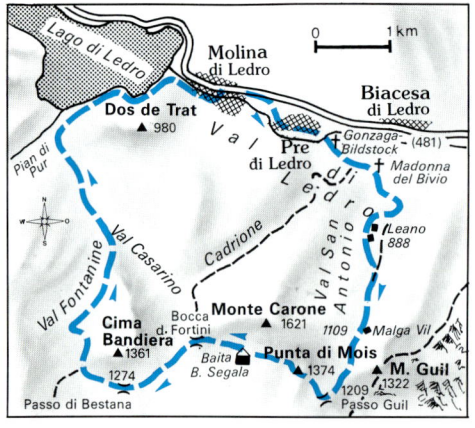

Tosi Agostino« zum Monte Carone (1621 m) wieder instand gesetzt und die Schlüsselstelle im Kamin gesichert.

Weitere 5 Minuten später schwenkt in der *Bocca Fortini* (1423 m) ein Weg scharf rechts ab, nach Molina di Ledro, der nur bei Zeitmangel oder Schlechtwetter akzeptabel ist.

In unser Sträßchen mündet nach 150 Metern von links Wegnummer 120 von Limone. Die Ausblicke halten an. Etwa 20 Minuten nach der Baita passiert man Felskavernen, dann einen aus dem Gestein gesprengten Durchlaß. Abwärts, vorbei an einem Tümpel und hinauf in den *Passo di Bestana* (1274 m). Von der Baita Segala 35 Minuten.

Jetzt treten andere Berge ins Blickfeld: (von rechts) Monte Nota–Cima Tuflunga–Corno della Marogna, wo die Kriegsstraße deutlich sichtbar ist. Wir gelangen in ein Hochtal. Bei den ersten Viehzäunen, rechts, setzt sich *Wegnummer 421* rechts fort in Richtung »Pian di Pur«, so der Wegweiser: durch die Wiesenmulde. Vereinzelt stattliche Buchen und Fichten. Nach 5 Minuten beginnt der Abstieg, geradeaus wie die rot-weißen Klecksse. Der Pfad ist stellenweise felsig gestuft, jedoch vollkommen harmlos. Im Laubwaldschatten die große Schlucht des *Val Fontanine* ausgehen. Nach etwa halbstündigem Abstieg stößt man auf den Ansatz eines breiten Weges. Dreiteilung! Jetzt könnte man, über das Bächlein, dem Rot-Weiß des Fahrweges folgen, kürzer ist der Weg geradeaus: blaue Farbzeichen. Durch Strauchwerk, links vom Bach. Nach 20 Minuten trifft man auf den breiten markierten Weg. Talaus in einer Vier-

telstunde zu dem dekorativ von Bergen gerahmten *Pian di Pur* (669 m). Ab der Baita Segala 2 Stunden.

Auf der Asphaltstraße, vorbei am *Hotel Maroni* sind es nur mehr 5 Minuten bis ans Ufer des *Lago di Ledro* (658 m): größte Länge 2,8 Kilometer, Breite 1,2 Kilometer, bis 80 Meter tief, gegraben von der Eiszeit, und durch eine Stirnmoräne verriegelt.

Wir marschieren rechts in 20 Minuten zum *Pfahlbau-Museum (Museo delle Palafitte).* 1929, als durch das Ponale-Kraftwerk in Riva – dafür dient der Lago di Ledro als Speicher – der Wasserspiegel sank, kamen rund 10000 Pfähle zum Vorschein. Die Altersbestimmung mit Hilfe der Radiocarbonmethode 1967 durch Professor Lawrence Barfield erbrachte eine Festlegung auf das Jahr 1709 v. Chr. Vor 3700 Jahren also, während der Bronzezeit, lebten hier Menschen in einem Dorf auf Pfählen (4500 qm), in Holzhütten, wie eine am Ufer rekonstruiert wurde. Funde sprechen laut Professor Raffale Battaglia, Universität Padua, der die Arbeiten 1937 leitete, für einen verhältnismäßig hohen Lebensstandard, von Handelsbeziehungen mit Böhmen und der Ostseeküste. Die Einwohner betrieben Landwirtschaft, kannten die Keramikherstellung und das Weben.

Vom Pfahlbaumuseum nicht auf die Staatsstraße 240 überwechseln, sondern geradeaus in Richtung Legos, bis halblinks der Fußweg nach *Molina di Ledro* (638 m) abzweigt. Insgesamt 4¾ Stunden. Jetzt auf der *Staatsstraße 240*. Bei der Rechtskurve geradeaus in den Ortsteil *Barcesino* (600 m). Am Forellenteich (Höhle) rechts, wieder zur Straße, die dann bei der Karosseriewerkstatt endgültig halbrechts mit einem Weg verlassen wird. Er bringt uns zum Teersträßchen nach *Pre.*

Nützliche Informationen

Ausgangsort: Pre (481 m), 241 Einwohner, Gemeinde Molina di Ledro, unterhalb der Staatsstraße 240; von Riva 9 km, gute Busverbindungen, auch von Bezzecca–Ledrosee. Haltestelle beim Geschäft Famiglia Cooperativa, dem Ausgangspunkt der Tour.
Parkplätze: Bei der Kirche.
Gehzeiten: Insgesamt etwa 5½ Stunden. Nach Leano 1 Stunde. Von dort zur Baita

Der Anstieg aus dem Valle di Ledro zum Passo Guil berührt das Almdörfchen Leano auf einer Rodungsinsel. Ausblick nach Nordwesten zur Rocchetta.

Segala 1½ Stunden. Abstieg zum Ledrosee 2 Stunden, nach Molina di Ledro ½ Stunde, nach Pre ½ Stunde.

Bergrettung: Tel. 591071 oder 591223.

Unterkunft und Verpflegung: In Molina und am Ledrosee zahlreiche Hotels, Pensionen, Ferienwohnungen. In Molina *Camping al Sole,* geöffnet von Mai bis September, Tel. 0464/508496. In Pieve di Ledro *Camping Azzuro,* geöffnet von Juni bis September, Tel. 0464/591276. *Camping al Lago,* geöffnet von Mai bis September, Tel. 0464/591250. – Gasthäuser am Ledrosee, Lebensmittelgeschäfte in Pre und Molina. – In der Baita Segala nur Getränke!

Auskunft: Ufficio turistico Valle di Ledro, I-38060 Pieve di Ledro, Via nuova 9, Tel. 0464/591222.

Sehenswürdigkeiten: In *Pre* Pfarrkirche *San Giacomo Maggiore,* 1537 erbaut, Mitte des 18. Jahrhunderts grundlegend barockisiert. – In *Molina* die aus der Mitte des 18. Jahrhunderts stammende Pfarrkirche San Vigilio, im Ersten Weltkrieg zerstört, 1930 und 1983 restauriert. – Am Ledrosee das für Italien einzigartige Pfahlbau-Museum *(Museo delle Palafitte),* Öffnungszeiten im Sommer: 9.00 bis 12.00 Uhr, 15.00 bis 18.00 Uhr, Montag geschlossen, Anfragen: Tel. 0464/508182.

Karten: Freytag & Berndt-Wanderkarte 1:50000, Blatt 20 (Gardasee–Lago di Garda). Kompass-Wanderkarte 1:50000, Blatt 101 (Rovereto–Monte Pasubio). Das Fremdenverkehrsamt (siehe bei Auskunft) gibt kostenlos eine Karte (1:50000) mit sämtlichen markierten Wanderwegen ab.

30 Gipfelglück in der Cadriagruppe

Gaverdina, 2047 Meter

> Unschwierige Wanderung. Am Gipfelgrat absolute Trittsicherheit notwendig.
> *Beste Jahreszeit:* Juni bis Spätherbst.
> *Reine Gehzeit:* 2¼ Stunden.

Die Gaverdina gehört zur Cadriagruppe der Ledro-Alpen, also zum großen Verbund der Gardaseeberge in den Ostalpen. Diese Cadriagruppe nordwestlich von Riva im trentinischen Hinterland, bildet die Form eines langen, nach Süden geöffneten Hufeisens, welches das Val Concei umklammert. Höchste Erhebung ist der Monte Cadria (2254 m) auf der Westseite des glazialen U-förmigen Tales, das bei Bezzecca bzw. Pieve di Ledro nördlich ins Gebirge zieht. Im Tal bilden drei Dörfer – Locca, Enguiso, Lenzumo – seit 1952 die Gemeinde Concei mit 751 Einwohnern; Verwaltungssitz ist Enguiso.

Je tiefer man eindringt, entlang des Torrente Assat, desto stiller wird es. An beiden Flanken ein Mantel dunkler Forste, ab 1500 und 1700 Meter Wiesen, Schrofen, Fels. Bis zum Anfang der achtziger Jahre ruhten die meisten Gipfel in Vergessenheit. Abgesehen natürlich von der Zeit zwischen 1915 und 1918, als droben an den Graten österreichische Standschützen kauerten, während sich im Tal, um Locca, Enguiso, Lenzumo und westlich hoch zum Monte Vlies die Italiener eingeigelt hatten, »Bersaglieri« und »Alpini«, Elitetruppen. Nach dem Ersten Weltkrieg verfielen ihre Stellungen, die Gräben und Verbindungssteige. Dieser Zustand änderte sich erst 1984/85. Kleine Bautrupps gingen daran, den »Sentiero della Pace« festzulegen, einen kriegshistorischen Weitwanderweg (360 km) vom Stilfser Joch zur Marmolada. Im Gebiet der Gaverdina geschah dies durch die CAI-Sektion Tione im Rahmen des Arbeitsbeschaffungsprogramms der Provinz Trient.

Auf dem Weg vom Rifugio al Faggio zur Bocca dell'Ussol, deren Einkerbung oben rechts zu erkennen ist; rechts davon die Gaverdina.

Nun ist der östliche Kamm des Val Concei integriert in den Höhenweg »von seltener Großzügigkeit und Schönheit«, wie Franz Hauleitner schwärmt. Er hat das Teilstück aufgenommen in die von ihm kreierte »Dolomiten-Höhenroute 10« (die jedoch mit den geographischen Dolomiten nichts zu tun hat) zwischen Bozen und Gardone. Sie führt von der Cima Pala über den Monte Altissimo, die Gaverdina und Dosso della Torta – Tofino in die Bocca di Trat; von dort östlich zur Rocchetta.

Der Wegverlauf

Beim *Rifugio al Faggio* (963 m) talein, nach 5 Minuten an zwei Hütten und einem Marienbildstock im Baumstamm vorbei, in 15 Minuten zum *Ponte Glera*. Am jenseitigen Ufer des *Assatbaches* zunächst auf betoniertem, dann geschottertem Weg. Nach insgesamt einer halben Stunde, in Höhe eines Wasserfalles, ist der Militärweg als Rampe aus dem Fels gehauen (1120 m). Klammähnliche Wildheit umfängt uns. Im Tobel rauschen und gurgeln ungebändigte Wasser. Leider verläßt man die Schlucht schon nach einer Viertelstunde. Linkshaltend über zwei Holzbalkenstege und im Bäumeschatten steil bergan. Oberhalb der geschlossenen Waldgrenze empfängt uns ein weit geöffneter Kessel; halbrechts im Nordosten der Dosso della Torta. In 10 Minuten hoch zum Stallgebäude der *Malga Giù* (1444 m). Aus dem Kamin kräuselt dünner Rauch. Vom Rifugio al Faggio 1¼ Stunden.

Linkshaltend mit den Farbzeichen von *Wegnummer 414*. Zwanzig Minuten sind es empor in den Sattel (1597 m) am *Dos de Lumar,* wo sich Blicke auf die obersten Mulden des Valle Lumar ergeben. Aus dem Sattel rechts (nördlich). Einem Waldstück folgt die lange, schräg ansteigende Querung. Die Flanke ist durch mehrere Mulden unterbrochen, in denen vereinzelt pittoreske Kalkfluhen lehnen. Nirgendwo anders im Gardaseeraum habe ich mehr Giftschlangen gesehen, hell-dunkelbraune Aspisvipern, vier oder fünf Exemplare, nur auf den 40 Minuten zwischen Malga Giù und Bocca dell'Ussol. Allerdings verschwinden die scheuen Tiere schon bei der leichtesten Erschütterung des Bodens.

Aus dem Valle di Ledro führt das stille Val Concei nordwärts in das unbekannte Wanderparadies um die Cadriagruppe in den Ledro-Alpen.

»Uscio« sagen die Hirten zur *Bocca dell'Ussol* (1878 m). Das war einmal ein frequentierter Paß aus den Inneren Judikarien durch das Valle Gaverdina in das Conceital und Ledrotal. Für Oktober 1917 registriert der Militärhistoriker Heinz von Lichem hier Klausener Standschützen als Verteidiger der Judikarien-Gardaseefront.

Ab dem Einschnitt rechts (nordöstlich) auf dem schmalen, mit 455 bezeichneten »*Sentiero della Pace*« entlang der Frontlinie. Zunächst am Grat, dann rechts davon in 5 Minuten zu einer Scharte (Kaverne). Etwa 10 Minuten später erreicht man *Punkt 2022* (auf der »Carta d'Italia« des Militär-Geographischen Instituts). Unmittelbar danach wartet die »Schlüsselstelle« an der Schneide: ein luftiges Schärtchen – kurze Kraxelei! Nun ist der Weg frei zum Gipfel der *Gaverdina* (2047 m). Sie entsendet nach Norden einen Grat zum Monte Altissimo (2128 m). Nordöstlich lagert das Val Marzo, das in die Äußeren Judikarien bzw. die Hochflächen von Bleggio ausläuft. Ab der Bocca dell'Ussol 25 Minuten.

Anwesenheitsspuren sprechen für die zunehmende Beliebtheit des »Sentiero della Pace«. Sein nächstes Ziel ist im Südosten der Dosso della Torta (2151 m), wo man bei der kreuzähnlichen Eisenkonstruktion auf dem felsigen

Gipfel gelegentlich auch Wanderer vom Passo Ballino trifft: 1400 Höhenmeter. Im weiteren Verlauf berührt der Steig den Tofino (2153 m), den Corno di Pichea (2138 m), ehe er ab der Bocca di Tratt in Ostrichtung einschwenkt zur Rocchetta.

Abstieg: Zurück in den Sattel (1597 m) beim *Dos de Lumar* (45 Minuten). Am schnellsten erreicht man den Ausgangspunkt auf dem Herweg. Abwechslungsreicher, weil unbekannt, fast schon abenteuerlich, gestaltet sich – nur bei trockenem Wetter und im Spätsommer/Herbst – folgende Route: aus dem Sattel rechts (westlich). Markierungen: rot-weiß, gelb und blau. Mit dem Pfad 5 Minuten abwärts. Dann nicht geradeaus (Wegnummer 452) in Richtung der sichtbaren Baita Lumar, sondern vom Markierungsstein dem gelben Pfeil folgend links zur nahen Fichte; Wegweiser. Abermals links, nun auf gut erkennbarem Weglein in das dichtbewaldete *Valle Lumar*. Etwa eine Viertelstunde nach dem gelben Pfeil wird eine kleine Hangwiese (1343 m) betreten. Jetzt rechts, teilweise weglos, einige Meter steil, hinab ins Bachbett. Über Stock und Stein auswärts in 20 Minuten zum markierten, breiten Weg. Auf ihm gelangt man nach weiteren 20 Minuten ins Val Concei, wo es nur mehr 5 Minuten zum *Rifugio al Faggio* sind.

Nützliche Informationen

Ausgangspunkt: Rifugio al Faggio (963 m), Berggasthof im hintersten Val Concei, am Ende der Provinzstraße 119. Von Bezzecca (Staatsstraße 240) 6,5 km, von Riva durch das Val di Ledro 23,5 km. Nächste Bushaltestelle der Strecke Rovereto–Riva–Bondo in Lenzumo (4 km).
Parkplatz: Beim Rifugio al Faggio.
Gehzeiten: Insgesamt etwa 4 bis 4¼ Stunden. In die Bocca dell'Ussol knapp 2 Stunden. Von dort zum Gipfel 25 Minuten.
Bergrettung: Tel. 0464/591185 oder 591071.
Unterkunft und Verpflegung: *Rifugio al Faggio*, ganzjährig geöffnet, landestypische Küche, 20 Zimmer, Tel. 0464/591100. – Im Val di Ledro *(Bezzecca, Pieve di Ledro)* Hotels, Pensionen, Zeltplätze; siehe auch Tour 29.

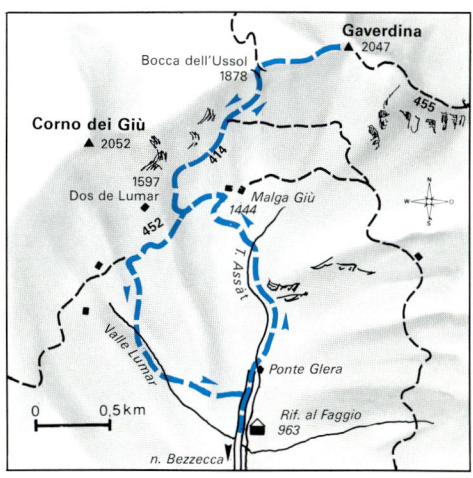

Auskunft: Ufficio turistico Valle di Ledro, I-38060 Pieve di Ledro, Via nuova 9, Tel. 0464/591222.
Sehenswürdigkeiten: In den Kirchen von *Locca* (San Martino), *Enguiso* (Santa Maria), *Lenzumo* (San Silvestro) ist der Bozener Maler Anton Sebastian Fasal vertreten, der hier Anfang des 19. Jahrhunderts arbeitete. »Ein geistvoller religiöser Künstler«, wie es in einer Informationsschrift heißt. – In *Bezzecca* neoklassizistische (1859) Pfarrkirche Santo Stefano, Altarbild (Rochus und Sebastian) von G. B. Argenti. Gedenksäule an den Sieg Garibaldis auf den Wiesen von Santa Lucia und dem Hügel von Santo Stefano am 21. Juli 1866 über die Österreicher. Zwischen Bezzecca und Tiarno di sotto, links der Staatsstraße 240, das stilreine gotische *Kirchlein Santa Lucia* aus der ersten Hälfte des 15. Jahrhunderts, damals Pfarrkirche für beide Dörfer. – In *Pieve di Ledro* ist bereits 1235 eine Marienkirche nachgewiesen, Neubau 1650 neben dem romanischen Glockenturm, 1931 nach schweren Kriegsschäden restauriert. Alljährlich Pfingstprozession in Erfüllung eines Gelübdes aus der Pestzeit, als das Ledrotal 1630 von der Seuche auf wunderbare Weise verschont blieb. – Pfahlbau-Museum am Ledrosee, siehe Tour 29.
Karten: Kompass-Wanderkarte 1:50000, Blatt 101 (Rovereto–Monte Pasubio). – Das Fremdenverkehrsamt (siehe bei Auskunft) gibt kostenlos eine Karte (1:50000) ab, die sämtliche markierten Wanderwege mit den jeweiligen Nummern berücksichtigt.

31 Im Blumenparadies von Tremalzo

Zum Corno della Marogna

> Unschwierige Wanderung.
> *Beste Jahreszeit:* Frühjahr bis Spätherbst.
> Hauptblütezeit von Juni bis August.
> *Reine Gehzeit:* 1¼ Stunden.

Der Hinweis von Dr. Heribert Reisigl, Professor für Geobotanik an der Universität Innsbruck (»längst weiß die Wissenschaft, daß die Berge Judikariens auf der anderen Seite, vom Monte Tombea im Süden bis zur Rocchetta im Norden, an Pflanzenschätzen reicher sind als der Monte Baldo«), hat uns neugierig auf die Umgebung des Monte Tremalzo gemacht. Dort kommt Benedetto Bonapace zu Wort: »Manche Arten sind am Aussterben begriffen, letzte, kostbare Zeugnisse einer vergangenen Flora, auf Inseln zufällig überlebend bis in unsere Zeiten.« Es handelt

sich, wie am Monte Baldo, um voreiszeitliche Pflanzen, da die Gletscher, deren Rückgang vor 15 000 Jahren einsetzte, diese Höhen unberührt ließen. Endemisch, das heißt nur auf wenigen Plätzen wachsend, sind zum Beispiel das Felsrösel *(Daphne petraea)*, ein wintergrüner, bis 50 Zentimeter hoher, ledrigblätteriger Zwergstrauch mit roten, duftenden Blüten (April–Mai); eine gelbe Art (von insgesamt 350) des Steinbrech *(Saxifraga arachnoidea)*; das Feinblätterige Veilchen *(Viola dubyana)* mit 20 bis 25 Millimeter langen, violetten Blüten (Mai bis Juli). 1971 erklärte die »Società botanica italiana« den Bereich um Monte Tombea und Monte Tremalzo zu einem der erhaltenswerten Biotope in Italien und schlug einen »Parco naturale interregionale per la protezione dei fiori e della fauna« vor, der immer noch auf sein Zustandekommen wartet, möglicherweise, weil hier Grenzgebiet ist zwischen den Provinzen Trento und Brescia.

Den markantesten und höchsten Gipfel –

Corno della Marogna von Westen, vom Parkplatz beim Rifugio Garda. Die Straße aus dem Ersten Weltkrieg bietet den günstigsten Zugang.

Ausblick vom Gipfel des Corno della Marogna nordwestlich zum breitgelagerten Monte Tremalzo.

zweithöchster der Brescianer Voralpen – am Passo Tremalzo stellt der Monte Tremalzo (1974 m) dar. Er wird aber leider durch Sendeanlagen in seiner Natur gestört, so daß man als Wanderer besser den Corno della Marogna ins Visier faßt. Doch bereits die Anhöhen von Tremalzo lohnen den Abstecher vom Gardasee – 1600 Meter tiefer sichtbar. Für diesen Zweck sollte man aber nicht die kurvenreiche, oftmals sehr schmale Kriegsstraße von Tremosine durch das Valle di Bondo strapazieren, da dies auf Kosten des Fahrzeuges geht und – noch schlimmer – die Umwelt überflüssig belastet. Es reicht schon die Asphaltstraße aus dem Val d'Ampola!

Der Wegverlauf

Vom Rifugio Garda aus schlendern wir auf dem Kriegssträßchen durch die Südflanke des Monte Tremalzo. Von Mai bis Juni blühen rote Pfingstrosen und Schmalblättriges Lungenkraut im Gras, bis August der Gelbe Enzian, im Geröll zwischen Mai und Oktober der Gelbe Lerchensporn. Unterhalb stehen die Gebäude der Malga Tremalzo. Und dahinter reihen sich bizarre, bewachsene Türme, die südlichen Ausläuferzacken des Corno della Marogna. Und in der Ferne, schwach südöstlich, zeigt der Hauptkamm des Monte Baldo stahlgraue Konturen.

Nach 20 Minuten folgt die *Bocca di Val Marza* (1789 m). Nördlich blinken die Eisfelder des Adamello und der Presanella, rechts davon die Brenta. Sie begleiten uns auf dem Sträßchen bis zum Tunnel (1863 m). Nach 120 Metern blendet grelles Licht. Langsam nimmt die spektakuläre Konstruktion der Straßenschleifen klare Formen an. Meisterleistung italienischer Pioniere!

Kaum hat uns der Tunnel freigegeben, geht es einige Schritte rechts, dann erneut rechts und mit dem Weglein in wenigen Minuten zur Einsattelung. Hier führt ein Pfad hinaus, entlang von Laufgräben und vorbei an einer Kaverne zu einer unverhofften Aussichtskanzel über den gesamten Lago di Ledro.

Aus der Einsattelung erreicht man links durch schmale Latschengassen das trigonometrische Zeichen auf der grasigen Gipfelkuppe

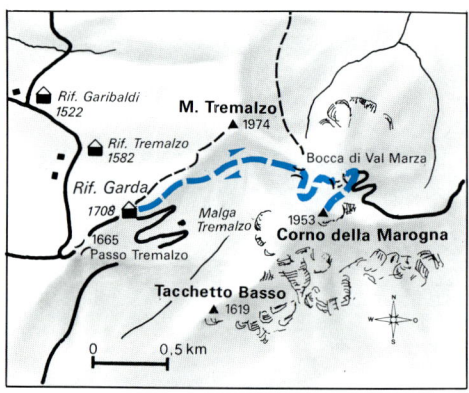

**Von Pregasina
zum Monte Guil**

Ein Geheimtip über dem Gardasee

Unschwierige Rundwanderung.
Beste Jahreszeit: Frühling bis Spätherbst;
im Sommer sehr heiß.
Reine Gehzeit: 4¹/₄ bis 4¹/₂ Stunden.

des *Corno della Marogna* (1963 m). Ein kleines Holzkreuz steckt im Rasen. Wo soll man zuerst hinsehen? Lediglich der Monte Tremalzo ist höher im Umkreis, versperrt aber nur geringfügig das 360-Grad-Panorama.

Nützliche Informationen

Ausgangspunkt: Albergo-Ristorante Garda (1708 m), Berggasthaus im Gemeindegebiet von Tiarno di sopra, zu Füßen des Monte-Tremalzo-Südwestrückens, am Ende der Asphaltstraße aus dem Val d'Ampola, etwas oberhalb des Passo Tremalzo (1665 m). Die Zufahrtsstraße (13 km) zweigt im Val d'Ampola von der Staatsstraße 240 am Passo d'Ampola (747 m) bei der Locanda-Bar Ampola (7,4 km von Bezzecca) links ab; Bushaltestelle (Tremalzo Bivio) der Linie Rovereto—Riva—Ledrotal—Bondo.
Parkplatz: Gegenüber dem Albergo Garda auf aussichtsreicher Wiesenkuppe.
Gehzeiten: Insgesamt 1¹/₄ Stunden. Zum Gipfel 45 Minuten. Rückweg etwa ¹/₂ Stunde.
Unterkunft und Verpflegung: *Albergo-Ristorante Garda,* ganzjährig geöffnet, 20 Betten, Montag geschlossen (nicht für Pensionsgäste), Tel. 0464/59 81 05. In nächster Umgebung weitere, im Sommer geöffnete Berggasthäuser. Unterkünfte im Val di Ledro, siehe Tour 29.
Auskunft: Siehe Tour 30.
Sehenswürdigkeiten: Siehe Tour 30.
Karten: Freytag & Berndt-Wanderkarte 1:50 000, Blatt 20 (Gardasee—Lago di Garda). Kompass-Wanderkarte 1:50 000, Blatt 102 (Lago di Garda—Monte Baldo).

»Mit Barke Ponalefall, dann (1—1¹/₂ Std.) auf Bergpfad Pregasina«, skizzierte der Reisende Ewald Haufe um die Jahrhundertwende den Schlupf nach Pregasina. Der alte Pflasterweg ist noch stückweise erhalten, sogar markiert, aber ganz offensichtlich nicht mehr benutzt, seit die Militärstraße asphaltiert wurde. Sie kurvt aus der unheildrohenden Ponaleschlucht in verwegener Trasse hoch, in den Fels gesprengt, wie angeklebt, tief abgestützt im Hang. Abrupt, schlagartig der Steile entronnen, liegt eine geräumige, anmutige Hangfalte, an deren Rändern Olivenhaine silbern schimmern, vor uns: Pregasina, Rodungssiedlung auf einer Fläche von 2,57 Hektar, nicht einmal 100 Seelen. Die Häuser staffeln sich am Hang hoch. Dazwischen beschreibt die Straße ein »S« und endet bei der 1663 erbauten Kirche des hl. Georg, der auf dem Altarbild den Drachen tötet: herrlicher kann ein Gotteshaus kaum hingestellt sein. Indes kommen keine Massen, nur einzelne, vielleicht angelockt vom glitzernden Reflex der Fensterscheiben, den morgens Torbole wahrnimmt, wenn die Sonne ihre frühe Premiere feiert droben in Pregasina. Es darf wohl als Segen empfunden werden, daß die deutsche und italienische Literatur das Elysium nur nebenbei erwähnt, als sei Pregasina ein lästiges Anhängsel am tourismusgeplagten Westufer.
Unterhalb der Kirche zieht ein Weglein hinaus zum kreuzgeschmückten Dos de Cala (577 m), als »Belvedere« bezeichnet, auf dem man sich beflügelt fühlt — 500 Meter über dem See — wie die Fischadler, die noch vor zwei Jahrzehnten in majestätischem Flug zu verharren schienen über ihren azurnen Fanggründen. Bei der aussichtsreich gelegenen Kirche von Pregasina entriegeln wir die Erlebnistüre!

Mit dem Erreichen des Passo Rocchetta ist der größte Teil des Aufstiegs zum Monte Guil geschafft.

Der Wegverlauf

Ab Pregasina auf dem Fahrweg südwärts, vorbei an einem *Marienbildstock* von 1916. Nach 5 Minuten verrät eine Tafel die Wanderziele und Gehzeiten, u. a. 2 Stunden zum Passo Rocchetta. Das ist ausreichend bemessen! In jedem Falle gilt die *Markierungsnummer 422*. Bald nimmt die Steigung des Fahrweges zu. Der Gardasee sinkt immer mehr in die Tiefe, während der Monte Altissimo im Südosten unseren Standpunkt um 1000 Meter überragt.

An der Wegteilung links halten, ins *Val Palaer*. Die rechte Böschung war Ende Juni übersät mit Feuerlilien. Auch an der nächsten Gabelung links. Das Forststräßchen, identisch mit dem ehemals steingepflasterten Almweg, geht in lange Schleifen über und führt zu einem Wendeplatz (753 m) bei der *Bocca dei Larici*. Links draußen steht am felsigen Rücken der Punta dei Larici ein italienischer Bunker. Der Fahrweg rechts endet in 10 Minuten bei den Ruinen der *Malga Palaer* (946 m). Von Pregasina 1¼ Stunden.

Davor links, bergan im Wald. An der Wegkreuzung halbrechts. Gute 5 Minuten später sieht man links den schroffen Gipfelstock des Monte Palaer (1078 m).

Ab der Malga Palaer sind es 35 Minuten bis zum *Passo Rocchetta* (1159 m), der Provinzgrenze Trento–Brescia. Im Ersten Weltkrieg

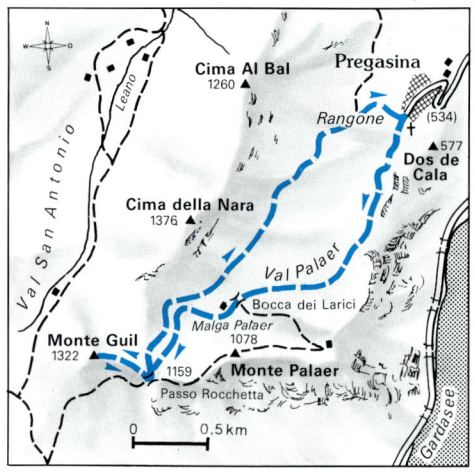

1915–1918 verlief hier die erstarrte italienische Nordfront. Das steingemauerte Hüttchen ist jüngeren Datums. Der eigentliche Paß liegt unmittelbar rechts neben dem aufragenden Felsklotz (Rocchetta). Steigt man dort etwas ab, an der Rechtskurve halblinks (geradeaus nach etwa 10 Minuten kommt eine Quelle), etliche gemauerte Stufen hoch an der Südseite des Felsens, bietet das Plätzchen unvermutet einen jähen Tausend-Meter-Blick auf Limone und den See, über dem mittags die Luft flimmert.

Gipfelhungrige werden es nicht versäumen, auch noch den genau 163 Meter höheren *Monte Guil* zu ersteigen: Vom Wegweiser rechts dem Pfad folgend bergan zu verfallenen, mit Maschendraht gesicherten Kriegsbauten. Die Spur setzt sich schwach linkshaltend fort, erklimmt nach 20 Minuten einen trigometrischen Punkt (1281 m), bei dem uns noch 10 Minuten vom *Monte Guil* (1322 m) trennen. Hier sind die Rundblicke wesentlich umfassender als vom Passo Rocchetta. Nördlich liegt das verschwiegene Val San Antonio mit der reizvollen Almsiedlung Leano. Nordwestlich erkennt man am Monte Carone das Militärsträßchen. Und im Süden erscheint der Gardasee grenzenlos, wenn auf seinem Wasser heller Dunst spielt.

Vorhergehende Doppelseite:
In der linken Bildhälfte träumt in einer Hangfalte das hochgelegene Dörfchen Pregasina. In der Bildmitte die Mündung des Val di Ledro (Ponale), rechts die Trasse der »Ponalestraße«.

(Wandert man vom Gipfel weiter in südwestlicher Richtung abwärts, führt die Spur in den Passo Guil. Dort besteht Anschluß an die Touren 29 und 33. Allerdings ist es von deren Endpunkten sehr umständlich und langwierig, wieder nach Pregasina zu gelangen, weil dorthin keine öffentlichen Busse verkehren. In einem solchen Falle sind zwei Autos bzw. größere Gruppen von Vorteil.)

Abstieg: Zurück in den *Passo Rocchetta* (1159 m). Jetzt aber nicht auf dem Herweg, sondern halblinks mit der »*Strada degli Alpini*«, einem Hangpfad in mäßigem Gefälle. Er mausert sich zum Schau-Spaziergang. An Abzweigungen stets geradeaus durch die bewaldeten Hänge der Cima della Nara. Ungefähr 45 Minuten nach dem Verlassen des Passo Rocchetta wird Pregasina wieder sichtbar. Ein Zeichen, daß sich der Steig bald rechts wendet, hinunter zum Wegweiser im Ortsteil Rangone, einschwenkend in den bekannten Fahrweg. Vom Rocchettapaß 1¼ bis 1½ Stunden.

Nützliche Informationen

Ausgangsort: Pregasina (534 m), Ortsteil der Gemeinde Riva auf einer Hangterrasse über dem Gardasee-Westufer. Von Riva 12 km. Seit 1989 kann Pregasina nicht mehr direkt über die »Ponalestraße« angesteuert werden (Einbahnstraße talwärts). Die Zufahrt erfolgt ab Riva zunächst durch den Tunnel in Richtung Ledro. Am Ende des Tunnels links in die »Ponalestraße«, an der die Rechtsabzweigung des Sträßchens nach Pregasina beschildert ist.

Parkplatz: Bei der Kirche.

Gehzeiten: Insgesamt 4¼ bis 4½ Stunden. Bis zum Passo Rocchetta knapp 2 Stunden. Von dort zum Monte Guil ½ Stunde. Abstieg 1½ bis 1¾ Stunden.

Unterkunft und Verpflegung: In Pregasina zwei Alberghi (auch Privatzimmer), Bar. In Riva, siehe Tour 22.

Auskunft: Azienda Autonoma di Soggiorno e Turismo, I-38066 Riva del Garda, Palazzo Congressi, Tel. 0464/554444.

Karten: Freytag & Berndt-Wanderkarte 1:50000, Blatt 20 (Gardasee–Lago di Garda). Kompass-Wanderkarte 1:50000, Blatt 102 (Lago di Garda–Monte Baldo).

Limone in einer weitläufigen Bucht am Gardasee-Westufer bzw. an der »Gardesana occidentale«, mit der Pfarrkirche San Benedetto.

33 Wo einst die Zitronen blühten: Limone

Ins Gebirge des Hinterlandes

Unschwierige Wanderung, Rückkehr von Vesio nach Limone per Bus.
Beste Jahreszeit: Frühling und Herbst; im Sommer sehr heiß.
Reine Gehzeit: 5½ bis 5¾ Stunden.

Ob der Ortsname Limone von der Zitrone abgeleitet wird oder vom lateinischen Wort »Limes« (Grenze), ist nicht geklärt. Feststeht jedoch, daß der Anbau von Limonen einst –

neben dem Olivenöl – den Haupterwerbszweig bildete, ehe die Konkurrenz aus Sizilien und Spanien dank EG und schneller Lastwagen der hiesigen Produktion den Rang ablief. Die Limone vom Gardasee war geschätzt wegen ihres Geschmackes, der Saftigkeit und der Transportfähigkeit. Sie steht ununterbrochen in Blüte bzw. fruchtet das ganze Jahr. Noch Ende der fünfziger Jahre boten an der Straße braungebrannte Buben ganze Fruchtzweige mit Zitronen und Orangen an, aus der Hand heraus, in kleinen grün gestrichenen Karren oder an beschirmten Holzständern. Vergangenheit! Jetzt erinnern nur noch die kahlen Säulenreihen vor leeren

»Serre di limoni« – Freiluft-Gewächshäuser – auf den windgeschützten, dem Süden zugewandten Terrassen an diesen Wirtschaftszweig. Verschiebbare Holzläden und Schilfmatten bewahrten das Innere der »Limonaie« vor Frost und Winterkälte, denn Zitronen erfrieren bei 2 bis 4 Grad minus, aber auch vor glühender Hitze. Die «Limonaie» wurden gewöhnlich Ende März geöffnet. Von gleicher Konstruktion, jedoch eine etwas andere Frucht schützend, waren die »Cedreie« für die grünlich-runzelige bis kindskopfgroße Zedrat-Zitrone, nächste Verwandte der Limone, aus deren kandierter Schale das Zitronat gemacht wird sowie »Acqua di Cedro«, ein Likör aus Salò.

An Oleanderbäumchen sind keine Fischernetze mehr aufgehängt zum Trocknen. Im neuen Hafen dominiert Beton. Limone hat seine Atmosphäre verpfuscht. Es präsentiert sich, wie auch Olga Pallhuber empfindet, »als das meistbesuchte und abschreckendste Phänomen des Tourismus am See«. Bus- und Pauschalreisende prägen das ehemalige »Portofino del Garda«. Kunde vom Süden tun das pechschwarze, glänzende Haar der Mädchen, lockeres Wesen und junge Sinnlichkeit, spontane und herzliche Freundlichkeit der nicht durch die Gastronomie gestreßten Menschen und die Sonne. Doch ihr Einfluß kann von Fremdenverkehrsmanagern ohnehin nicht manipuliert werden. Und auch die zarten Pastellfarben blühender Mandel- und Kirschbäume leuchten so süß wie eh und jeh.

Der Wegverlauf

Im nördlichen Ortsteil von Limone, in Höhe der Pfarrkirche San Benedetto (rechts) und der Pension Susy, wird die Staatsstraße 45 südwestlich durch die Via Caldogno verlassen. Sie führt aufwärts im Ortsteil Milanese und geht nach 10 Minuten in ein Schottersträßchen über, das wenig später bei der Bar Milanese endet; letzte Parkmöglichkeit.

Auf der Brücke über den Torrente San Giovanni. Tafeln verweisen auf »Segala« und »Guil«. Wir dringen mit Routennummer 101 ins Valle del Singol ein. Links mündet das Valle delle Gere, wo Steig 111 abzweigt. Als nächstes schert der »Sentiero degli Alpini«

(Nr. 102) links aus, ins Valle Scaglione. Beiderseits treten die Felswände zurück und machen einer Hochtalmulde (424 m) Platz. Rechts über den Bach, links an verfallenem Mauernwerk vorbei und erneut über einen Bach. Schrofigem Felsgelände rechts ausweichend, am orographisch rechten Rand des Val Salumi, erreicht man die Gabelung (710 m) der markierten Wanderpfade. Von Limone 1¾ Stunden.

Geradeaus führt Weg 103 zur aufgelassenen Malga Dalo ai Pre (769 m). Unsere Tour bleibt rechts auf Wegnummer 101, auch weiterhin steil bergan, eine kleine Lichtung links passieren, in einer Viertelstunde zur nächsten Gabelung (808 m). Erneut rechts über einen Bachlauf. Die deutliche Spur führt nahe an die felsbesetzte Cima di Mughera heran bzw. in einen Sattel nördlich davon. Von Limone 2¾ Stunden.

Hier, beim großen Roccolo di Nembra (1175 m), schon wieder eine Kreuzung: Halbrechts in 20 Minuten mit Nummer 422 zum Passo Rocchetta (nach 10 Minuten links oberhalb des Weges eine Quelle), der einen Übergang nach Pregasina erlaubt.

Wir spazieren, ebenfalls auf Weg 422, links am Roccolo di Nembra vorbei, fast unmerklich aufwärts, begleitet von Militärruinen, denn hier verlief im Weltkrieg (1915–1918) die italienische Front. Nach 10 Minuten stößt man auf den Weg 421, der aus dem Val di Ledro (Pre) hochführt. Den nahen, einige Schritte rechts oben liegenden Passo Guil (1209 m) unbeachtend lassend, dürfen wir uns auf das reizvollste Teilstück der Wanderung gefaßt machen!

Der Gardasee und die Monte-Baldo-Kette präsentieren sich nun wieder dem Wanderer. Westlich sieht man den Corno della Marogna. Die Promenade traversiert in kühner Trasse, streckenweise unter Überhängen, die Felsmauer der Punta di Mois. Etwa eine halbe Stunde nach dem Roccolo di Nembra beginnt rechts der grün-weiß-rot markierte »Sentiero Alpino Elio Bertolotti« zum Monte Carone (1621 m).

Die Schau von Limone in nordöstliche Richtung, über aufgelassene Zitronen-Gewächshäuser hinweg, zeigt den Monte Stivo (ganz links) sowie die Gruppe des Monte Altissimo.

Rückblick aus dem Valle del Singol über den Gardasee in Richtung Südosten zu den Höhen des zentralen Monte-Baldo-Kammes.

Schon 5 Minuten danach »bewirtet« uns die ständig offene *Baita Bonaventura Segala* (1250 m). Hier gibt es Getränke-Selbstbedienung (siehe Tour 29). Aber bitte das Bezahlen nicht vergessen! Von Limone etwa 3¼ Stunden.

Fünf Minuten zur nächsten Aussichtswarte: Fortini (1246 m), vor dem Ersten Weltkrieg Standort einer Finanzerkaserne.

In 5 Minuten zur *Bocca Fortini* (1423 m). Etwa 150 Meter danach zweigt links Wegnummer 120 als schmaler Pfad ab, durch das Val Piana und über die Malga Dalo ai Pre (769 m) zur Aufstiegsroute; nach Limone 2 Stunden.

Unser Fahrsträßchen passiert etwa 20 Minuten nach der Baita Segäla etliche Kavernen, dann einen Felsdurchlaß. Abwärts, vorbei am Tümpel und hinauf in den *Passo di Bestana* (1174 m). Von der Baita Segala 35 Minuten.

Andere Berge treten ins Blickfeld. Von rechts: Monte Nota, Cima Tuflunga, Corno della Marogna, wo die Kriegsstraße deutlich ausgeprägt ist.

Endgültig abwärts! Zunächst in den flachen Sattel des *Passo di Nota* (1208 m). Weiter auf dem 1915/16 angelegten Militärsträßchen in das 1983 zum Naturschutzgebiet erklärte *Valle di Bondo,* wodurch die Route unmißverständlich gegeben ist. Ein Hatscher, ehrlich gesagt: schätzungsweise neun Kilometer hinaus nach Vesio (626 m). Dort den Bus nach Limone nehmen.

Nützliche Informationen

Ausgangsort: Limone sul Garda (78 m), 1000 Einwohner, Provinz Brescia, Fremdenverkehrsort am Westufer, beiderseits der Staatsstraße 45, zwischen Riva (10,5 km) und Salò (34,5 km). Busbahnhof an der Durchgangsstraße (Bar Turista), gute Verbindungen mit allen Orten am Westufer. Schiffsanleger. Nächster Bahnhof in Rovereto (31 km). **Zielort:** Vesio (626 m), Ortsteil von Tremosine, 8 km von Limone. Hotels, Pensionen, Gasthöfe, Lebensmittelgeschäft. Bushaltestelle beim Tabacchi-Geschäft (Billetten-Verkauf).

Rückkehr: Letzter Bus von Vesio nach Limone: 17.35 (Sommerzeit), 16.35 (Winterzeit); Fahrzeit ½ Stunde.

Parkplätze: Im nördlichen Ortsteil, in Höhe der Pfarrkirche, bei der Pension Susy, im Abzweigungswinkel der Via Caldogno.

Gehzeiten: Insgesamt 5½ bis 5¾ Stunden. Zur Baita Segala 3¼ Stunden. Von dort bis Vesio 2¼ bis 2½ Stunden.

Unterkunft und Verpflegung: Einkehrmöglichkeiten in der *Baita Segala* (Getränke), Gasthäuser in *Vesio*. In Limone zahlreiche Quartiere. Campingplätze: *Garda,* geöffnet von April bis Oktober, Tel. 0365/954550; *Nanzell,* geöffnet vom 1. April bis 15. Oktober, Tel. 0365/954155; *Miralago,* geöffnet vom 20. Mai bis 30. September, kein Telefon.

Auskunft: Azienda Autonoma di Soggiorno e Turismo, I-25010 Limone sul Garda, Via Comboni 15, Tel. 0365/954070.

Sehenswürdigkeiten: *Chiesa San Rocco* aus dem späten 15. Jahrhundert, ausgemalt im Stil der Renaissance, hinter dem Altar Szenen aus der Vita des Patrons. *Pfarrkirche San Benedetto,* ursprünglich romanisch, 1685 neu erbaut, fünf Altäre. Der holzgeschnitzte Christus wird dem 18. Jahrhundert zugeschrieben. Gedenkstein für Daniele Comboni (1831–1881), 1981 aufgestellt für den Gründer des wohltätigen Combonianer-Missionsordens in Afrika; Geburtshaus (Centro Comboniano, Kapelle unter Ölbäumen) an der

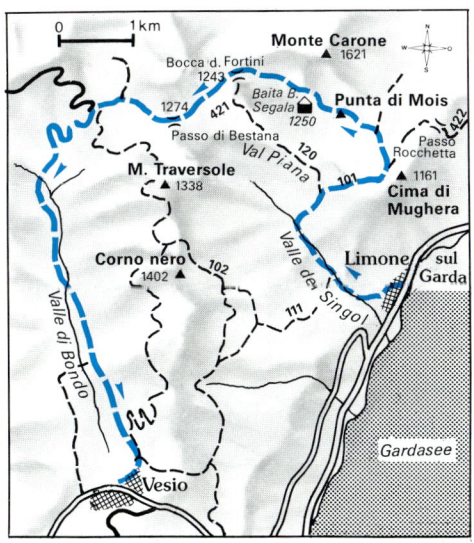

Via Campaldo. Von dort sind es 200 Meter zu »Mamma vino« in der Bar Campaldo, einem originellen Weinlokal. Markt jeden 1. und 3. Dienstag des Monats.

Karten: Freytag & Berndt-Wanderkarte 1:50000, Blatt 20 (Gardasee–Lago di Garda). Kompass-Wanderkarte 1:50000, Blatt 102 (Lago di Garda–Monte Baldo). – Im Reisebüro sowie in der Bar Milanese kann eine Spezialwanderkarte (1:12500) erworben werden.

34 Ein Balkon über dem See: Pieve

Abenteuerliche Wege nach Tremosine

> Rundwanderung. Trittsicherheit und Schwindelfreiheit notwendig, vor allem beim Direktabstieg von Pieve; bei Nässe gefährlich. Taschenlampe mitnehmen! *Beste Jahreszeit:* Frühsommer und Herbst; ansonsten ganzjährig.
> *Reine Gehzeit:* 4½ Stunden. Direktabstieg 20 Minuten kürzer.

Campione liegt auf einer angeschwemmten Kiesbank und bietet für Gardaseegestade ungewöhnliche Bilder: exakt ausgerichtete Fabrikhallen, getrennt davon Wohnblöcke in verwaschener Ockerfarbe – eine Industriesiedlung unter senkrechten, scheinbar einsturzbereiten Felswänden. Der deutsche Reiseschriftsteller Heinrich Noë erblickte um die Mitte des 19. Jahrhunderts vom Schiff aus »eine Station, wie man sie vielleicht in Europa an keiner See- oder Meeresküste wiederfindet«. Die Ankommenden hielten vergebens Ausschau nach Tremosine. »Wir sahen nur einen Steig, der an der Wand zu schwindelnder Höhe emporführt…« Das ist die uralte Verbindung hinauf nach Pieve di Tremosine bzw. von dort zum »Porto«, einst – ebenso wie der Steig nach Pregasio –, als die durch Vittorio Olcese (1861–1940) gegründete Baumwollspinnerei noch in Betrieb war, Weg der Frauen und Mädchen, welche sich dort ein Zubrot verdienten, Tag für Tag 12 Stunden lang.

Morgens und abends gingen die Leute diese

Steige, zur Winterzeit im schwankenden Licht von Laternen, im Aufstieg bei der Heimkehr sogar singend, wie mir eine Signora erzählte, die sich lebhaft an jene Zeiten erinnerte. Lasten seien noch Anfang des 20. Jahrhunderts vom See aus per Drahtseil befördert worden. 1981/82 schloß die Industriellenfamilie Olcese ihre Spinnerei, in der um die Jahrhundertwende 600 Leute arbeiteten.

Campione ist im Aussterben begriffen, es wirkt verschlafen, jedoch intakt vom Friseur über Lebensmittelhändler, Gasthöfe bis zum Postamt – und vollkommen unverfälscht. Seit die »Gardesana occidentale« im Tunnel vorbeiführt und im Bergesinnern der Hinweis auf die Zufahrt nicht gerade auffällt, ist es wohltuend ruhig geworden unter den Wänden, wo einst Seeadler und Fischadler horsteten.

Der Wegverlauf

Vom Zentrum *(Piazza F. Arrighini)* auf einem Steg über den *Torrente Campione*. Gleich danach rechts halten, über Steinstufen direkt auf die riesige Schlucht zu. Jenseits der Brücke (ehemalige »Gardesana occidentale«) dem Steig folgen. Er ist stellenweise aus dem Fels der tiefen Klamm gehauen. Das dicke Rohr der Überdruckleitung lieferte Energie für die Spinnerei.

Nach insgesamt 15 Minuten geht es durch einen 100 Meter langen, spärlich beleuchteten Tunnel. Anschließend ein gemauertes Staubecken passieren. Verblüffende Technik an steiler Wand! Ein Steg bringt uns über die schaurige Schlucht; erstaunliche Auswaschungen im Kalk. Damit wechseln wir auf die orographisch linke Seite des wildschönen *Valle San Michele*. An der Gabelung rechts den oberen Weg nehmen. Hernach kurzer Abstieg. Dann nicht links talein (Geröllpfad), sondern rechts. Die Route wird zum Pfad: luftig, aber tadellos ausgebaut durch den mit Strauchwerk bewachsenen Hang in Serpentinen, entlang felsiger Abbrüche. Konzentriert Fuß vor Fuß setzen! Die Ausblicke über den See zum Monte Baldo können wir später genießen.

Sobald uns die Schlucht freigibt, stehen Ölbäume auf den von Natursteinmäuerchen unterbrochenen Wiesenterrassen. Im Südwesten erscheint die Ortschaft Prabione. Links die Waldkuppe des sagenumwobenen, durch Stellungen aus den letzten Kriegen unterminierten Monte Castello. Auf seinem Südwestrücken sorgt die Madonna di Montecastello alljährlich an Mariä Geburt (8. September) für Wallfahrer.

Der betonierte Weg bringt uns hinauf zum *Ristorante Selene* in bester Aussichtslage. Vom Kirchlein *San Marco* links nach *Pregasio* (478 m). Von Campione 1¼ Stunden.

Wir sind auf der Hochfläche von *Tremosine*, zugleich eine Gemeinde mit 17 Fraktionen und 1925 Einwohnern (um die Jahrhundertwende: 2100), wozu auch Campione gehört, so daß Tremosine vom See bis in 1926 Meter reicht. Die Gegend war schon vor den Römern von Galliern aus der Gegend um Brescia besiedelt.

Am westlichen Ortsrand halbrechts in die *Via Prae* einschwenken. Das überdachte öffentliche Waschhaus erfüllt noch seinen Zweck. An der Rechtskurve geradeaus. Zu Füßen einer Felswand aufwärts. Bei der Teilung halbrechts, ein verlassenes Haus passieren. Wenig später stößt man auf einen Querweg, die örtliche *Wanderroute 5* (Täfelchen am Baum). Von Pregasio eine halbe Stunde.

Links weiter, bergan zu einer Wiesenmulde, in der etliche Häuser verstreut stehen. Etwa 100 Meter vor dem nächsten Anwesen gilt der rechte Weg, empor in die *Bocca di Nevese* (752 m): höchster Punkt der Tour – 2 Stunden von Campione.

Abwärts. Östlich erscheint der Gardasee. An der Wegekreuzung geradeaus, noch eine Viertelstunde mit dem Fahrweg. Aufpassen! Rechts von einer Wiesenlichtung (Leitungsmast) biegt man spitzwinkelig nach rechts ab. Durch Laubwald in einigen Minuten zum Fahrsträßchen, auf dem es rechts noch 5 Minuten bis *Secastello* (610 m) sind. Beim Marien-Bildstock des malerischen Weilers rechts zum Brunnen. Von Pregasio 1¼ Stunden.

Linkshaltend hinaus zu einer wirkungsvollen Wiesenkanzel. Danach schlängelt sich ein Weglein durch Laubwaldschatten talwärts in das heimelige Häusergewinkel von *Sompriezzo* (556 m). Hungrige erwartet das Ristorante »La Locchetta«.

Wie ein Adlerhorst hängen die Häuser von Pieve, dem Hauptort der Großgemeinde Tremosine, über der Steilküste des Gardasees.

Von der Kirche *Madonna della Salute* geht es rechts durch den *Vicolo Irto* und weiter bis zum untersten Haus. Vor dem Gastank links, gleich scharf rechts (Markierungstäfelchen *8 am Baum*), mit dem Weglein in den Laubwald. Als nächstes begrüßt uns die Contrada *Musio*. An der 1989/90 restaurierten Kirche links vorbei. Der überwachsene Pfad wendet sich nach 5 Minuten rechts und mündet in die Autostraße. Rechts, 15 Minuten bis in den Hauptort der Großgemeinde Tremosine, *Pieve* (413 m), bevorzugtes Tourismusziel. Von Campione 3 Stunden.

Einmalige Loge! Ihr Reiz schlug 1954 selbst König Faruk von Ägypten in den Bann. In unvergleichlicher Exponiertheit hängt der Speisesaal des Ristorante Miralago rund 400 Meter über dem See, auf dessen Spiegel die

Sonne irrlichternd tanzt. Manchmal leiden ängstliche Gemüter unter Appetitmangel, schmunzelt der Wirt. An einem Blumenkasten habe ich die geritzte Inschrift »Pieve... Chi dai tuoi balconi guarda apre il cuor al magico Garda« gelesen (Pieve... Wer von deinem Balkon hinunterschaut, öffnet sein Herz dem zauberhaften Gardasee!).

Rechts neben dem »Miralago« bzw. der Bar Tremosine führen Steinstufen zum Beginn des »Sentiero del Porto« (Holztafel). Es ist zwar der kürzeste Abstieg (20 Minuten zur alten Straße), erfordert jedoch uneinge-

Folgende Doppelseite: Die schmale Landzunge von Campione an der Basis gewaltiger Felswände. Rechts vorne ein Teilstück der alten »Gardesana occidentale«.

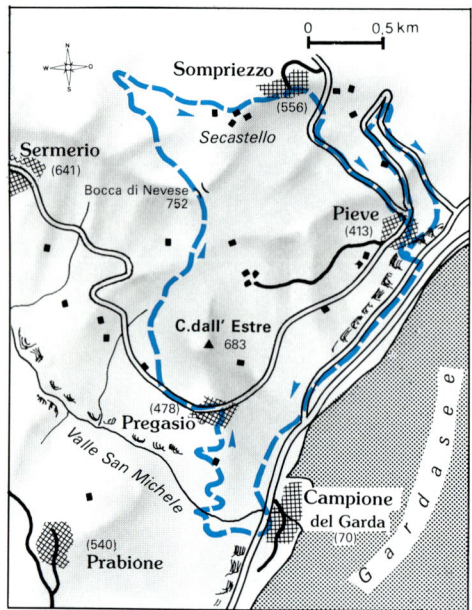

Diesen Vers des Höllengesanges der »Göttlichen Komödie« bringen einige Dante-Forscher mit Campione in Verbindung. Immerhin findet es bereits anno 958 Erwähnung durch den in Bamberg verstorbenen Berengar II., König von Italien. Laut Überlieferung lockte bereits im 5. Jahrhundert ein Kirchlein die Heiden an, das dem in einer Felsgrotte verstorbenen Sant'Ercolano, Schutzheiliger der Riviera, geweiht war (siehe auch Tour 36). Der Wildbach habe es fortgerissen, wie 1807 das Eisenerzwerk.

Nützliche Informationen

Ausgangsort: Campione del Garda (70 m), Ortsteil der Gemeinde Tremosine, Provinz Brescia, an der »Gardesana occidentale« (Staatsstraße 45), zwischen Limone (8 km) und Gargnano (11 km), von Riva 18 km, von Desenzano (nächster Bahnhof) 45 km. Regelmäßige Busverbindungen mit sämtlichen Orten am Westufer, ausgehend von Trient und Mailand – Brescia; Haltestelle auf der Piazza F. Arrighini. Schiffsanleger. Freier Badestrand. Caravanplatz. Beliebtes Surf-Revier.
Parkplatz: Ortsmitte (Piazza F. Arrighini).
Gehzeiten: Insgesamt 4 1/2 Stunden. Anstieg nach Pregasio 1 1/4 Stunden. Von dort nach Pieve 1 3/4 Stunden. Abstieg 1 1/2 Stunden (Direktabstieg 20 Minuten kürzer).
Unterkunft und Verpflegung: In Campione, Pregasio, Sompriezzo, Pieve sind Restaurants. Lebensmittelgeschäft in Campione (preiswerte Weine) und Pieve. Hotels und Campingplätze in Limone, siehe Tour 33.
Auskünfte: Associazione pro loco, I-25010 Pieve di Tremosine, Tel. 03 65/95 31 85.
Sehenswürdigkeiten: In Pieve die Pfarrkirche *San Giovanni Battista* (Johannes der Täufer), seit altersher Taufkirche von ganz Tremosine, ursprünglich romanisch (Turm, Basisrelief des 8. Jahrhunderts), im späten 14. Jahrhundert gotisch umgebaut, 1712 barockisiert.
Karten: Freytag & Berndt-Wanderkarte 1:50 000, Blatt 20 (Gardasee–Lago di Garda). Kompass-Wanderkarte 1:50 000, Blatt 102 (Lago di Garda–Monte Baldo). – Der Verkehrsverein (siehe bei Auskunft) gibt kostenlos eine Karte mit allen Wanderwegen der Gemeinde ab.

schränkte Achtsamkeit auf dem teils nur fußbreiten Pfad. Entspannter fühlt man sich auf der nicht sonderlich befahrenen Straße: 20 Minuten bis zu den Ruinen einer Mühle, wo die Wandersleut kühlen Schatten spüren. Hinter der *Bar La Forra* (277 m), bei einer naturgeformten Mariengrotte, entfaltet die *Brasaschlucht* ihren monumentalen Reiz. Halbdunkel in der Klause, zwischen Felswänden, die nur einen feinen Streifen des Himmels zulassen. Und dann eine ganz andere Landschaft – Sonnenglanz. Aber schon springen die Schatten der Berge wie ein Stück Erz ins diesseitige Gewässer, einem populären Eldorado für Forellenangler.

Der vorläufig letzte Tunnel wird links auf der alten Straße umgangen. Rechts mündet der Direktabstieg von Pieve. Wir sind 40 Minuten marschiert, doppelt so lange wie auf dem Steiglein. Gute 5 Minuten später betritt man wieder die Straße, verläßt sie aber schon bei der nächsten Linkskurve: geradeaus, erneut mit der aufgelassenen Trasse, in 15 Minuten zur ehemaligen »Gardesana occidentale«. Zypressen und die Mini-Halbinsel Campione:

»Ein Ort liegt mitten drin in seinen Wellen,
Wo Brescias, Trentos und Veronas Hirt
Zugleich zum Segen hin sich könnten
stellen.«

35 Gargnano und die Uferhöhen

Wo Mussolini residierte

> Unschwierige Rundwanderung.
> *Beste Jahreszeit:* Frühjahr und Herbst, im Sommer sehr heiß; auch ganzjährig.
> *Reine Gehzeit:* 3½ Stunden.

Am 23. September 1943 gelangte Gargnano zu trauriger Berühmtheit: Der Diktator Mussolini residierte hier bis April 1945 als Chef der »Repubblica Sociale Italiana«, der sogenannten »Republik von Salò«. Mussolini, 1883 geboren, von Beruf Lehrer, gründete 1919 die Bewegung der »Fasci di Combattimento«, die er 1921 in den »Partito Nazionale Fascista« (PNF) umwandelte. Agitation und Terror, letztendlich der »Marsch auf Rom« am 28. Oktober 1922 brachten ihn an die Regierung – und dem Land die Diktatur, aber auch eine Wirtschafts- und Sozialordnung auf kooperativer Basis, festgelegt 1927 in der »Carta del Lavoro«. Seine Politik ten-

dierte zum Bündnis (1936) mit Nazi-Deutschland. 1940 riß er Italien in den mörderischen Strudel des Zweiten Weltkrieges an der Seite Hitlers. Mißerfolge (Landung der Alliierten auf Sizilien) und Verdrossenheit führten am 25. Juli 1943 zum Sturz des »Duce« durch den faschistischen Großrat. Am gleichen Tag wurde der Entmachtete auf Befehl König Viktor Emanuels verhaftet und im Gran Sasso festgesetzt. Italien kapitulierte vor den Alliierten bzw. schloß am 3. September 1943 einen Waffenstillstand. Dann begann die verhaßte, gewalttätige deutsche Besetzung. Fallschirmjäger unter dem SS-Offizier Otto Skorzeny befreiten Mussolini in einem spektakulären, propagandistisch ausgeschlachteten Kommando-Einsatz am 12. September 1943. So kam die »Repubblica di Salò« zustande: Mussolini als Marionette Berlins.

Die Westuferstraße wurde für den öffentlichen Verkehr gesperrt; in den Tunnels baute man Flugzeugteile zusammen. Wegen der zahlreichen, zu Lazaretten umfunktionierten Hotels blieb die 1931 zwischen Gargnano

Das Städtchen Gargnano, wo ab September 1943 Benito Mussolini, gestürzter Diktator Italiens, am Gängelband Hitlers residierte.

und Riva eingeweihte »Gardesana occidentale« von alliierten Luftangriffen verschont. In
der Nacht vom 28. auf 29. April 1945 kam es
zu einem Artillerieduell über den See hinweg
zwischen den am Ostufer vorrückenden
Amerikanern und den fliehenden Deutschen.
An diesem 28. April endete Mussolini, wie
viele Gewaltherrscher vor und nach ihm:
aufgehenkt, mit dem Kopf nach unten, dem
erlösten Volk makaber zur Schau gestellt.
Widerstandskämpfer hatten in der Provinz
Como den Flüchtenden mit seiner Geliebten
Clara Petacci gefaßt und beide auf der Stelle
erschossen. Der 29. April 1945 beendete am
Gardasee jegliche Kampfhandlungen.
Unter Kriegseinflüssen litt Gargnano nur
1866 während der italienischen Einheitsbe-
strebungen. Die österreichische Gardasee-
Flotte hatte im Juli fünf Tage lang die Stadt
und dort ankernde Kriegsschiffe beschossen.
Am Hafen erinnern in Häuserfronten einge-
mauerte Kanonenkugeln an das Ereignis.

Der Wegverlauf

Vom *Palazzo Feltrinelli,* wo im Sommer
Sprachkurse der Universität Mailand stattfinden und Ministerien der »Republik Salò« ihren Sitz hatten, bzw. ab der *Piazza Vittorio
Veneto* auf dem *Viale della Rimembranza*
nordwärts, vorbei an verödeten »Limonaie«,
den Gewächshäusern für Zitrusfrüchte. Stich-
wege führen zum See, der vor Gargnano seine größte Tiefe aufweist: 346 Meter. Man
hört leichtes Platschen, wenn die langen fla-
schen Wellen auf graue Kieselsteine schlagen.
»Keine Worte drücken die Anmut dieser so
reich bewohnten Gegend aus«, vermerkte
Goethe im September 1786, als er mit dem
Schiff Gargnano passierte. Es ist für Reisende
aus dem Norden erste Station der »Riviera
bresciana«. Nachdem 1872 die Westuferstraße bis Gargnano verlängert wurde, erfreute
es sich im Frühjahr und Herbst als »villeggia-
tura« regen Zuspruches reicher Lombarden
aus Brescia und Mailand, die in der dreimal
täglich verkehrenden Postkutsche ankamen.
Herrschaftliche Villen erinnern an die Blüte
um die Jahrhundertwende. Rechts unten
steht die *Villa Feltrinelli* in einem Park voll
altem Baumbestand. Dort lebte Mussolini bis

*Gargnano gehört zu den bevorzugten Fremdenver-
kehrsplätzen im unteren Teil des Gardasee-West-
ufers an der »Riviera bresciana«.*

zur Flucht in Richtung Schweiz, während seine Gattin Rachele zurückblieb.
Etwa eine Viertelstunde später machen wir
einen kleinen Umweg, halbrechts hinunter
zum Kirchlein *San Giacomo di Cali,* der Kirche der ertrunkenen Fischer, aus dem 12.
Jahrhundert (Fresken an der seeseitigen Au-
ßenwand) in der gleichnamigen Häusergruppe. Links über Steinstufen wieder zur Straße,
und rechts. Am See träumt die Villa Ottaviani. Mächtige Felsen lösen die Lieblichkeit der

Riviera auf, dulden nicht mehr »den Sieges-ritt einer Üppigkeit ohne Grenzen«, wie Kasimir Edschmid (1890–1966) über den fruchtbaren Küstenstrich von Bogliaco bis hierher schrieb. Das Elektrizitätswerk der ENEL (Ente nazionale per l'energia elettrica) ist durch eine 5750 Meter lange Leitung mit dem Lago di Valvestino gekoppelt.

Nach insgesamt einer halben Stunde sperrt eine Schranke den Verkehr. Auf der Straße herumliegende Brocken warnen vor Steinschlag! Eine schützende Galerie nimmt uns auf. Es ist die 1931 eröffnete, von Riccardo Cozzaglio projektierte »Gardesana occidentale«. Sie durchbrach mit 74 Tunnels – auf zusammen sieben Kilometern – das in den See vorspringende Westufer, ist aber mittlerweile modifiziert worden, das heißt durch weitere Tunnels und Ortsumfahrungen begradigt und verkürzt.

Vor einer Tunnelröhre stößt man auf die *Staatsstraße 45.* Dort spitzwinklig links, erneut mit der ursprünglichen »Occidentale«. Gute 5 Minuten später grüßt von der Höhe das Kirchlein in Muslone, dem ersten Ziel der Wanderung.

Etwa 20 Minuten oberhalb der Staatsstraße folgt eine *Brücke* (251 m); dahinter eine Ruine. Ungefähr 30 Meter vor dieser Brücke wird die Tour halblinks fortgesetzt, auf breitem, nichtasphaltiertem Weg (nach Piovere). Aber schon kurz danach, vor dem Bachtobel,

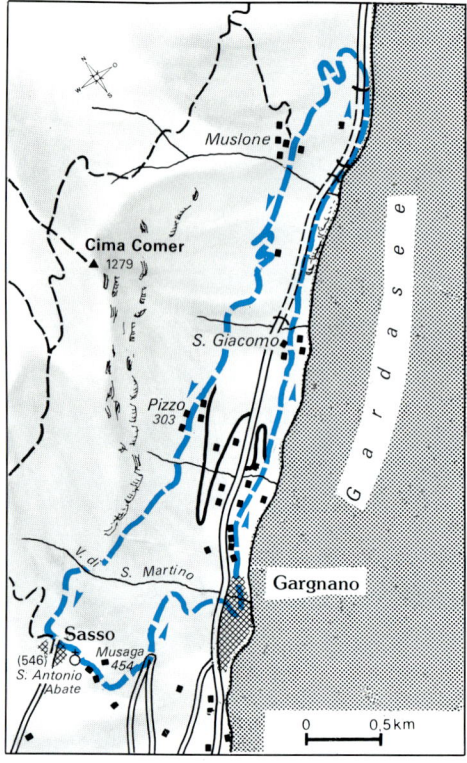

eine Dame mittleren Alters, ein Jungbrunnen und pflege die Schönheit … Kurz danach zeigt rechts ein gelber Pfeil die Abkürzung der Straße. Auch nach der folgenden Linkskurve leiten uns gelbe Farbzeichen. Einen Kiesweg schräg rechts queren und mit dem grasigen »Urpfad« wieder auf die Straße, an der Bank und Tisch ein wunderbares Brotzeitplatzerl bieten. Jetzt müssen wir 15 Minuten mit Asphalt vorliebnehmen. Fünf Minuten nach einer ehemaligen »Limonaia«, beim kleinen Marienbildstock, macht die Route einen Rechtsknick (geradeaus zur Uferstraße): *Wegnummer 30.* Kurz bergan. Vor der obersten Villa links, mit den Farbzeichen am Zaun entlang, durch Wald in einer Viertelstunde nach *Pizzo* (303 m, laut topographischer Karte »Il Pis«), Sommersitz einer begüterten Familie. Ihre Hauskapelle steht hart am Abgrund. Alles verlassen, dem Ruin ausgesetzt; nur das Wappen blieb und der herrschaftliche Aufgang von Gargnano.

Kurz vor dem Komplex halbrechts ansteigen. Ziegen knabbern an grünem Gesträuch, blockieren starrköpfig den Pfad. Etwa 15 Minuten später wird unter felsigen Plattenschüssen das *Valle di San Martino* traversiert. In 5 Minuten zum breiten Weg. Selbst in dieser Höhe pflegte man den Anbau von Zitronen, wie die Pfeiler vereinzelter »Serre di limoni« beweisen.

Bis *Sasso* (546 m) sind wir knapp 3 Stunden gelaufen. Früher machten hier Wallfahrer Station, am Weg zum Kirchlein San Valentino (772 m). Bereits um 8.30 Uhr war hl. Messe am Valentinstag (14. Februar), anschließend Segnung der Haustiere. In manchen Jahren spricht die Chronik von 500 Bauern, Knechten und Kindern.

Hinaus zur Chiesa *San Antonio Abate*. Dann vor dem Friedhof links, auf betoniertem Weg in den urtümlichen Weiler *Musaga* (454 m). Der Abstieg, zwischen Häusern durch, läßt die Mühsal des steilen, früher einzigen Zuganges ahnen. Beim untersten Haus (Brunnen) links, gleich danach rechts mit dem grasüberwachsenen Pfad bzw. der *Via Pastoro* zur Autostraße. Links, nach 70 Meter (gegenüber Haus Nr. 88) halbrechts die Straße verlassen, sie wenig später schräg rechts kreuzen und hinunter zur *Pfarrkirche San Martino* (96 m). Der Architekt (1837) huldig-

biegt man scharf links in einen Pfad ein. Hangseitige Befestigungen lassen den alten Verbindungsweg erkennen. Durch Busch- und Strauchwerk mit gelegentlichen Seeblicken. Der dicht bewachsene Hang stürzt halsbrecherisch ab. Bei einem maschendrahtgezäunten Grundstück rechts, den Wald verlassen. Rotweinreben gedeihen; am Weg erfreuen wilde Nelken. Schwach linkshaltend zu einem Querweg. Er führt links, gelb markiert nach *Muslone* (462 m), eine der 13 Fraktionen von Gargnano (1½ Stunden).

Gleich rechts erzählt über dem Portal von Haus Nummer 33 die Jahreszahl 1284 mittelalterliche Geschichte. Daneben die »Trattoria da Giulio«. Am unteren Rand der Piazza Egidio Mombelloni steht die Kirche San Matteo – 400 Meter höher als der See. Er mißt an dieser Stelle 5,5 Kilometer von Ufer zu Ufer, hinüber nach Brenzone.

An der Straße laden Rastbänke zum Verweilen ein, über uns die Cima Comer. Ab der Kirche sind es 10 Minuten zum Waschhaus. Das Wasser des Brunnens sei, versichert mir te ganz offensichtlich dem Historismus, zumindest drängt sich dieses Gefühl im gewaltigen ovalen Inneren auf. Ein Pantheon-Verschnitt, ohne Zweifel. Das Altarbild (Jungfrau Maria) wird Alessandro Bonvicino (1498–1554) zugeschrieben, genannt »Moretto«, einem von Venedig beeinflußten Brescianer Meister.

Bei der *Feltrinelli-Büste* neben der Kirche bringt uns die *Via Forni* wieder auf die *Piazza Vittorio Veneto,* von der es nicht weit zum Hafen und der Seepromenade ist.

Nützliche Informationen

Ausgangsort: Gargnano (66 m), 3265 Einwohner, an der »Gardesana occidentale« (Staatsstraße 45) zwischen Riva (29 km) und Desenzano (38 km, nächster Bahnhof). Gute Busverbindungen mit den Orten am Westufer. Schiffsanleger.
Parkplätze: Der Beschilderung folgend.
Gehzeiten: Insgesamt etwa 3 1/2 Stunden. Nach Muslone 1 1/2 Stunden, weiter nach Sasso 1 1/2 Stunden. Abstieg 35 Minuten.
Unterkunft und Verpflegung: Unterwegs keine Einkehrmöglichkeit; die Trattoria in *Muslone* (Montag Ruhetag) öffnet erst gegen Abend. In *Gargnano* zahlreiche Hotels, Pensionen, Ferienwohnungen. Mehrere Pizzerie und Birrerie. *Osteria La Campagnola.* Für Liebhaber exzellenter Kochkunst: *Ristorante La Tortuga* (Montag und Dienstag geschlossen), Tischreservierung gewünscht, Tel. 7 12 51. Campingplätze: *Rucc,* ganzjährig geöffnet, Tel. 03 65/7 18 05; *Paradiso,* geöffnet von April bis Ende September, Tel. 03 65/7 12 23.
Auskunft: Ufficio turistico, I-25084 Gargnano, Piazza Feltrinelli 2, Tel. 03 65/7 12 22.
Sehenswürdigkeiten: Am südlichen Ortsrand (Via Roma) die im späten 13. Jahrhundert erbaute Franziskaner-Klosterkirche *San Francesco,* heute Pfarrkirche; einschiffiger Wandpfeilersaal, barockisiert. Angebaut der kleine Kreuzgang (nicht zugänglich, aber einsehbar), geziert u. a. mit Fruchtwerk-Kapitellen; die spätgotischen Kielbogen-Arkaden verraten venezianischen Einfluß. Übrigens sollen Patres des 1266 gegründeten Konvents die Zitrone am Gardasee eingeführt haben. Hafen mit Rathaus (18. Jahrhundert). – Im Ortsteil Bogliaco (1,5 km) eine der prächtigsten Villen am See: der dreistöckige *Palazzo Bettoni,* 1763 vollendet nach dem Vorbild von Schloß Schönbrunn in Wien, im Auftrag des Conte Giovanni Bettoni, Reitergeneral Maria Theresias. Berühmte Gemäldesammlung. Die Staatsstraße trennt das Schloß vom großzügig angelegten Terrassenpark.
Karten: Freytag & Berndt-Wanderkarte 1:50 000, Blatt 20 (Gardasee-Lago di Garda). Kompass-Wanderkarte 1:50 000, Blatt 102 (Lago di Garda-Monte Baldo).

36 Toscolano-Maderno

Über der Brescianer Riviera

Unschwierige Rundwanderung.
Beste Jahreszeit: Frühjahr bis Spätherbst, auch im Winter.
Reine Gehzeit: 1 3/4 Stunden.

»Es war erst Ende April. Aber in den Gärten am westlichen Ufer des Gardasees von Salò bis Gargnano standen die Rosen schon in voller Blüte. Der Monat, nördlich der Alpen als wetterwendisch verrufen, bewährt in diesem windstillen Winkel unter dem Schutz der hohen Berge Pizzocolo und Monte Baldo seinen Ruhm als Mai Italiens. Anemonen und Gentianen waren längst an sonnigen Stellen der Reben- und Olivenhalden aufgeblüht, und neben den hier heimischen lachsfarbenen Gardonerosen, mit der rötlichen Glut in der Tiefe des Kelches, dufteten an den Spalieren längs der Häuser die Marechal Niel in üppiger Fülle, während die kleinen gelben Bangsia-Röschen schon bis an die Dachgesimse hinaufkletterten.«
Paul von Heyse (1830–1914)

Auf einer Schwemmzunge am Auslauf des Valle Toscolano, etwa einen Kilometer in den See reichend, liegen die 1928 vereinten Orte Toscolano und Maderno: 6680 Einwohner, Luftkurort seit mehr als einem Jahrhundert und aus diesem Grund einst mit Brescia durch eine Straßenbahn verbunden.

Die Geschichte dieser Orte könnte jeweils ein Buch füllen. Toscolano ist älter, wenn auch die etruskische Gründungstheorie nicht bewiesen ist; älteste Spuren, abgesehen von einer Pfahlbausiedlung, gehören der Römerzeit an. Laut der Sage sollen Gallier (um 400 v. Chr. in Oberitalien eingewandert) bzw. ein keltischer Stamm unter Führung des Sehers

Acus sich hier niedergelassen und die neue Heimat »Benacus« getauft haben. »Lacus Benacus« hieß der See bis ins Frühmittelalter, als Karl der Große nach Eroberung des Langobardenreiches (773/774) auf der »Rocca« über Garda einen Grafen für die Uferorte einsetzte. »Territorio gardense« erscheint aber bereits 712 in einer Urkunde des Langobardenkönigs Luitprand (siehe auch Tour 20). Aufgefundene Weihesteine in Toscolano sind den Kaisern Mark Aurel (161–180 n. Chr.) und Septimius Severus (193–211) gewidmet. Nahe der Pfarrkirche Santi Pietro e Paolo, die an Stelle eines Bacchustempels steht, vor dem Eingang der Papierfabrik links (Informationstafel mit Grundrißplan, Fußbodenmosaiken), entdeckten Archäologen 1967 die Villa der Familie Nonii-Arii. Sie stammte aus Tusculum bei Rom, woraus Toscolano entstand – und die Etrusker-Hypothese: Der Name Tusculum dürfte nämlich etruskisch sein. Das »Tusculum« am Gardasee nannte schon der lateinische Dichter Catull, um 84 v. Chr. in Verona geboren, eine Stadt. Sie fiel 243 n. Chr. einem Bergsturz zum Opfer. In der Tat war es vermutlich eine aus der Toscolanoschlucht hervorgebrochene Naturkatastrophe. Alleine der Jupitertempel habe die Zerstörung überlebt!

Maderno, 969 erstmals erwähnt, fungierte im Mittelalter als Hauptstadt der Riviera di Brescia, versehen mit Privilegien wie der Gerichtsbarkeit unter den deutschen Kaisern Otto I. (969) und Friedrich Barbarossa (1160). Durch die Heirat der Beatrice della Scala – ihr verdankt die »Scala« den Namen –, Tochter von Mastimo II. (letzter des veronesischen Tyrannengeschlechtes), mit Herzog Barnabo Visconti kam die »Communità della Riviera« 1377 an den Mailänder, der Salò zum »maternum« (Muttergemeinde) erkor, was das Volk der Scaligerin nie verzieh; ihr Standbild wurde in den See gestürzt. Jetzt spielte, neben der Herstellung von eisernen Beschlägen für venezianische Galeeren, alleine die Papierindustrie eine Rolle, aber welche! Gegründet von Bernardino aus Monselice, fand das Produkt, erkenntlich am geschützten Ochsenkopf-Wasserzeichen, in ganz Oberitalien und sogar beim türkischen Sultan Absatz. 1381 schlossen die Gemeinden Maderno und Toscolano einen Vertrag über die gemeinsame Nutzung des Toscolanobaches. Den Vorteil des Standortes rechtzeitig erkennend, gründete der Trevisaner Gabriele di Pietro 1478 hier, auf venezianischem Territorium (bis 1797), die erste Buchdruckerei der Lombardei. Andere Offizinen folgten, Anfang des 16. Jahrhunderts die renommierte Werkstatt der Gebrüder Paganini. In einem dieser Betriebe wurde 1487 auch jene lateinische Bibel gedruckt, die Martin Luther 1521 für seine Übersetzung auf der Wartburg benutzte.

Der Wegverlauf

An der Nordseite der neuen *Toscolanobach-Brücke* (alte Brücke aus dem 16. Jahrhundert) geht es 50 Meter auf der Straße in Richtung Gaino. Dann halblinks in die *Via Cartiere* und durch das *Valle delle Cartiere*, sozusagen den Wurmfortsatz des neuerdings wieder katastrophenverdächtigen Valle Toscolano: Im März 1980 warnte der Geologe Dr. Michele Conti vor einem eventuellen Bruch (Erdbebengefahr!) der 1962 fertiggestellten Staumauer des Lago di Valvestino – 400 Meter höher im gleichnamigen Tal. Doch davon nahm die staatliche Elektrizitätsgesellschaft ENEL keine Notiz, klagen Bürgerinitiativen. Hinter der Ruine des einstigen Elektrizitätswerkes (273 m) schnürt sich das Tal klammähnlich zusammen. Der *Fiume Toscolano* fließt zwischen hohen Felswänden. Vier Tunnels werden durchschritten. Dann begrüßt uns die erste Fabrik. Stolze Zypressen päppeln das triste Bild des Verfalls auf. Kurz vor 1900 fand Ewald Haufe noch »flotte Papier- und Pappefabrikation«. Das gesamte Tal war ein Industrieviertel, erfüllt von heute unvorstellbarer Emsigkeit und Produktivität. So wird der Weiterweg hinter der *Bar-Trattoria Fiume* (104 m), die am jenseitigen Ufer steht, zu einem internen Bummel durch entschwundene Wirtschaftsgeschichte. Am efeuüberrankten Gemäuer ansehnlicher Ruinenkomplexe huschen Eidechsen. Etwa 5

Der Fiume Toscolano bietet im Valle delle Cartiere, im Tal der Papiermühlen, reizvolle klammähnliche, verschwiegene Winkel.

Minuten später rechts über eine tiefe Klamm des Baches, nach 5 Minuten links (geradeaus Badeplätzchen). Dort verkommt links etwas abseits das Arbeiterkirchlein, die Tür mit Brettern vernagelt. Taleinwärts führt der Pfad in einen Tunnel, hinter dem eine Felsschlucht das Tal plombiert. È finita – auch wenn die Karten durch eine rote Linie den Weiterweg vortäuschen!

Der soeben geschilderte Abstecher – hin und zurück eine halbe Stunde – sollte nicht ausgeklammert werden, wenn man sich mit der jüngeren Vergangenheit beschäftigen will.

Die Rundtour indes verharrt zunächst 10 Meter vor dem Haus bzw. der ersten Brücke (zur *Bar-Trattoria Fiume*). Dort geht es scharf rechts in ein Hangweglein. Es ist zwar offiziell gesperrt, kann aber problemlos begangen werden. Anfangs etwas ausgesetzt, dringt die deutliche Spur bald in den Laubwaldschatten ein.

Nach 10 Minuten ergeben sich Rückblicke in das Valle Toscolano. Dann stößt man auf einen breiten Querweg (218 m). Links an vereinzelten Häusern vorbei in 10 Minuten zur Kammhöhe. Östlich zeigt Pulciano seine Kirche. Nordwestlich besticht der Monte Pizzocolo.

Die *Via Donatello* leitet uns in das winkelige Örtchen *Gaino* (274 m) auf die Piazza Michelangelo: zum zweitenmal lokale Namensgebung durch einen toskanischen Renaissance-Künstler! Direkt von Toscolano-Maderno 1 Stunde.

Geradeaus durch die *Via Folino-Cabiana*. Im Vorblick der bewachsene, mit hellem Kalk durchsetzte Monte Castello di Gaino. Bis *Folino* (280 m) sind es 5 Minuten. Vor dem Briefkasten rechts ab. An der Gabelung rechts halten, aussichtsreich hinunter zu den obersten Häusern von *Pulciano* (200 m). Zur Durchgangsstraße im unteren Ortsteil von *Pulciano*. Gegenüber der Gelateria links in die *Via Genova*. Abwärts. Ein kleiner *Marienbildstock* ruft den Gläubigen. Wie mit einem Schlag erscheint Toscolano, die Altstadt, wo man der *Piazza Caduti* (Gefallenen-Ehrenmal) zustrebt, nahe der stattlichen Pfarrkirche Santi Pietro e Paolo am Straßenrand. Von Pulciano eine Viertelstunde.

Rechts in die *Via Trento*, erfüllt von typisch italienischem Flair, von welchem die Staatsstraße keinen Hauch verströmt. Ladengeschäfte mit persönlicher Atmosphäre; jeder kennt jeden. Am Haus Nummer 143, rechts, eine gemalte Fachwerk-Scheinfassade. Der Rückweg dauert 10 Minuten.

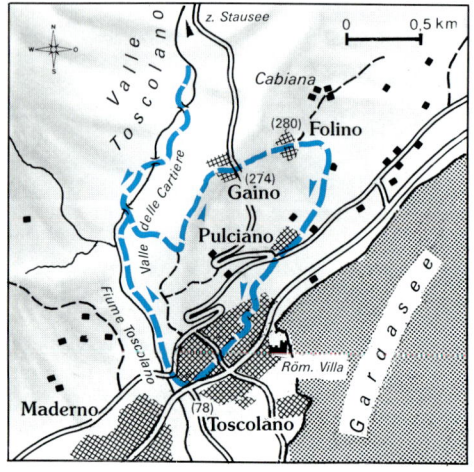

Nützliche Informationen

Ausgangsort: Toscolano (78 m), an der »Gardesana occidentale« (Staatsstraße 45), zwischen Riva (37 km) und Desenzano (28 km, nächster Bahnhof), von Brescia 36 km, von Verona 64 km. Gute Busverbindungen; Haltestelle für die Wanderung ist »Toscolano Ponte«. Schiffsanleger in Maderno; Autofähre nach Torri del Benaco (8 km), je nach Saison täglich 7 bis 14 Überfahrten (eine halbe Stunde), Auskünfte: Tel. 641389.

Parkplatz: Beiderseits des Toscolanobaches an der Brücke, die die Gemeinde teilt, an der Staatsstraße 45.

Gehzeiten: Insgesamt 1 3/4 bzw. 2 1/4 Stunden. Direkt nach Gaino 1 Stunde, mit Abstecher ins Valle delle Cartiere 1/2 Stunde länger. Abstieg von Gaino 40 Minuten.

Unterkunft und Verpflegung: Am Wanderweg Bar-Trattoria *Fiume* (zeitweise geöffnet), in Gaino Bar (Mittwoch geschlossen), in Pulciano Bar. In Toscolano-Maderno zahlreiche

Von den Höhen um Gaino oberhalb von Toscolano schweift der Blick südöstlich über den Gardasee zur vorgeschobenen Punta San Vigilio am Ostufer.

Hotels und Ferienwohnungen. Im Ortsbereich sechs Campingplätze. Der Autor hat mehrmals im Ristorante *Al Cantino* (Maderno, Piazza San Marco) zufriedenstellend gespeist!

Auskunft: Azienda di Promozione Turistica, I-25088 Toscolano-Maderno, Via Lungolago 18, Tel. 0365/641330.

Sehenswürdigkeiten: In *Toscolano* Renaissance-Pfarrkirche *Santi Pietro e Paolo,* unvollendete Fassade mit drei Portalen, über dem mittleren hl. Petrus, dreischiffiger Innenraum; *Pinakothek* mit 21 großen Gemälden des Venezianers Andrea Celesti (1637–1712), der vermutlich in die Provinz verbannt worden war wegen Verunglimpfung des Dogen und in Toscolano von 1688 bis 1700 lebte. Im Glockenturm (Nordostseite) eine Weihe-Inschrift für Kaiser Mark Aurel. Hinter der Kirche vier Säulen des *Jupiter-Tempels* sowie das Wallfahrtskirchlein *Santa Maria del Benaco,* ursprünglich frühromanisch. Fresken des 15. Jahrhunderts, 1829 grundlegend umgestaltet. – In *Maderno* an der Piazza San Marco die kleine, kunsthistorisch bedeutende Kirche *Sant'Andrea,* trotz Umbauten in großartigem lombardisch-romanischen Stil (1130–1150), vor allem das Portal; spätgotische Fresken, an der linken Außenmauer Spolien eines Apollotempels. Vor der Kirche die Statue des Sant'Ercolano,

frühchristlicher Bischof zu Brescia, Schutzpatron des Ortes und der Riviera. Seine Gebeine ruhen gegenüber in der Pfarrkirche *St. Herkulan* (19. Jahrhundert), im zweiten Seitenaltar rechts; Hauptaltar-Bild des Heiligen von Paolo Veronese (am Gardasee-Westufer »Veneziano« genannt) aus dem 14. Jahrhundert. Der Glockenturm war der Bergfried der 1797 von napoleonischen Truppen gesprengten Burg.

Karten: Freytag & Berndt-Wanderkarte 1 : 50000, Blatt 20 (Gardasee – Lago di Garda). Kompass-Wanderkarte 1 : 50000, Blatt 102 (Lago di Garda – Monte Baldo).

Maderno: Die Steinmetzarbeiten am Portal von Sant'Andrea sind Meisterwerke lombardischer Romanik aus der Mitte des 12. Jahrhunderts.

Im Park der Villa Gabriele d'Annunzios in Gardone: Hier ließ der Dichter das Vorschiff des Kreuzers »Puglia«, auf dem er als Befehlshaber an den Kämpfen um Dalmatien teilnahm, aufstellen.

37 Gipfelziel auf der Westseite des Sees

Der Monte Pizzocolo

> Unschwierige Rundwanderung.
> *Beste Jahreszeit:* Frühjahr bis Herbst.
> *Reine Gehzeit:* 2¾ bis 3 Stunden
> Aufstieg. Insgesamt ca. 4 Stunden

Der Monte Pizzocolo, der isoliert westlich vom Valle Toscolano emporragt, beherrscht wie kein anderer Berg das Landschaftsbild auf der Westseite des südlichen Gardasees und ist in diesem Bereich der letzte ins Auge springende Gipfel. Seine Dominanz tritt aber nicht hervor, solange man ihn vom Ufer aus, von Maderno, betrachtet. Selbst weiter oben,

um Gaino, reißt er niemanden vom Hocker, salopp formuliert. Er ist allseits ziemlich hoch hinauf bewachsen. Eine rechte Würdigung des Monte Pizzocolo verlangt Distanz, wenigstens 10 Kilometer, also vom Gardasee-Ostufer, zwischen Torri del Benaco und Brenzone, oder vom südlichen Seebecken. Das markante Profil begründet den Beinamen »Nase Napoleons«. Alte Leute nennen den Berg »*Gu*«, hörte der Linguist Karl Felix Wolff vor einem Jahrhundert. »Da in der hiesigen Mundart die Endung -one zu u zusammenschrumpft, so kann man auf älteres *Gone* schließen, das in den Mittelmeerländern wiederholt als Gebirgsbezeichnung vorkommt und deshalb aus einer Mittelmeersprache stammen soll.« »*Gu*« wird im Schrifttum auch als »Barometerberg« gedeutet, ohne

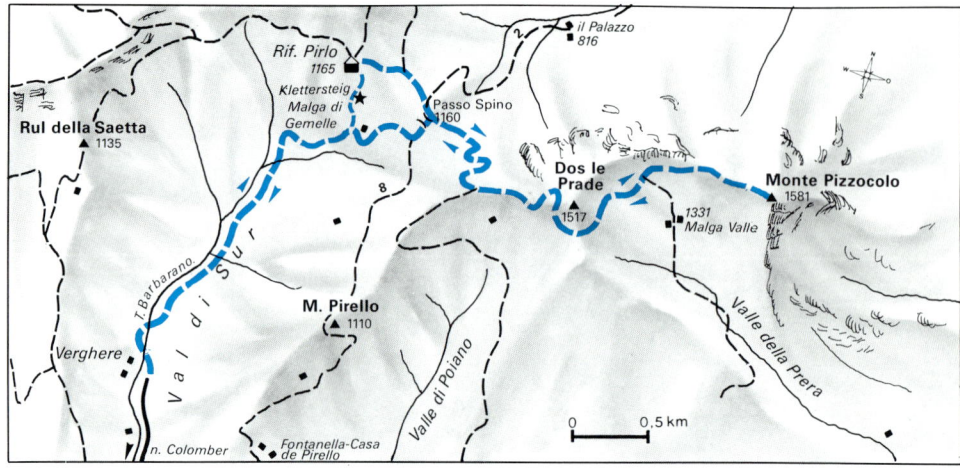

daß ich näheres darüber erfahren konnte, selbst nicht vom Wirt des Rifugio Pirlo: »Nebbia – alla lungo«, der Gipfel sei schon tagelang im Nebel. Nur ein Wettersturz wird den grauen Vorhang zerreißen und wieder weithin den »Naso di Napoleone« präsentieren.

Die in gängigen Karten rot eingezeichneten Wege stiften beim ersten Blick Verwirrung und sind außerdem nicht komplett. Bei näherer Beschäftigung mit dem »Hausberg« der CAI-Mitglieder zwischen Gargnano und Salò kristallisiert sich für Gardasee-Urlauber das Val di Sur als verkehrsmäßig ideales Sprungbrett von Süden heraus. Nordwestlich des Gipfels ist zwar der hochgelegene (816 m) Parkplatz »Il Palazzo« vermerkt, doch kann das streckenweise schmale und steile Schottersträßchen (weitgehend ohne Ausweichstellen) dorthin ab Gaino, 2 Kilometer dahinter links über den Fiume Toscolano, nur geländetüchtigen Fahrzeugen empfohlen werden. Der Aufstieg ist allerdings um eine Stunde kürzer!

Der Wegverlauf

Ab der Lokalität *Verghere* (526 m) talein. Die Linksabzweigung wenige Minuten später bedingt einen Umweg über das Rifugio Pirlo! Deshalb geradeaus mit Markierungsnummer 1. Den *Barbaranobach* kurz nacheinander zweimal überqueren. Anschließend an seiner orographisch linken Seite im Laubwald-

schatten eintönig bergan. Früher rauchten im Tal die Meiler der Köhler. Knapp 1 Stunde ist es zum Bächlein, vor dem links eine Tafel »*scorciatoia*« (Abkürzung) offeriert. Dabei handelt es sich jedoch um einen 1981 installierten Klettersteig (»Hütten-Direttissima«), der nach einer Viertelstunde beginnt: 90 Höhenmeter am »Spigolo della bandiera«, abgeschmiert, fester Kalk. Vorsicht, das Drahtseil der untersten, schräg links hochführenden Querung hängt durch!

Die herkömmliche Route bleibt auf dem Weg. Bei der *Malga di Gemelle* (952 m) erstmals Ausblicke südlich durch das Val di Sur, leider getrübt von Überlandleitungen.

Grasiger Pfad. Im Rückblick sieht man nun den Felspfeiler des »Spigolo« und darüber die Fahne der Hütte. Wieder im Waldschatten. An der Gabelung geradeaus zum Fahrweg, wo Nummer 8 von Colomber über Fontanella-Casa del Pirello hochkommt. Links am Stallgebäude vorbei und zum *Passo Spino* (1160 m). Ehrwürdiger Buchenbestand umgibt das Almgebäude am Sattel. Kühler Wind. Vom Parkplatz 1½ Stunden.

Den Linksabstecher (10 Minuten) zum Rifugio Pirlo heben wir eventuell für den Rückweg auf! Vom Passo Spino halbrechts (östlich) dem breiten, teils natursteingepflaster-

Der Monte Pizzocolo von Toscolano. Die Wanderung erreicht den Gipfel über den Abhang auf der linken Seite des Berges.

ten Weg folgen: schnurgerade und in Kehren. Nach einer halben Stunde gibt uns der Buchenwald frei. Links der Hangpromenade sind am schmalen Kamm überwachsene Stellungsreste der südlich des Val di Ledro tief gestaffelten italienischen Verteidigungsanlagen des Ersten Weltkrieges erhalten.

Anschließend mit steinigem Weg aufwärts. Er beschreibt einen Rechtsbogen in der Südflanke des Dos le Prade und steuert den Monte-Pizzocolo-Westgrat an. Zu seinen Füßen senkt sich bei Punkt 1469 rechts ein Pfad zur Malga Valle (1331 m). Unser Höhenweg durchmißt die Hänge in Ostrichtung, gleichmäßig ansteigend, 20 Minuten auf den *Monte Pizzocolo* (1581 m). Pech! Alles im Nebel. Einziger Lichtblick sind die auch noch im Juli leuchtenden, hellgelben Blüten der Aurikel.

Nützliche Informationen

Ausgangsort: Albergo Colomber (405 m) in San Michele, einem Ortsteil von Gardone. Zufahrten: Am östlichen Rand von Salò die Staatsstraße 45 verlassen (Tafel: »S. Michele, Rif. Spino«) und auf breiter Asphaltstraße (Via Panoramica) über Serniga, 7,5 km. Ab Gardone (5 km) asphaltiert, jedoch steile, schmale Ortsdurchfahrten. Taxi in Salò: Tel. 0365/43516, in Gardone 0365/20021.
Ausgangspunkt: Verghere (526 m), Örtlichkeit im Val di Sur. Vom Albergo Colomber (Tafel: »M. Stivo«) schmales Schottersträßchen, 3,3 km.
Parkplatz: Verghere, vor und nach dem Bachlauf; an Wochenenden häufig belegt, dann schlechte Wendemöglichkeit.
Gehzeiten: Insgesamt 4 bis 4¼ Stunden. Zum Gipfel 2¾ bis 3 Stunden. Abstieg etwa 1¼ Stunden. Abstecher zum Rifugio Pirlo zusätzlich 20 Minuten.
Unterkunft und Verpflegung: In San Michele u. a. *Albergo Colomber,* Tel. 0365/21108; *Hotel San Michele,* Tel. 0365/20703; *Miramonti,* Tel. 0365/20905. Hotels, Ferienwohnungen in Salò und Gardone. – *Rifugio Giorgio Pirlo* (1165 m), ehemals Militärunterkunft, seit 1965 CAI-Hütte, nur Getränke, geöffnet täglich im August und September, sonst an Sonntagen, gelegentlich auch samstags; telefonische Auskünfte: 0365/42276.

Auskunft: Ufficio Informazioni e Accoglienza Turistica, I-25083 Gardone Riviera, Corso Repubblica 35, Tel. 0365/20347.
Sehenswürdigkeiten in der Umgebung: *Gardone,* elegantester Kurort der Brescianer Riviera. Auf dem Cargnacco-Hügel der »Vittoriale degli Italiani«, Nationaldenkmal seit 1926, Park und 1989/90 renovierte Villa des Dichters und Weltkrieg-I-Befürworters Gabriele d'Annunzio (siehe auch Tour 22), der hier von 1921 bis zu seinem Tode 1938 lebte. Geöffnet 9.00 bis 12.30 Uhr, 14.00 bis 17.30 Uhr. – *Botanischer Garten Hruska (Giardino botanico Hruska),* 10000 Quadratmeter, exotische Pflanzen und Alpenblumen, schönste Blüte im Mai; geöffnet von März bis Oktober.
Karten: Freytag & Berndt-Wanderkarte 1:50000, Blatt 20 (Gardasee – Lago di Garda). Kompass-Wanderkarte 1:50000, Blatt 102 (Lago di Garda – Monte Baldo). – Spezial-Wanderkarte 1:30000 der CAI-Sektion Salò, erhältlich in den Fremdenverkehrsbüros Salò und Gardone sowie im Rifugio Pirlo.

38 Das stille Hinterland von Salò

Aus dem Val Madonna del Rio zum Monte San Bartolomeo

Unschwierige Rundwanderung.
Beste Jahreszeit: Frühjahr bis Herbst; im August unangenehm. Sonst ganzjährig.
Reine Gehzeit: 3 Stunden.

Der Wandertag beleuchtet klar und unmißverständlich die harten Kontraste zwischen Dolce-vita-Stränden und luxusbeladenen Uferpromenaden sowie der bewegten Dramatik des Hinterlandes und seiner ländlich-bukolischen Idyllen, nur einen Katzensprung voneinander entfernt, und doch zwei Welten. Das Herzstück des Val Madonna del Rio westlich des Monte San Bartolomeo gehört zu den Schlupfwinkeln am See – Salò am gleichnamigen malerischen Golf sonnt sich als wärmster Ort: Kurze, naturbedingt rhythmische Sequenzen, die verdeutlichen, daß

Salò von Süden. Blick über die Bucht hinweg zum schwach gewölbten Monte San Bartolomeo.

Nur-Autofahrer halt nur einen Teilaspekt des »Universums« Lago di Garda erleben. Während dem Naturfreund rückwärtig keine Menschenseele begegnet, ist das Ufer ein Laufsteg der Massen, beängstigend an schönen Wochenenden, ja selbst bei Schlechtwetter drängen Ausflügler unter die Palmen am Lungolago Zanardelli. Die Zeiten, als auf der Piazza Vittorio Emanuele »am Markttag Ochsen, Schweine, Hühner, Puter, Citronen, Bohnen, Eier« (Ewald Haufe) wild durcheinanderschreiend feilgeboten wurden, liegen ein Jahrhundert zurück. Ohnehin weist die Landwirtschaft stark fallende Tendenz auf. Handel, Industrie und Fremdenverkehr haben sie überholt und abgedrängt.

Nach dem Erdbeben am 30. Oktober 1901 mußte die Stadt größtenteils neu aufgebaut werden. Dabei entstand der für damalige Begriffe mondäne Lungolago in Memoriam des hiesigen Politikers und Juristen Giuseppe Zanardelli (1826–1903). Schon einmal, 1426, war Salò »Erstgeborene« – »alma figlia predi-letta« –, nachdem sich die Kommune als erste Venedig »freiwillig« unterworfen hatte, den Mailänder Visconti Bernabo schnell vergessend, der 1377 durch Heirat (mit Beatrice della Scala, siehe auch Maderno, Tour 36) in den Besitz des veronesischen Territoriums gelangt war.

Als Stadtgründerin geistert eine Königin Salomini durch die Chroniken. In diesen Rahmen paßt auch ein Etruskerführer namens Saloo. Der hl. Gerolamo greift bei der versuchten Wahrheitsfindung ins Armenische: »salo« gleich Aus- bzw. Eingang! Salò aber vielleicht wegen der Salzlager des römischen Standortes »Salodium«? Spekulationen!

Ebenso die lokal eingefärbte Kolportage, Gasparo Bertolotti (1542–1609), ein Sohn der Stadt, habe sich bei der Erfindung der Violine an die Form des Gardasees gehalten. War nun Bertolotti ein Kopist oder Amati?

Der Büstensockel des Gasparo im Rathaus behauptet: »Inventore del Violino« – Erfinder also ...

Der Wegverlauf

Am *Hafen* von der *Piazza della Vittoria* in das zentrale Altstadtsträßchen *Via Butturini* und zu der 1619 aufgestellten Bronzestatue des 1610 heiliggesprochenen Adeligen Karl Borromäus (S. Carlo Borromeo, 1538–1584), Neffe von Papst Pius IV., Erzbischof von Mailand, Lenker und Denker im Konzil zu Trient. Seine Reformdekrete wirkten nach Frankreich und Deutschland sowie am Gardasee, wo der »Scharfmacher« 1580 die Krypta von Sant'Andrea in Maderno zerstören ließ – wegen einer byzantinischen Ikone. San Carlo begegnet uns im Dom, zweite Kapelle rechts, gemalt inmitten von Pestkranken, für die sich der Asket seelsorgerisch aufopferte.

Via San Carlo – Piazza Angelo Zanelli – Santa Maria Annunziata zum *Torre San Marco*, an dem zwei Marcuslöwen die mehr als 300 Jahre Herrschaft der »Serenissima« ins Bewußtsein rufen. Rechts die Straße kreuzen und kopfsteingepflastert zur »Scala Santa« des einstigen Wallfahrerweges nach Madonna del Rio, den wir einschlagen. Mit der *Staatsstraße 45* links, nach 150 Meter rechts. Die Straße leitet, vorbei am vernachlässigten *San-Zago-Kapellchen*, nach *Renzano* (185 m). Leider ist das ursprünglich romanische Kirchlein (Fresken an der linken Innenwand) mit Ausnahme der Sonntags-Gottesdienste (8.30 Uhr) geschlossen. Von Salò eine halbe Stunde.

Kurz nach der Kirche geradeaus, in 10 Minuten zum hoffnungslos heruntergekommenen *Santuario Madonna del Rio* (183 m). Im Portikus ist Wäsche aufgehängt. Drinnen lagert Gerümpel. Schnatternde Gänse, der Hund bellt kläffend. Schade um die sonst anmutige Talwiese! Von Salò 45 Minuten.

Jenseits des Bächleins, vor dem Hauseingang, nimmt die Route den schmalen Weg unter prächtigen Eichen. Crescendo im *Valle Madonna del Rio!* Hinauf zum quergestellten, die Furche sperrenden Rücken. Sofort erkennt man die außergewöhnliche, achtung-

Am Beginn des Valle del Rio erwartet den Wanderer das Santuario Madonna del Rio, früher ein vielbesuchtes Heiligtum, das heute vernachlässigt wird.

gebietende geologische Struktur des nichtkultivierten Tales, wo seit der Schöpfung die Zeit stillgestanden zu sein scheint.

Links auf überwachsenem Pfad. Kurz danach an der Gabelung rechts, dem steinigen Weg folgen. Endlich sind weiß-rote Farbzeichen angebracht. Der verschwiegene Steig wird im Volksmund »Ruinal« genannt. Etwa 20 Minuten nach dem Heiligtum verbreitert sich die Trasse. Und 10 Minuten später, unter einer Überlandleitung, schlagen wir die gerade Strecke ein, hinunter zum einsamen, bewohnten Haus von *Milordino*. Ab Salò 1¼ Stunden. Vor dem Grundstück links auf breitem Weg ansteigen, am Rande der Einzelhäuser *Milord* (437 m), unter stattlichen Kastanien. Im Herbst liegen massenweise Früchte herum. Ihr Sammeln *(raccogliere)* ist verboten, mahnen Tafeln.

Hinter der Kuppe wartet die 1985 vorbildlich renovierte Kirche am *Passo di Bagnolo* (516 m): Rast- und Grillplatz für Ausflügler. Ein breiter Weg führt in wenigen Minuten zur *Azienda Agricola Bagnolo di Serniga,* einem landwirtschaftlichen Musterbetrieb. Sommers genießt man die Produkte als Brotzeit im Freien! Geradeaus unterhalb des Stalles vorbei. Rechter Hand schweigt das Wäldermeer im Valle Madonna del Rio.

Ein Eisentor. Unser Weglein durchmißt, passabel markiert, feinblättrige Gesteinsschichten. Nach dem nächsten Gatter rechts halten. Überwachsene Spuren! Dann ein Paukenschlag am *Passo La Stacca* (458 m): Sonnenglast auf der Bucht von Salò. Nur das Landzünglein von San Fermo und die Isola del Garda treten aus dem milchigen Schimmer hervor.

An der Kreuzung geradeaus und wieder bergan. Nach 5 Minuten abermals eine Augenweide: der See uferlos im Dunst, als wollten Wasser und Himmel ihre Vermählung feiern. Rechts eine Villa, die sich von der Lage her antiker Vorbilder nicht zu schämen braucht. Ab dort Asphaltsträßchen. Links deutet ein Schild zum bewirtschafteten »Agriturismo«.

San Bartolomeo (480 m) gehört den Reichen, wie man sieht. Gepflegte, großzügige Häuser und Gärten. Halbrechts geht es zur *Kirche San Bartolomeo* (526 m) im Osthang der gleichnamigen, bis oben hin bewaldeten Kuppe, die über Salò thront. Das Gemäuer-

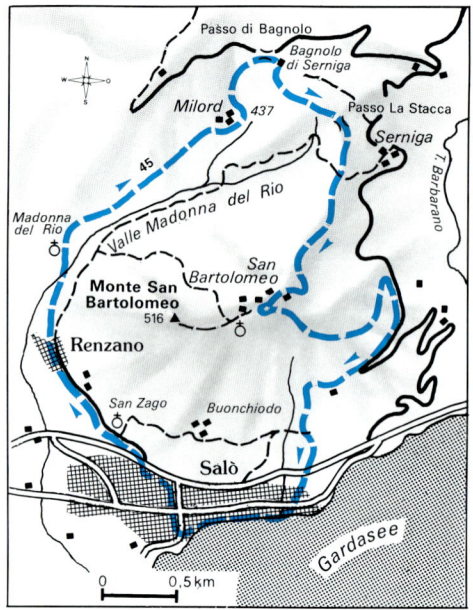

offenbart romanische Bauelemente. Im Südosten zeigt die Rocca di Manerba ihr Profil.
Zurück. Bei der *Osteria Lidia* dem Asphalt
anvertrauen! In 20 Minuten auf die *Via Panoramica*. Rechts, 10 Minuten später an der
Linkskehre gerade. Ferienhäuser, Villen. Bei
der *Villa Santa Lucia* (Istituto dei Petri Trinita-
ri) nicht die Rechtskurve auslaufen, sondern
durch die Unterführung und gepflastert direkt
zur *Staatsstraße 45*. Fortsetzung jenseits in
der *Via San Bartolomeo*, dem Urweg auf die
Höhen.
Piazza Carmine: Ostrand der Altstadt. Das
»Istituto Climatico« wertet neben meteorolo-
gischen auch geodynamische Messungen
aus; schließlich befindet sich der Gardasee
in einer tektonisch unberechenbaren Zone,
und das letzte große Erdbeben liegt erst 100
Jahre zurück!
Hinter der *Porta del Carmine* (Außenfresko
Markuslöwe) in die *Via Gerolamo Fantoni*.
Das »*Museo Nastro Azzurro*« birgt Waffen,
Stiche, Dokumente etc. aus napoleonischer
Epoche bis zum Widerstand gegen die deut-
sche Besetzung, als SS die sogenannte »Re-
pubblica di Salò« (siehe Tour 35) des Benito
Mussolini kontrollierend lenkte und den
gestürzten Diktator bewachte, während
Generalfeldmarschall Kesselring ohnmächtig

der drohenden alliierten Front entgegensah.
Geöffnet Mittwoch 9.00 bis 12.00 Uhr,
Samstag–Sonntag 9.00 bis 13.00 Uhr.
Im »*Ateno*« lebt die Tradition der 1564 ge-
gründeten »Accademia degli Unanimi«. Das
Athenäum (Bibliothek, 30000 Bände, u. a.
Verfassung der Ufergemeinschaft »Magnifica
Patria della Riviera«) verlegte 1970 das zwei-
bändige Werk »Il lago di Garda, storia di una
comunità lacuale«, die fundierteste derartige
Publikation. Der 1990/91 vollkommen re-
staurierte Dom steht links abseits der Via
Fantoni, mit der man den Hafen erreicht.

Nützliche Informationen

Ausgangsort: Salò (75 m), 10216 Einwohner,
an der »Gardesana occidentale« (Staatsstraße
45) und der Staatsstraße 72. Von Riva 44 km,
von Desenzano (nächster Bahnhof) 20 km,
von Sirmione 30 km, von Trient 94 km, von
Brescia 31 km. Gute Busverbindungen.
Schiffsanleger.
Parkplatz: Am Ostrand der Altstadt, vor der
Porta del Carmine (auch Bushaltestelle).
Gehzeiten: Insgesamt 3 Stunden. Aufstieg
zum Passo di Bagnolo 1½ Stunden. Von dort
zur Kirche San Bartolomeo 45 Minuten. Abstieg etwa 45 Minuten.
Unterkunft und Verpflegung: Einkehrmöglichkeit in *San Bartolomeo*. Hotels und Restaurants in *Salò*. Nächster (4 km) Campingplatz in Portese: *Eden,* geöffnet April bis September, Tel. 0365/62093.
Auskunft: Ufficio Informazioni e Accoglienza Turistica, I-25087 Salò, Lungolago Zanardelli 39, Tel. 0365/21423.
Sehenswürdigkeiten: Dom *Santa Maria
Assunta*, dreischiffige Basilika, 1453 in italienischer Spätgotik begonnen, Renaissance-
Portal (1506–1509), 1591 illusionistisch ausgemalt und stuckiert. Trotz unvollendeter
Ziegelstein-Fassade eine der beachtenswer-
testen Kirchen der Provinz, fast schon über-
füllt mit Meisterhaftem. Berühmtes Kunstwerk: »Crocifisso di Salò« (1449) des Johannes von Ulm. Architektonisch eindrucksvoll:
gotisch-venezianische Kuppel, genau 10,96
Meter hoch, Umfang 43,84 Meter, unterteilt
in 16 Felder. Dom von 12.00 bis 15.00 Uhr
geschlossen. – *Städtisches archäologisches
Museum (Museo Civico Archeologico)* im

Die Rocca di Manerba von Süden, am Rückweg von Porto Dusano über San Giorgio.

Palazzo della Magnifica Patria (1524), geöffnet Juni bis September 10.00 bis 12.00 Uhr, 17.00 bis 19.00 Uhr, Montag geschlossen. – Stadtteil *Barbarano* (1 km, Staatsstraße 45): doppelgeschossiger, dreiflügeliger *Palazzo Martinengo,* Spätrenaissance, 1577 erbaut als Sommersitz für den venezianischen Gouverneur und Heerführer Sforza-Pallavicino. Seit 1650 Besitz der gräflichen, einst ihrer Grausamkeit wegen berüchtigten Familie Martinengo; keine Innenbesichtigung. Von der Straße führt links ein Stichsträßchen 100 Meter zum *Santuario Padri Cappuccini* (Hinweistafel) bzw. zur Kapuziner-Klosterkirche. Dort entdeckt man am Eingang das gotische (1456), seinerzeit vom Dom zu Salò aus »Modegründen« entfernte Portal! – *Gardone,* siehe Tour 37.

Karten: Freytag & Berndt-Wanderkarte 1:50000, Blatt 20 (Gardasee – Lago di Garda). Kompass-Wanderkarte 1:50000, Blatt 102 (Lago di Garda – Monte Baldo).

39 Rund um die Rocca di Manerba

Felsklippen am See

> Unschwierige Rundwanderung. Abstieg von der »Rocca« bei Nässe unangenehm. Badegelegenheit in Porto Dusano.
> *Beste Jahreszeit:* Frühjahr bis Spätherbst; auch im Winter möglich.
> *Reine Gehzeit:* 1 ¾ Stunden.

Wandern um Manerba? Der leutselige holländische Wirt der Snack-Bar an der Piazza San Bernardo in Montinelle schüttelt verständnislos den Kopf. Baden, ja, an den nahen Stränden, die belagert sind von Deutschen, weshalb Hefe-Weißbier und Pils ausgeschenkt wird. Er ist mit einer Italienerin verheiratet. Kürzlich hat man bei ihm eingebrochen – Beschaffungskriminalität Drogenabhängiger; es sei schlimm hier!

173

Manerba wird mit der römischen Göttin Minerva in Zusammenhang gebracht, für die es einen Tempel gegeben haben soll. Manerba als Ortschaft existiert seit 1276 nicht mehr. Es war den Hohenstaufen treu, also kaiserlich, ghibellinisch, und wurde von papstfreundlichen, guelfischen Brescianern zerstört. Nur die Kirche in Pieve Vecchia erinnert noch daran. Die Bevölkerung zerstreute sich in kleinen Siedlungen, aus denen die acht Fraktionen der Gemeinde Manerba mit rund 2900 Einwohnern entstanden sind; politischer Mittelpunkt ist Solarolo.

Wir sind im Valtenesi, einem hügeligen Landstrich zwischen Padhenge und Salò. Früher prägten Oliven und Reben das Landschaftsbild, ehe ab den späten siebziger Jahren eine unübersehbare Zersiedelung einsetzte. Jedoch sind Öl und Wein nach wie vor bedeutende Wirtschaftszweige. Der »Chiaretto« gehört zu den wenigen Roséweinen Italiens: leicht und delikat, erfrischend. Sie können ihn in Montinelle in der »Enoteca del Valtenesi« kosten!

Der Name Valtenesi rühre von »Vallis atheniensis« — Athenisches Tal — her, schreibt Werner Krum; eine Kolonie griechischer Siedler sei überliefert. Hieronymus Riedl geht von einem Tempel der Pallas Athene aus, u. a. Schutzgöttin des Ackerbaues, bei den Römern der Minerva gleichgesetzt.

Uns hat die Rocca von Manerba schon von weitem angezogen, vom Castello di Penede bei Nago. Betrachtet man den »Sasso«, wie der Kapgipfel auch genannt wird, bei San Felice, besser noch von San Fermo am Landzipfel vor der Isola del Garda, also von Norden, zeichnet sich klar das bekannte Dante-Profil ab, obwohl der Bewuchs die Konturen nicht mehr so ausgeprägt erscheinen läßt wie auf alten Ansichten. Die Rocca wird eine Etage tiefer, östlich, von einem abenteuerlichen, bei Sportkletterern beliebten Klippengürtel umfaßt. Das müßte ein Wanderparadies sein, dachten wir. Und das ist es auch – eines der reizvollsten am See!

Die großartige Rocca di Manerba von Nordwesten mit der als »Dante-Profil« gedeuteten Geländestruktur des oberen Aufschwunges.

Tiefblick von der Spitze der Rocca di Manerba auf die Isola San Biagio. Im Hintergrund die »Riviera bresciana« mit Gardone und dem Monte Pizzocolo.

Der Wegverlauf

In *Montinelle* ab der *Piazza San Bernardo* nordöstlich in die *Via Leutelmonte.* Eine Tafel weist zur Rocca. Durch den Ort zum *Ristorante Pisenze.* Nun auf der *Via Rocca* ansteigen, an Häusern vorbei. Nach einer Viertelstunde begegnet uns ein querverlaufender Mauernrest des Kastells. Dahinter, links von dem Sträßchen, unverkennbar der Grundriß einer Kirche mit Apsis. Wir sind im Bereich der Burg, die 1786 von Venedig dem Erdboden gleichgemacht wurde. Ihre Geschichte geht zurück ins 8. Jahrhundert. Caco, ein Neffe des letzten Langobardenkönigs Desiderius, dessen Reich sein ehemaliger Schwiegersohn Karl der Große 773/74 er-

obert hatte, wehrte sich von 774 bis 776 gegen das fränkische Heer, ehe er ausgehungert kapitulierte.

Auf der *Rocca* (216 m) thront ein großes Eisengitterkreuz. Schwach südöstlich ist der Turm von San Martino della Battaglia auszumachen sowie die Silhouette von Sirmione, östlich an der *»sponda veronese«* Lazise und Bardolino, die Rocca von Garda, Punta San Vigilio, natürlich der Monte Baldo, an klaren Tagen sogar Torbole – 42 Kilometer Luftlinie entfernt.

Hingegen ganz in der Nähe, nördlich von uns, der Punta Belvedere vorgelagert und von dort watend zu Fuß erreichbar, die Zypresseninsel San Biagio. Vom Ausgangspunkt 20 Minuten.

Abstieg und Rückweg: Östlich des Kreuzes mit einem Steig abwärts, stellenweise steinig-felsig. Nach 5 Minuten rechts halten, sozusagen durch ein »Hintertürchen«. Der Pfad verläßt nämlich unter senkrechten Felsen die Bastion bzw. das Dante-Profil und führt hinunter in einen Sattel. Von der Rocca 10 Minuten.

Nun Gegenanstieg östlich in 5 Minuten zum Rand der Klippenabstürze. Einer der grandiosesten Plätze um den See! In völliger Abgeschiedenheit. Fast noch eindrucksvoller als auf dem »Sasso«.

Der Genußspaziergang wird in Südrichtung fortgesetzt, immer entlang den bis zu 150 Meter hohen Klippen, eine Felsnase nach der anderen passieren. In der Tiefe schicken die Wellen ihr Weiß ans Ufer. Etwa 20 Minuten später ist das Weglein durch eine Felsstufe unterbrochen. Weiterhin am Steilufer, auf schmalem Rücken. Nach 5 Minuten bietet das Vordach eines Häuschens Unterstand. Leider wird man schon 10 Minuten später auf die Asphaltstraße gezwungen, 100 Meter oberhalb des kleinen Hafens von *Porto Dusano*.

Die Wanderung steigt rechts mit der Straße an, gute 5 Minuten, dann taucht wieder Montinelle auf. Hier rechts in die *Via S. Giorgio* und in wenigen Minuten zum verträumten Kirchlein *San Giorgio* (122 m), das seine Form 1506 und 1583 erhielt. Ein Fenster erlaubt den Anblick der Fresken (14. Jahrhundert) an der linken Seitenwand, u. a. St. Georg im Kampf mit dem Drachen.

Ungefähr 50 Meter zurück. Rechts auf den geschotterten Fahrweg. Nach 5 Minuten an der Gabelung links durch die *Via Marinello*. Auf dem Querweg 10 Meter links, dann rechts durch die *Via Sadat* zum *Vicolo del Colle* am Ortsrand von Montinelle.

Nützliche Informationen

Ausgangsort: Montinelle (122 m), Fraktion von Manerba, 3 km östlich der Staatsstraße 572. Von Desenzano (nächster Bahnhof) und von Salò 12 km, werktags Busverbindungen; Haltestelle Piazza San Bernardo.

Parkplatz: Am nördlichen Ortsrand, unterhalb der Piazza San Bernardo, vor dem »Museo archeologico Val Tenesi«.

Gehzeiten: Insgesamt etwa 1 3/4 Stunden. Aufstieg zur Rocca 20 Minuten. Abstieg und Rückweg etwa 1 1/2 Stunden.

Unterkunft und Verpflegung: Hotels, Ferienwohnungen. Einkehr unterwegs in *Porto Dusano*. Campingplätze in der Umgebung.

Auskunft: Associazione Pro Loco, I-25080 Manerba del Garda, Piazza Garibaldi 25, Tel. 03 65/55 11 21.

Sehenswürdigkeiten: *Museo archeologico Val Tenesi*, keine regelmäßigen Öffnungszeiten. – *Chiesa San Bernardo*, Fresken des 14./15. Jahrhunderts.

Sehenswürdigkeiten der Umgebung:
Solarolo, SS. Trinità (Dreifaltigkeitskirche), 15. Jahrhundert, mit Fresken aus dieser Zeit. – *Pieve Vecchia*, ehemalige, 1145 errichtete Pfarrkirche von Manerba, Reste gotischer Ausmalung. – *Madonna del Carmine*, Wallfahrtskirche südlich von San Felice del Benaco, östlich der Straße (Hinweis: Santuario del Carmine), 1482 geweiht als Klosterkirche der Karmeliter, spätgotischer Portikus-Saalbau, beachtlicher lombardischer Freskoschmuck (Gotik-Renaissance), im Chor die verehrte Madonna del Carmine; mehrmals vertreten der Karmeliterheilige Alberto (u. a. links vom Chor). – *Moniga*, am westlichen Ortsrand, eine mächtige, quadratische Kastellanlage (um 1300), zylindrische Ecktürme.

Karten: Freytag & Berndt-Wanderkarte 1:50 000, Blatt 20 (Gardasee – Lago di Garda). Kompass-Wanderkarte 1:50 000, Blatt 102 (Lago di Garda – Monte Baldo).

40 Die italienische Löwin: Brescia

Stadtspaziergang: Piazza della Loggia—
Piazza Duomo—Palazzo del Borletto—
Tempio Capitolino—Piazza Tito Speri—
Castello.
Beste Jahreszeit: Frühling bis Herbst, im
Sommer sehr heiß bzw. bei Niederdruck
schlechte Luft durch Umweltverschmut-
zung, an Sonn- und Feiertagen men-
schen- und verkehrsleer. Anfang Septem-
ber zahlreiche Geschäfte geschlossen.
Reine Gehzeit: Etwa 2 Stunden.

»Leonessa d'Italia« – Löwin Italiens. Die Aus-
zeichnung stammt aus der Zeit österreichischer Unterdrückung. Brescia hatte 1849, als
die lombardische Rebellion gegen Habsburg
zusammengebrochen war, quasi im Allein-
gang den Fremdlingen die Stirn geboten, an-
geführt von dem zweiundzwanzigjährigen
Tito Speri in den historischen »Dieci Giorna-
te«, den leidvollen »Zehn Tagen« (23. März
bis 1. April): General Haynau schlug den
Aufstand blutig nieder, was ihm die Namens-
verballhornung »Hyäne von Brescia« ein-
brachte; Speri wurde 1853 hingerichtet.
Brescia (sprich: Bréscha), Bischofssitz und
Provinzhauptstadt, rund 200 000 Einwohner,
liegt am Übergang der lombardischen Tief-
ebene in die oliven- und weingesegneten
Brescianer Voralpenhänge. Es gehört zu den
effektivsten lombardischen Handels- und In-
dustriezentren, wichtigste Stadt nach der Metropole Mailand. Die Wirtschaft stützt sich
hauptsächlich auf Metallverarbeitung (Ar-
mierungs- und Baustahl, Rohre, Werkzeuge,
Waffen). Im Mittelalter exportierte Brescia
biegsame Schwertklingen – »schlanke Bre-
scianerinnen« – sowie Rüstungen bis in den
Orient. Als Brescia ab September 1943 fa-
schistische Ministerien der »Repubblica di
Salò« beherbergte, hinterließen die Bomben
der Alliierten Zerstörungen und Schäden,
von denen sich die Stadt nur sehr langsam
erholte.
Brescia wird von wesentlich weniger Garda-
see-Urlaubern besucht als Verona, das Nord-
ländern irgendwie näherzustehen scheint,
mehr eine »deutsche« Stadt verkörpert, obwohl die Kunstreize Brescias, das gemeinhin
blasser wirkt, unverkennbar sind, der Ruf
aber leiser klingt – zu Unrecht. Das korrigie-
ren Geschichte, Malerei und Architektur. An
der Entfernung sollte ein Besuch in keinem
Falle scheitern!
Wie Verona ist Brescia, seit dem 3. vorchristlichen Jahrhundert mit dem Tiber vereint, eine Römerstadt, 49. v. Chr. von Caesar als
»Brixia« (von dem gallischen Wort »bric« =
Anhöhe) zum »Municipium« erhoben, was
römisches Bürgerrecht bedeutete; durch Kaiser Augustus geehrt mit »Colonia Civica Augusta«; langobardischer Herzogssitz – einer
von 36 in ganz Italien – über 200 Jahre
(568–774); fränkische Grafschaft. 1097 ver-
heerender Stadtbrand. 1167 Beitritt als freie
Kommune in den lombardischen Städtebund
gegen deutsches Kaisertum. Nach auswärti-
gen Machthabern – beispielsweise Ezzelino
da Romano, Scaliger, Visconti – in der Renaissance venezianisch geworden (1426 bis
1797), unterbrochen 1509 bis 1516 durch
französische Besetzung.
Der Frieden von Campo Formio (1797)
schlug die Stadt zu Frankreichs cisalpiner Sa-
telliten-Republik, ehe sie im Wiener Kongreß
(1815), der Napoleons Reich aufteilte, an
Österreich fiel. Im Juni 1859 kam die Befreiung durch französisch-piemontesische Truppen. Der Frieden von Villafranca brachte die
Krone des Italieners Vittorio Emanuele II.

Stadtspaziergang

Als Besichtigungs-Drehscheibe bedienen wir
uns der *Piazza della Loggia.* Lombardisch-
venezianische Architektur prägt einheitlich-
harmonisch den Mittelpunkt der Innenstadt:
Festsaal sozusagen, unter Venedig dazu erhoben. Die *»Loggia«* an der Westseite, das
Rathaus, ursprünglich (1463) aus Holz, trägt
ein schiffskielartiges Dach, aber erst seit
1914. Deutlich erkennbar sind die beiden
bestimmenden Bauphasen: Erdgeschoß
(1492–1508) und Obergeschoß (1554 bis
1574), an dem Meister wie Jacopo Sansovino
und Andrea Palladio ihre Handschrift hinterlassen haben. Frühes Licht unterstreicht pla-
stisch den feierlichen Rhythmus der Stockwerke und modelliert die steinernen Büsten,
Leuchter, Verzierungen und Gesimse.

Der Torre dell'Orologio bildet die Ostfront der Piazza della Loggia im Zentrum Brescias. Dahinter liegt die Piazza Duomo.

Niedriger ist an der Südseite des Platzes der *Palazzo Monte di Pietà* (1484–1489), früher Pfandhaus. In die Fassade sind römische Inschriftensteine eingemauert. Ihn verbindet mit dem 1600 vollendeten linken Flügel (Monte Nuovo) eine elegante siebenbögige Loggia. Sie vermittelt den Durchgang zum modernen Zentrum an der Piazza della Vittoria.

Wir konzentrieren uns auf die Ostfront der Piazza della Loggia. Vorbild für den *Torre dell'Orologio* (1552) war der Uhrturm am Markusplatz in Venedig. Zwei eiserne Mannsbilder, im Dialekt »i macc dele ure« (die Narren der Uhr), läuten hammerschwin-

gend die Stunden. Vor dem Durchgang erinnert ein Kreuz an die Toten des niemals aufgeklärten Terroranschlages vom 28. Mai 1974.

Dahinter die *Piazza Duomo,* neuerdings *Piazza Paolo VI,* nach dem liberalen Papst Paul VI. (1963–1978), der in Concesio bei Brescia am 26. September 1897 zur Welt kam und 1965 das Zweite Vatikanische Konzil abschloß. Er begegnet uns im linken Seitenschiff des *Duomo Nuovo:* Hier bestimmt klassische kühle Strenge – Kontrast zu Gemälden, Altarbildern, Orgelflügeln – den Innenraum. Der Dom wird überspannt von einer monströsen, 82 Meter hohen, ausgemalten Kuppel, der drittgrößten Italiens (nach Petersdom und Florenz). Rund zweihundert Jahre (1604–1825) wurde am Gotteshaus gearbeitet: teurer, blendend weißer Botticino-Marmor ließ die Geldmittel rasch schmelzen, so daß die Chor-Einwölbung erst um 1700, die Fassade 1791 und die Kuppel 1825 fertig waren. Über dem prunkvollen Hauptaltar wird das Marienbild (1753) von Giacomo Zoboli angeleuchtet. Im ersten Seitenaltar rechts ein naturalistisches Kruzifix (15. Jahrhundert). Öffnungszeiten: 8.00 bis 12.00 Uhr, 16.00 bis 19.30 Uhr.

Eine völlig andere Stimmung empfängt den Gläubigen im *Alten Dom: Duomo Vecchio*, auch »Rotonda« genannt, denn es handelt sich um einen Rundbau aus dem späten 11. Jahrhundert. Während San Pietro, Vorgängerin des Neuen Domes, die Sommerkathedrale war, diente der Alte Dom (Santa Maria Maggiore) als Winterkapelle. Beide Urkirchen dürften Mitte des 7. Jahrhunderts als Ersatz der östlich vor den Mauern gelegenen Bischofskirche Sant'Andrea (4. Jahrhundert) errichtet worden sein. Der Alte Dom gilt als ungewöhnliches Beispiel romanisch-langobardischer Architektur – sie bevorzugte nämlich dreischiffige, apsidiale Basiliken –, trotz Veränderungen wie gotisches Seitenportal, Hauptchor, Querarme und Frühbarock-Portal im ehemaligen, 1708 eingestürzten Westturm. Nach dem Eingang stößt man auf den prächtigen frühgotischen Sarkophag des Bischofs Bernardo Maggi. Er vermittelte bei seinem Amtsantritt 1298 einen Frieden zwischen päpstlichen Guelfen und kaisertreuen Ghibellinen und regierte bis zu seinem Tode 1308. Die Kuppel des Mittelraumes weist einen Durchmesser von 19,80 Meter auf. Vor dem Altar sind unter Glas Teile eines Bodenmosaiks sowie Heizungsröhren der römischen Thermen aus republikanischer Zeit bzw. dem ersten Jahrhundert v. Chr. zu sehen. Hinter dem Hochaltar (14. Jahrhundert) hängt eine »Himmelfahrt« von Alessandro Bonvicino (»Moretto« genannt). Es ist ein Frühwerk (1526) des Brescianer Meisters (1498–1554), der seinerzeit mit Girolamo da Romano (»Romanino«, 1484–1559), ebenfalls aus Brescia, konkurrierte.

Lehrreich empfindet man die deutschsprachigen Informationsanschläge. Stufen führen

in die Krypta San Filastrio mit fünf Schiffen und drei Apsiden. Sie wurde 838 für die Gebeine des Brescianer Bischofs (4. Jahrhundert) ausgehoben und im 12. Jahrhundert mit Gewölbefresken versehen, die aber nur mehr fragmentarisch erhalten sind: vor der Mittelapsis heiliggesprochene Brescianer Bischöfe. Ihre Überführung 1581 wird in der Oberkirche, gegenüber der Sakramentskapelle, auf einem 1656 von Francesco Maffei gemalten Ölbild dargestellt. Beachten Sie die zeitgenössische Darstellung des Domplatzes! In der Sakramentskapelle stellen sich die Väter der hiesigen Malerschule zur Kür: »Moretto« mit »Schlafender Elias«, »Markus«, »Lukas« sowie »Ostermahl« seines Schülers Luca Mombello; von »Romanino« zwei Bilder der »Mannalese«. Der kostbare Kirchenschatz kann in der Kreuzkapelle besichtigt werden. Öffnungszeiten des Alten Domes: 9.00 bis 12.00 Uhr, 15.00 bis 19.00 Uhr, Dienstag geschlossen.

Das dritte herausragende Bauwerk am Domplatz ist der von 1187 bis 1230 im romanisch-gotischen Übergangsstil erbaute, später mehrmals umgestaltete *Broletto* am Rande des vormaligen (seit 1146) Marktplatzes, dem »mercatum broli«. Der Ratspalast symbolisiert stolz kommunale Selbständigkeit nach der Anerkennung (1183) oberitalienischer Städtefreiheiten durch Kaiser Friedrich Barbarossa. Von der frühgotischen »Loggia delle Gride« wurden, wie der Name sagt, Kundmachungen verlesen.

Der aus Bossenquadern gefügte Schwalbenschwanzzinnen-Turm – Torre del Pegol – entstammt dem Gründerbau und ist der älteste erhaltene in Brescia. Alle Entwicklungsphasen (Mittelalter, Spätrenaissance, Barock) des hufeisenförmigen Komplexes offenbart der Innenhof. Die Schäden des Zweiten Weltkrieges waren erst in den späten siebziger Jahren behoben. Besichtigungszeiten: Montag und Samstag 13.00 bis 19.00 Uhr. Verschmolzen mit dem Broletto ist die terrakottengeschmückte Backsteinfassade (Fen-

Am Nordrand des ehemaligen römischen Forums in Brescia steht der Kapitolstempel, erbaut 73 bis 74 n. Chr. Deutlich sind die ergänzten Säulenteile (brauner Stein) zu erkennen.

Das Castello mit seinen verschiedenen Befestigungsanlagen und Museen beherrscht seit Menschengedenken die Provinzhauptstadt Brescia.

sterrose) von *San Agostino:* frühes 15. Jahrhundert, lombardisch-spätgotisch.

Durch die *Via dei Musei* erreicht man zunächst die *Chiesa della Carità,* Mitte des 17. Jahrhunderts als überkuppelte Zentralkirche errichtet, um 1732 barockisiert; an der Fassade zwei römische Säulen. Antike erwartet den Spaziergänger ein Stück weiter: *Tempio Capitolino.* Der 1826 freigelegte Kapitolstempel wurde 73 bis 74 n. Chr. unter Kaiser Vespasian den drei höchsten römischen Gottheiten Jupiter, Juno und Minerva errichtet. Er steht am Nordrand des Forums, das sich 139 Meter nach Süden erstreckte (bis zur Via Carlo Cattaneo), mit einer Breite von 40 Metern, und heute etwa 2,5 Meter tiefer ruht. Die drei inneren Zellen *(cellae)* wurden neu aufgemauert, der Portikus 1939 größtenteils rekonstruiert mit vier kannelierten, 11 Meter hohen korinthischen Frontsäulen und einer Hälfte des Architravs (ergänzte Bauinschrift) im reichgestalteten Giebel; die braunen Säulenteile sind Kopien. Der Tempel erhebt sich auf einem älteren Heiligtum, das wahrscheinlich um die Mitte des ersten vorchristlichen Jahrhunderts entstanden war. Im Kapi-

tolinischen Tempel ist das *Römische Museum (Museo Romano)* untergebracht. Es birgt als absolute Rarität in Saal 4 eine geflügelte, überlebensgroße Victoria aus der ersten Hälfte des ersten Jahrhunderts. Der vergoldete Bronzeguß stellte ursprünglich Venus dar. Doch Vespasians militärischer Erfolg 71 n. Chr. über Judäa bzw. die Zerstörung Jerusalems ein Jahr zuvor durch seinen Sohn Titus veranlaßte den Künstler, Flügel anzufügen und so aus der Statue eine Siegesgöttin zu machen. Ähnlich bedeutend ist in Saal 1 die schwarzfigurige griechische Amphore (ca. 510 v. Chr.), auf der Athene dem Löwenkampf des Herakles zusieht, während auf der anderen Seite Castor und Pollux mit ihren Pferden abgebildet sind. Öffnungszeiten: 10.00 bis 12.45 Uhr, 14.00 bis 18.00 Uhr; Montag geschlossen.

Östlich, unmittelbar anschließend, wölbt sich das Halbrund (Durchmesser 86 m) des in trajanischer Zeit um 100 n. Chr. eröffneten *Theaters,* die Ränge 24 Meter hoch, Platz für 15 000 Zuschauer.

Noch ein Stück weiter, links von der Via dei Musei (Via Piamarta 4) birgt die Kirche Santa

Giulia seit 1882 das *Museum des Christentumes (Museo dell'Età Cristiana)*. Einen besseren Standort hätte man nicht finden können, denn hier gründete der Langobardenkönig Luitprand 743/44 den Benediktinerinnenkonvent *San Salvatore*. Die gleichnamige, 760 auf den Fundamenten eines römischen Profanbaues erbaute langobardische Saalkirche nahm 762/63 die Gebeine der hl. Julia auf und wurde 816 durch eine dreischiffige karolingische Säulenbasilika ersetzt: großartiges Beispiel vorromanischer Baukunst. Freskofragmente an der Süd- und Nordwand der Oberkirche schildern das Leben Jesu (ausführlich beschrieben im Reclam-Kunstführer). San Salvatore ist seit der Renaissance nur mehr Bestandteil der 80 Meter langen *Chiesa Santa Giulia*. Dritter Sakralbau im

Komplex des »Museo Cristiano« ist die doppelgeschossige Kapelle (1150–1180) *Santa Maria in Solario*. Ein Flügel des ehemaligen Konvents birgt das *Museum für Moderne Kunst (Galleria d'Arte Moderna)*.

Auf der Via dei Musei zurück. Gegenüber dem Kapitol die barocke Saalkirche *San Zeno;* vom romanischen Vorgängerbau (1153) ist die Apsis erhalten. Links folgt die *Piazza Foro*. Sie nimmt lediglich ein Drittel des antiken Forums ein. An der Ecke steht der 1989 renovierte barocke *Palazzo Martinengo-Cesaresco*, einer von elf Palazzi der weitverzweigten Familie Martinengo im Stadtgebiet, dessen Geschichte sie lange Zeit bestimmte. Damit entfernen wir uns durch die Via dei Musei – während der Römerzeit städtisches Rückgrat der Fernstraße Mailand–Aquilea –

1 *Piazza della Loggia*, 2 *Duomo Nuovo*, 3 *Duomo Vecchio*, 4 *Broletto*, 5 *Kapitolstempel*, 6 *Römisches Theater*, 7 *San Salvatore (Museen)*, 8 *Piazzetta Tito Speri*, 9 *Castello*, G *Städtische Gemäldegalerie*, P *Parkplätze*, T *Torre della Pallata*, V *Verkehrsamt*

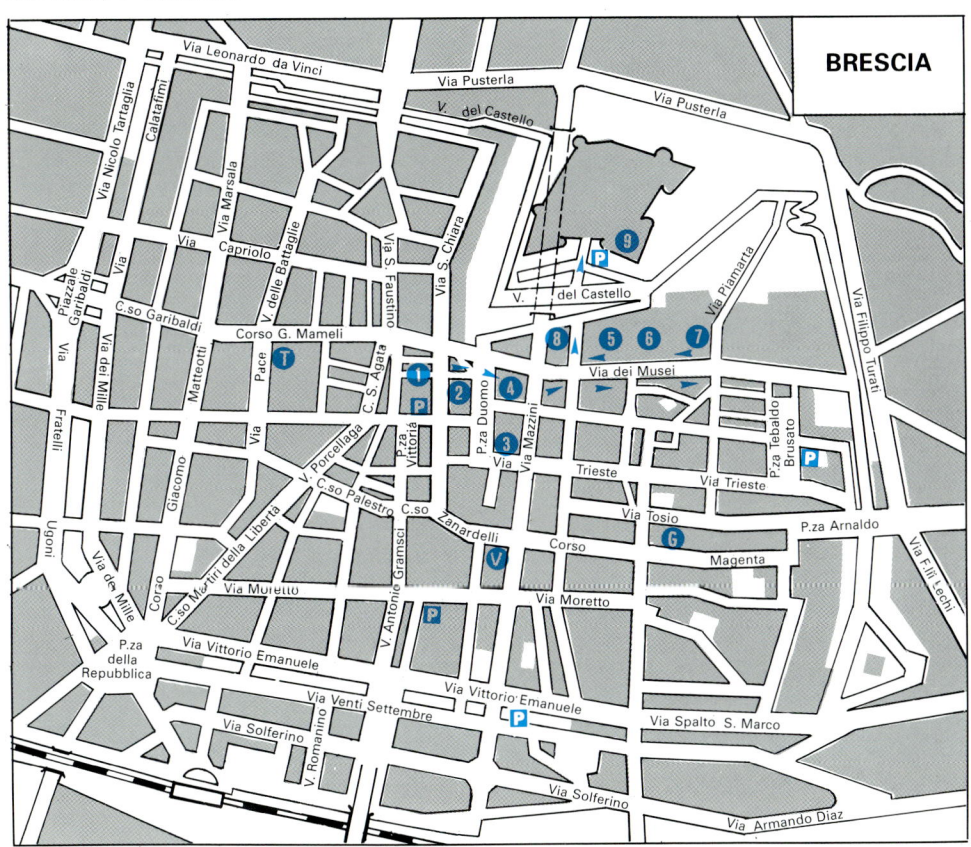

von den wichtigsten archäologischen Stätten der gesamten Lombardei und laufen zur *Piazzetta Tito Speri*. Das Denkmal erinnert an den Widerstandskämpfer, und eine Tafel berichtet von den furchtbaren Repressionen Österreichs, als die Häuser des Viertels am 1. April 1849 geplündert und in Brand gesteckt wurden.

Am oberen Rand des Platzes geht es hinter einem Torbogen weiter durch die *Via della Barricata*. Dann die Autostraße kreuzen und rechtshaltend zum Torbau des *Castello*. Der Markuslöwe schaut auf die Stadt. Unter seinem Zeichen wurde nach 1520 der strategisch beherrschende Colle Cidneo zur Bastion ausgebaut: Akropolis und Zelle Brescias, genau 210,5 Meter hoch. Aus dem kelto-ligurischen Siedlungsplatz ging im 4. Jahrhundert die Hauptstadt der Cenomanen hervor, eines gallischen Stammes.

Links von dem Torbau steht der spätklassizistische Palazzo Haynau des letzten österreichischen Festungskommandanten. Überall im »Parco Cidneo« stößt man auf Bastionen, Kasernen, Kasematten und Batterietürme. Der frühmittelalterliche runde Torre Mirabella, fußend auf römischem Mauerwerk, diente als Campanile der im 18. Jahrhundert abgebrochenen Kirche Santo Stefano (6. Jahrhundert), des ersten Gotteshauses. Die Visconti-Burg aus dem 14. Jahrhundert nimmt den Gipfel ein, erreichbar über eine Zugbrücke. Das Gesamtareal dient überwiegend musealen Zwecken: »Museo delle armi antiche« und »Museo del Risorgimento« (10.00–12.45 Uhr, 14.00–18.00 Uhr, Mittwoch bis 22.00 Uhr, Montag geschlossen). In der Sternwarte darf durch das »Specolo Cidneo« ins All geschaut werden: Montag, Mittwoch und Freitag bis 21.00 Uhr.

Die lombardische Ebene bildet einen hellgrauen Pinselstrich. Der Gardasee liegt im Osten. Nördlich erkennt man den Verlauf der Staatsstraße 345 in das Val Trompia. Nordwestlich darf man sich den Lago d'Iseo vorstellen, dessen Verlängerung das Val Camonica bildet mit den weltberühmten Felszeichnungen um Capo di Ponte. Westlich zieht die Autobahn Bergamo und Mailand entgegen. Dort, südlich des Lago d'Iseo, gedeiht auf den Rebfluren von Franciacorta ein vorzüglicher Tropfen: zwei italienische DOC-Spit-zengewächse, und zwar ein rubinroter trockener »Rosso« mit rundem mildem Geschmack, der seine volle Reife nach fünf Jahren erlangt, und ein erstklassiger, blaßgelber Weißwein von Pinot-Bianco-Trauben, ebenfalls trocken und ausgewogen. Das Restaurant Creminati (Via della Valle 10) bietet die ganze Palette der Brescianer Kreszenzen.

Nützliche Informationen

Brescia (149 m), Provinzhauptstadt und Bischofssitz, westlich des Gardasees an der Autobahn Verona–Mailand, günstigste Ausfahrt »Brescia Centro«. Von Desenzano 30 km, von Verona 66 km, von Trient 115 km, von Mailand 96 km. Gute Eisenbahn- und Busverbindungen.

Parkplatz: Praktisch und von überall erreichbar (beschildert): der »Autosilo Uno«, Via Vittorio Emanuele, geöffnet von 6.30 Uhr bis Mitternacht. Im Zentrum die Garage an der Piazza della Vittoria.

Gehzeit: Etwa 2 Stunden.

Unterkunft und Verpflegung: 2000 Betten in zahlreichen Hotels u. a. in Bahnhofsnähe sowie in Richtung des Val Trompia (Staatsstraße 345). Viele Restaurants.

Auskunft: Azienda di Promozione Turistica, I-25100 Brescia, Corso Zanardelli 34, Tel. 030/434418. Öffnungszeiten: 9.00 bis 12.30 Uhr, 15.00 bis 18.30 Uhr, kostenlose Ausgabe von Prospektmaterial.

Sehenswürdigkeiten: *Städtische Gemäldegalerie (Pinacoteca Tosio Martinengo),* Via da Barco 1, im Palazzo Martinengo da Barco aus der Mitte des 16. Jahrhunderts, um 1680 barockisiert. Die Pinakothek ging aus den Sammlungen der Grafen Paolo Tosio und Leopardo Martinengo hervor; geöffnet 9.00 bis 12.00 Uhr, 14.30 bis 17.30 Uhr, Montag geschlossen. – Volkstümliches Viertel um den mittelalterlichen, 31 Meter hohen *Torre della Pallata,* westlich der Piazza della Loggia, an der Ecke Corso Mameli/Via della Pace. Hier verlief die Mauer der ersten westlichen Stadterweiterung im späten 12. Jahrhundert. Weitere Sehenswürdigkeiten siehe Reclam-Kunstführer.

Am Kai von Torbole. Letzte Sonnenstrahlen über dem gigantischen Bergstock der Rocchetta.

Anhang

Nützliche Reiseinformationen

ADAC: Deutschsprachiger Notrufdienst in Rom von Juni bis September, Tel. 06/4 95 47 30.

Alkohol: Ab 1991 ist eine Promillegrenze vorgesehen.

Anschnallen: Gesetzliche Anschnallpflicht im Auto.

Banken: Öffnungszeiten gewöhnlich 8.30 bis 12.00 Uhr, Samstag geschlossen. Manchenorts auch am Nachmittag einige Stunden geöffnet. Wechselstuben und Reisebüros haben einen ungünstigeren Kurs!

Benzin: Diesel ist etwa um 30 Prozent billiger als Super. Bleifreie Tankstellen: (*»benzina senza piombo«*) siehe ADAC-Information. An den Tankstellen der großen Konzerne vielfach Bezahlung durch Kreditkarte möglich. Benzingutscheine (nur für Super) beim ADAC sowie an den Grenzen.

Bergrettung: *»Soccorso Alpino«*. Meldestellen in allen Schutzhütten und bei Carabinieriposten. Notwendige Telefonnummern sind bei den einzelnen Touren vermerkt. – Hubschrauber-Rettungsdienst (*»Soccorso elicottero«*) der Provinz Trient, Tel. 0461/9452 88 oder 98 52 11. Hubschrauber-Rettungsdienst der Lombardei vom 15. Juni bis 30. November, Tel. 03 46/4 10 63.

Botschaft: Deutsche Botschaft (*»Ambasciata Tedesca«*) in Rom, Tel. 06/86 03 41 oder 86 15 95. Generalkonsulat in Mailand, Tel. 02/6 59 54 61. Honorarkonsulat in Venedig, Tel. 0 41/2 51 00.

CAI: Club Alpino Italiano, gegründet 1863. Sektionen in nahezu allen Städten. Zentrale: I-20121 Milano, Via Ugo Foscolo 3.

Campen: Verbot freien Campens auf öffentlichem Gelände. An Straßen innerhalb von Ortschaften sowie auf Park- und Rastplätzen wird einmalige Nächtigung in der Regel geduldet; hier und dort Einschränkungen. Rastplätze am Ostufer des Gardasees sind teilweise durch niedrige Schranken nur für Pkw, nicht aber für Wohnmobile passierbar.

Euroscheck: Am Gardasee nehmen nahezu alle Hotels, Pensionen und Campingplätze Euroschecks, selbstverständlich auch die Banken und Wechselstuben.

Feiertage: 1. Januar, 25. April (Tag der Befreiung vom Faschismus bzw. Nationalsozialismus), Ostern, 1. Mai, 15. August (Mariä Himmelfahrt), 8. Dezember (Mariä Empfängnis), 25. und 26. Dezember. Feiertage sind auch der erste Juni-Sonntag (Proklamation der Republik) und der erste November-Sonntag (Tag der Nationalen Einheit). Katholische Feiertage wie beispielsweise Fronleichnam werden am darauffolgenden Sonntag begangen.

Fremdenverkehrsämter: ENIT-Büros (Staatliches italienisches Fremdenverkehrsamt) in Düsseldorf, München, Frankfurt/Main, Wien, Zürich, Genf. Örtliche Verkehrsämter sind bei den jeweiligen Touren erwähnt.

Geschäfte: Meist zwischen 12.30 und 15.00 Uhr geschlossen.

Helm: Für Motorradfahrer besteht Helmpflicht.

Krankenschein: Auslandskrankenscheine sind zwar gültig, werden jedoch erfahrungsgemäß von den Ärzten abgelehnt. Am besten Auslands-Zusatzversicherung abschließen!

Netzspannung: Fast ausnahmslos 220 Volt; Zwischenstecker für alle Fälle mitnehmen!

Notruf: 113.

Pannenhilfe: 116 (Automobile Club d'Italia, abgekürzt ACI).

Post: Postämter sind üblicherweise von 8.00 bis 14.00 Uhr geöffnet, Samstag bis 13.00 Uhr.

SAT: Società degli Alpinisti Tridentini. Größte, nur in der Provinz Trento verbreitete Sektion des CAI, rund 50 000 Mitglieder, mehr als 40 Hütten. Sitz: I-38100 Trent, Via Mancini 57.

Tabak/Tabacchi: Ein schwarzes Schild mit weißem T kennzeichnet die offiziellen Verkaufsstellen für Tabakwaren, Zeitungen und Briefmarken. Dort gibt es auch Schreibwaren, Wanderkarten etc.

Tankstellen: Außer an Autobahnen gewöhnlich zwischen 12.30 und 15.00 Uhr geschlossen; an Wochenenden reduzierte Bereitschaftsdienste.

Telefon: Vorwahl nach Deutschland 00 49, anschließend Ortsnummer ohne die erste 0; nach Österreich 00 43, in die Schweiz 00 41. Gespräche von öffentlichen Telefonzellen mit Telefonmünzen (*»gettoni«* à 200 Lire) oder Münzen. Von Deutschland aus Vorwahl nach Italien: 00 39 ohne die erste 0 der Ortskennzahl.

Temperaturen: Durchschnittliche Minimal- und Maximaltemperaturen am See in den gängigen Reisemonaten: März 4,1–11,7; April 9,8–17,6; Mai 12,8–22,2; Juni 16,3–26,9; Juli 16,8–26,0; August 16,2–23,8; September 14,9–23,2; Oktober 13,1–18,1.

Tempolimit: Die Höchstgeschwindigkeiten auf Landstraßen und Autobahnen richten sich nach dem Hubraum bzw. unterscheiden sich an Sonntagen und Werktagen. Hinweise an den Grenzen und Autobahneinfahrten beachten! Seit 1990 Kontrollen.

Versicherungskarte: Grüne Versicherungskarte Pflicht. Zeitlich begrenzte Vollkaskoversicherung ratsam.

Wanderkarten: Die genannten Wanderkarten sind in Deutschland sowie an Ort und Stelle erhältlich. Schwieriger ist die Situation bei den 1:25000-Blättern der »Carta d'Italia«, die allesamt nicht auf dem neuesten Stand sind, indes das beste topographische Material darstellen. Verkaufstelle u. a. Celeste Giliberti, Via Matteotti 80, Torbole.

Empfehlenswert für das Monte-Baldo-Gebiet sind die zwei Blätter 1:25000 der »Carta dei Sentieri Monte Baldo«. Sie werden im Buch- und Zeitschriftenhandel (u. a. in Torbole) in einer Mappe mit kurzen Wegebeschreibungen verkauft.

Touren mit dem Mountainbike

Viele der im Buch vorgestellten Touren können auch mit dem Mountainbike befahren werden, besonders wenn die Wege mit alten Militärwegen identisch sind, wie es am Kamm des Monte Baldo häufig der Fall ist.

Für die folgenden Vorschläge wurden überwiegend asphaltierte Straßen ausgesucht, die nicht übermäßig frequentiert werden. Weitere Vorschläge siehe unter Literatur.

1. Höhenstraße über das gesamte Monte-Baldo-Massiv

Die Etappen: Mori (204 m) – Brentonico – San Giacomo – San Valentino – Passo Canaletta (1617 m) – Bocca di Navene (1430 m) – Rifugio Novezza (1390 m) – Ferrara di Monte Baldo (856 m) – Spiazzi – Caprino Veronese – Costermano – Garda (67 m), siehe Tour 12 bis 15.

Tourencharakter: Mittelschwer, maximal 12% Steigung, vollständig ausgebaute Höhenstraße. Wegen Wintersperre nur zwischen 15. April und 31. Oktober befahrbar.

Fahrzeit: 4 bis 5 Stunden.

Länge: 67 Kilometer.

Höhenunterschied: 1420 Meter.

Karte: Kompass-Wanderkarte 1:50000, Blatt 101 (Rovereto/Monte Pasubio) und 102 (Lago di Garda/Monte Baldo).

2. Durch die Marocche, das größte Bergsturzgebiet der Alpen

Die Etappen: Arco (85 m) – Dro (123 m) – Drena – Vigo – Cavedine (606 m) – Passo San Udalrico – Lasino (468 m) – San Siro (506 m) – Pietramurata (248 m) – Sarcatal – Dro – Arco (85 m), siehe Tour 10.

Tourencharakter: Leichte Rundtour, maximal 12% Steigung. Ausgebaut, auf Nebenstraßen durch

das Sarcatal nördlich vom Gardasee. Ganzjährig befahrbar.

Fahrzeit: 2 bis 2½ Stunden.

Länge: 39,5 Kilometer.

Höhenunterschied: 590 Meter.

Karte: Kompass-Wanderkarte 1:50000, Blatt 101 (Rovereto/Monte Pasubio) und 73 (Gruppo di Brenta).

3. Zum Lago di Tenno

Die Etappen: Riva (73 m) – Varone (124 m) – Pranzo (548 m) – Lago di Tenno (590 m) – Tenno (428 m) – Cologna – Gavazzo – Varone – Arco – Riva (73 m), siehe Tour 25.

Tourencharakter: Leichte Rundtour, maximal 8% Steigung. Paßstraßen. Ganzjährig befahrbar.

Fahrzeit: 1 bis 1½ Stunden.

Länge: 26 Kilometer.

Höhenunterschied: 520 Meter.

Karte: Kompass-Wanderkarte 1:50000, Blatt 101 (Rovereto/Monte Pasubio).

4. Lago di Ledro und Monte Tremalzo

Die Etappen: Riva (73 m) – Biacesa di Ledro (418 m) – Molina di Ledro (638 m) – Pieve di Ledro (668 m) – Bezzecca – Tiarno di sotto (720 m) – Tiarno di sopra (749 m) – Passo d'Ampola (747 m) – Passo di Tremalzo (1665 m) – Rifugio Garda (1708 m) – auf dem gleichen Weg zurück. Siehe auch Tour 31.

Tourencharakter: Mittelschwer, maximal 11% Steigung. Wegen Wintersperre nur zwischen 15. April und 31. Oktober befahrbar. Der Ampolapaß ist ganzjährig befahrbar.

Fahrzeit: 2½ bis 3½ Stunden.

Länge: 36 Kilometer.

Höhenunterschied: 1630 Meter.

Karte: Kompass-Wanderkarte 1:50000, Blatt 101 (Rovereto/Monte Pasubio) und 102 (Lago di Garda/Monte Baldo).

5. Von Gargnano zum Lago d'Idro

Die Etappen: Gargnano (98 m) – Navazzo (487 m) – Lago di Valvestino (503 m) – Capovalle (932 m) – Crone/Lago d'Idro (368 m) – Treviso-Bresciano (681 m) – Eno – San Martino (373 m) – Vobarno (241 m) – Tormini – Salò – Gargnano (98 m). Siehe Tour 35.

Tourencharakter: Mittelschwere Rundtour, maximal 14% Steigung. Ganzjährig befahrbar.

Fahrzeit: 3½ bis 4½ Stunden.

Länge: 79 Kilometer.

Höhenunterschied: 840 Meter.

Karte: Kompass-Wanderkarte 1:50000, Blatt 102 (Lago di Garda/Monte Baldo) und 103 (Le Tre Valli Bresciane).

6. Auf der Ostseite des Gardasees

Die Etappen: Torri del Benaco (67 m) – Albisano (309 m) – San Zeno di Montagna (585 m) – Prada alta (1059 m) – Zignago (70 m) – Marniga (68 m) – Castelletto – Torri del Benaco (67 m). Siehe Tour 18.

Tourencharakter: Mittelschwere Rundtour, maximal 14% Steigung. Rückweg auf stark befahrener Gardesana orientale direkt am Ufer. Wegen zu großer Steigung (30%) nicht in Gegenrichtung befahren. Ganzjährig befahrbar.

Fahrzeit: 2¹/₂ bis 3¹/₂ Stunden.

Länge: 44,5 Kilometer.

Höhenunterschied: 1000 Meter.

Karte: Kompass-Wanderkarte 1:50000, Blatt 102 (Lago di Garda/Monte Baldo).

Verleih von Bergfahrrädern:
In Torbole: Via Lungolago Verona 21, Tel. 0464/505193; Carpentari Sport, Tel. 0464/505500.
In Riva: Beim Verkehrsverein (Palazzo dei Congressi) fragen: Tel. 0464/554444.
In Arco: Anfragen beim Verkehrsverein (Viale delle Palme 1): Tel. 0464/532255.
In Malcesine: Tel. 045/7400319 oder 045/7401631.

Tips für Surfer am Gardasee: Plätze und Schulen

Die besten Windverhältnisse finden Surfer und Segler im nördlichen Teil des Sees vor, bis etwa zur Höhe Malcesine. Die Orte am See sind entgegen dem Uhrzeigersinn aufgelistet.

Torbole: Auf dem Gelände des Jachthafens. Gebührenpflichtiger Parkplatz, sonst kaum Stellplätze. Weitere Parkmöglichkeiten an der Straße zum Porto dei Pescatori und bei der Post.
Windsurfschulen in Torbole:
– 3S Surf Torbole, Camping Maroadi, Tel. 0464/505830. Geöffnet von Mai bis September.
– Windsurfschule Torbole, Parco Pavese, Tel. 0464/505899. Geöffnet April bis September.
Windsurfschulen in Arco:
– Lido di Arco-Schulungszentrum, Arco, Tel. 0464/505963. Geöffnet April bis Oktober.
– Surf-Center Sigi Hofmann, Camping al Porto, Tel. 0464/505910. Geöffnet von Ostern bis Anfang Oktober.
Riva del Garda: Beste Surfbedingungen zwischen dem Hafen San Nicolò und der Spiaggia Sabbioni. Grober Kiesstrand. Gebührenpflichtiger Parkplatz hinter dem Hafen (Porto San Nicolò).
Windsurfschulen in Riva:
– Funboard Center Michiel Bouwmeester, Hotel

Pier, Tel. 0464/513730. Geöffnet April bis Oktober.
– Windsurfschule Sandro Tomasi, Anmeldung in Camping Bavaria. Tel. 0464/552524. Geöffnet von Mai bis September.
– Club Mistral, Hotel du Lac et du Parc, Riva, Tel. 0464/520202. Geöffnet April bis September.
Südlich von Riva: Zwei Uferabschnitte jeweils nördlich und südlich der Ponalemündung: Dei Titani und Zona Gola. Geringe Parkmöglichkeit.
Corno di Reamol: Nördlich davon kleiner Strand. Kaum Parkmöglichkeit.
Limone: Flacher Kiesstrand am Hafen.
Windsurfschule in Limone:
– Hotel Capo Reamol, Tel. 0464/954040. Geöffnet April bis Oktober.
Campione del Garda: Strand und gebührenpflichtige Parkplätze vorhanden. Drei Kilometer weiter südlich ist Felsstrand. Surfmöglichkeit auch in Porto di Tignale.
Windsurfschule in Campione del Garda:
– Windsurfing Campione, Tel. 0365/956917. Geöffnet April bis Oktober.
Gargnano: Zugang zum Wasser direkt im Ort (Palazzo Feltrinelli).
Toscolano-Maderno: Surfrevier für Anfänger.
Salò: Liegt in einem tief eingeschnittenen Golf. Wird von den Nordwinden nicht erreicht.
Porto Portese: Großer Strand. Besonders für Anfänger geeignet.
Desenzano: Größter Hafen am Gardasee. Geeignet für Anfänger.
Windsurfschule in Desenzano:
– Scuola Internazionale Emidio im Campeggio Italia, Viale Motta, Desenzano, Tel. 030/9110277.
Sirmione: Gute Bedingungen für Anfänger.
Windsurfschule in Sirmione:
– Centro Surf in Colombare, Tel. 030/919227. Ganzjährig geöffnet.
Peschiera del Garda: Städtchen am südlichsten Zipfel des Sees. In der Regel schwacher Wind.
Windsurfschulen in Peschiera:
Die Firma Time Out in San Benedetto betreibt drei Schulen in:
– Hotel La Perla
– Camping del Garda
– San Benedetto
Tel. 045/7553019. Geöffnet April bis Oktober.
Lazise: Nur selten kräftiger Wind. Geeignet für Anfänger.
Bardolino: Nur wenige Stunden am Tag schwacher Wind.
Garda: Wegen der schwachen Winde nur für Anfänger. Am besten am Cap San Vigilio.
Torri del Benaco: Gutes Anfängerrevier wegen der gemäßigten Winde.

Windsurfschule in Torri del Benaco:
– Windsurfschule in Punta Cavalli, Hotel Baia dei Pini, Torri del Benaco, Tel. 045/7 22 52 15.
Castelletto di Brenzone: Südlich davon mehrere Parkplätze.
Windsurfschule in Castelletto:
– Windsurfing Renato Veronesi, Camping San Zeno, Tel. 03 98/7 43 02 31. Geöffnet Mai bis September.
Brenzone: Gemeinde mit den Orten Marniga, Magugnano, Porto di Brenzone. Direkt an der Gardesana Orientale. Zahlreiche Privatstege. Kaum Parkplätze.
Windsurfschulen in Brenzone:
– Windsurfing Center Brenzone, Martina Loch, Hotel Santa Maria, Tel. 045/7 42 05 55. Geöffnet von April bis Oktober.
– Surf-Center Brenzone Wurz, Tel. 045/60 25 54. Angeschlossen an Hotel. Geöffnet von Ostern bis Oktober.
– Stricker Surfschool, Sportzentrum Acqua Fresca, Tel. 045/7 42 05 75. Geöffnet Pfingsten bis Oktober.
Malcesine: Im Ortsteil Val di Sogno (Cap) Surfen möglich. Dort auch zwei Schulen. Parkplätze südlich vom Hotel Val di Sogno. Gebührenpflichtiger Parkplatz im Ortskern.
Windsurfschulen in Malcesine:
– Stickl Surfcollege Malcesine. Geöffnet April bis Oktober. Bei Hotel Val di Sogno.
– Fun Surf Center Malcesine, Tel. 045/7 40 03 90. Geöffnet von Mai bis September.
Navene: Großer Strand mit groben Steinen, zum Teil für Surfer und für Badende. Mehrere Parkplätze, Halteverbot an der Straße. Vor dem Ortsschild »Malcesine« ist auf einem großen Parkplatz der Treffpunkt der Surfer.
Galleria del Confine: Stellplätze für ca. 10 Autos. Kiesstrand.
Punta Calcarolle: Kiesstrand in einer Bucht. Stellplätze für ca. 10 Autos.
Punta di Bo: Wenige Stellplätze an der Straße nach einem Tunnel. An der Straße sonst Halteverbot. Flaches felsiges Ufergelände.

Sonstige Sportmöglichkeiten sind in allen größeren Orten am See vorhanden.

Weiterführende Literatur

(Außer den teilweise unter »Literatur« in den »Nützlichen Informationen« erwähnten Publikationen.)

ADAC: Europas Campingplätze, Band 1. Erscheint jedes Jahr neu

Arge Alp: Die Römer in den Alpen. Verlagsanstalt Athesia, Bozen 1989
Arzani, Carlo: Rund um den Gardasee. Berge, Land und Leute. In: »Alpinismus« 9/1968, S. 10–12
Baroldi, Luigi: Memorie di Fiave e delle Giudicarie. Editori Monauni, Trento 1893
Baur, Gerhard: Filmfestival in Trient. In: »Berge«, Nr. 24, S. 35
Bauregger, Heinrich: Gardaseeberge. Bergverlag Rother, München 1991
Bonapace, Benedetto: Il paesaggio naturale del Trentino-Alto Adige. Regione Trentino–Alto Adige, Trento 1970
Borzaga, Giovanni: Leggende del Trentino. Editori Reverdito, Trient 1971
Cavada, Enrico: Neue archäologische Funde aus römischer Zeit aus dem Trentino. Schriftenreihe der Arge Alp »Die Römer in den Alpen«, S. 102/103. Verlagsanstalt Athesia, Bozen 1989
Cigalotti, Ettore: Attraverso la Val di Ledro. Stampada rapida, Trento 1973
Ciurletti/Corradini: Klettersteige in den Trentiner Voralpen. Editoria, Trient 1983
Corradini, Mario: Bergwandern im Trentino. Verlagsanstalt Athesia, Bozen 1990
Dewiel, Lydia: DuMont Kunst-Reiseführer Lombardei und Oberitalienische Seen. DuMont Buchverlag, Köln 1987
Dumler, Helmut: Der See und seine Geschichte. In: »Alpinismus« 9/1968, S. 16–17
Ebhardt, Bodo: Wehrbauten Veronas. Burgverlag, Grunewald-Berlin 1911
Fabbro, Claudio: Il sentiero della pace. In: »La Rivista« des Club Alpino Italiano, 2/1989, S. 48–52
Gadler, Achille: Führer der Bergtouren und Wanderungen im Trentino. Casa Editrice Panorama, Trient 1985. – Guida Alpinistica Escursionistica del Trentino occidentale. Casa Editrice Panorama, Trient 1986
Geser, Rudolf: Die 35 schönsten Radtouren – Südtirol, Dolomiten, Gardasee. BLV, München 1989
Goethe, Johann Wolfgang: Italienische Reise (Hamburger Ausgabe). Deutscher Taschenbuchverlag, München 1988
Gorfer, Aldo: Le Valli del Trentino (Trentino occidentale, Trentino orientale) in 2 Bänden. Editori Manfrini, Calliano 1975. Umfassendstes Werk über das Trentino (italienisch)
Gretter, Italo: Der Gardasee. Editori Manfrini, Calliano 1978
Grilli, Mario: Rifugi 1 (u. a. Lombardei), Rifugi 2 (u. a. Trentino, Veneto). Hüttenführer in 2 Bänden der Reihe »Le Guide delle Alpi«. Vivaldi Editori, Torino 1987 bzw. 1988

Guenay, Oliver: Sarca. Kapriolen über dem Gardasee (hauptsächlich Kletterführer). Odyssee-Alpinverlag Wolfgang Müller, Germering 1988

Haber, Gustav: Wie der Gardasee entstand. In: »Alpinismus« 9/1968, S. 13–14

Haufe, Ewald: Am Gardasee. Skizzen und Charakterbilder. A. Edlinger's Verlag, Innsbruck 1901. – Der Tourist am Gardasee. Gustav Georgi's Verlag, Riva 1901

Hauleitner, Franz: Das große Buch der Dolomiten-Höhenwege. Bergverlag Rother, München 1988

Höfler/Werner: Klettersteigführer Dolomiten (Brenta, Mendelkamm, Gardaseeberge). Bergverlag Rother, München 1989

Hofmann, Sigi: Surf Reiseführer Gardasee. Verlag Delius Klasing, Bielefeld 1988

Kofler, Heinrich: Battisti – Held oder Verräter. In: Tageszeitung »Dolomiten«, Bozen, 12./13. 7. 1986

Krum, Werner: Gardasee und das Veronese. Prestel Verlag, München 1986

Lichem, Heinz von: Gebirgskrieg 1915–1918. Band 1: Ortler, Adamello, Gardasee. Verlagsanstalt Athesia, Bozen 1985. – Band 2: Die Dolomitenfront. Verlagsanstalt Athesia, Bozen 1981

Lorenzi, Ernesto: Dizionario toponomastico tridentino. Gleno 1932

Maroner, Karl: Wandern über dem Gardasee. Verlag J. Berg, München 1991

McKay, Alexander: Römische Häuser, Villen und Paläste. Raggi-Verlag, Feldmeilen 1980

Michelin: Hotelführer Italien. Erscheint jedes Jahr neu

Moser: Mountain Bike Guide. Band 3: Gardasee. Ott editions, München 1991

Oberarzbacher, Robert: Klettersteige Dolomiten–Süd. Brenta–Gardaseeberge. Geographischer Verlag Heinz Fleischmann, Starnberg 1988

Orsi, Paolo: La topografia del Trentino all' epoca romana. Rovereto 1980

Pallhuber/Pippke: DuMont Kunst-Reiseführer Gardasee, Verona, Trentino. DuMont Buchverlag, Köln 1988

Pauli, Ludwig: Die Alpen in Frühzeit und Mittelalter. C. H. Beck'sche Verlagsbuchhandlung, München 1980

Pawlik, Mario: Die Scaliger. In: »Berge«, Nr. 24, S. 44–47

Priuli, Ausilio: Felszeichnungen in den Alpen. Benziger Verlag, Zürich–Köln 1984

Reclam: Kunstführer Italien, Band II, 2 (Trentino, Veneto usw.) und Band I, 1 (Lombardei). Philipp Reclam Verlag, Stuttgart

Reisigl, Herbert: Reise auf den Monte Baldo. In: »Berge«, Nr. 24, S. 68–76

Riedl/Zimmer: Das Buch vom Gardasee. Bergland Verlag, Wien 1955

Roberti, Mirabella: Sirmione, le Grotte di Catullo. Tipigrafico Moderna, Triest 1972

Rodrian, Hans-Werner: Wasser, Gischt und volle Segel. In: »Berge«, Nr. 24, S. 24–30

Roeck, Bernd: Die Schlacht bei Calliano 1487. Mythos und Wirklichkeit. In: »Der Schlern«, Heft 62, S. 433–444, Bozen 1988

Sailer, Gerhard: Reiseführer Gardasee (kurzgefaßte, aber fundierte Publikation). Polyglott-Verlag, München 1989/90

Santi, Niko: Die besten Windsurfplätze selbst entdecken – Gardasee. Regenbogen Verlag, Zürich 1985

Sayn, Wittgenstein, Prinz Franz: Südtirol und das Trentino, Prestel Verlag, München

Tibiletti, Bruno: L'iscrizione epicorica Monte S. Martino. In: »Beni culturali nel Trentino. Contributi all'archeologia«, S. 99–109. Trento 1983

Touring Club Italiano: Reiseführer Band 1 (Ligurien–Piemont–Aostatal–Lombardei). Band 2 (Trentino–Südtirol–Venetien usw.). Deutschsprachige Ausgabe bei Kümmerly + Frey, Bern 1985

Veronelli, Luigi: Restaurants in Italien. Erscheint jedes Jahr neu

Wolff, Karl Felix: Dolomiten-Sagen (mit Gardasee). Verlagsanstalt Tyrolia, Innsbruck 1969

191

  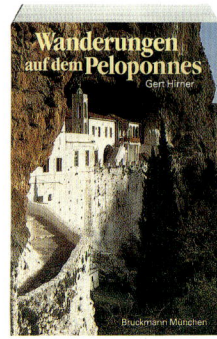